理念重塑生活

名人推荐

善于合作、精通先进科技的"网络一代"创业家,是创业资本中最有活力的未来。作者芬恩对"网络一代"的创业家进行了如此透彻的剖析,让你能清楚预见创业家们的未来。

——盖伊·川崎(Guy Kawasaki)
Alltop网站创始人,《审视现实》(Reality Check)一书的作者

富有创业精神的"网络一代",正为人类创造未来。作者芬恩在本书中为我们描绘出一幅丰富多彩的图像,包括这一代人是谁?他们如何思考?为什么他们怀着强烈的改变世界的使命感?作者以独到的眼光、细腻的文笔描写了创业的"网络一代"。你只有两个选择:买下这本,要不然你就out了。

——比利·修尔(Billy Shore)
美国国内领先的致力于拯救饥饿儿童的专业组织
Share our Strength的创始人

如果你的商业思维还深陷在旧模式里,那就请翻开这书,本书将带给你全新的观点与洞察,让你了解新一代创业家全新的思维模式。

——谢家华(Tony Hsieh)
全球最大网络鞋店Zappos的CEO

一个创业家的新世代正在兴起,本书似乎预示了创新时代的到来。本书把脉这股创新潮流——关于未来,您可以从本书中得到许多宝贵且有趣的见解。

——唐·泰普斯科特(Don Tapscott)
全球著名的新经济学家、商业策略大师,被誉为"数字经济之父"

新一代创业家读了这本书,一定觉得备受鼓舞;对其他想要与之较劲的人而言,则仿佛被警醒。

——史蒂夫·马里奥特(Steve Mariotti)
全球推动创业教育普及化的先驱者和领导者,
创业教育基金会、美国国家创业指导基金会的创始人

毛头小子创业暴发
美国青少年创业领袖实操笔记

唐纳·芬恩（美）著
王正林、肖静、王权 译

For Guian, Ariana, and Erich, with joyful anticipation
of the adventures ahead!

湖南人民出版社

图书在版编目（CIP）数据

毛头小子创业暴发：美国青少年创业领袖实操笔记 /（美）芬恩(Fenn,D.)著；王正林，肖静，王权译.— 长沙：湖南人民出版社，2012.11
ISBN 978-7-5438-8816-6

Ⅰ.①毛… Ⅱ.①芬… ②王… ③肖… ④王… Ⅲ.①企业管理—经验—美国— Ⅳ.①F279.712.3

中国版本图书馆CIP数据核字((2012)第232684号

Upstarts: How GenY Entrepreneurs Are Rocking the World of Business and 8 Ways You Can Profit from Their Success, by Donna Fenn, ISBN:978-0-07-160188-7
Copyright © 2010 by The McGraw-Hill Companies, Inc.
All Rights reserved.No part of this publication may be reproduced or transmitted in any form or by any means, electronic or mechanical, including without limitation photocopying, recording, taping, or any database, information or retrieval system, without the prior written permission of the publisher.
This authorized Chinese translation edition is jointly published by McGraw-Hill Education (Asia) and Hunan People's Publishing House. This edition is authorized for sale in the People's Republic of China only, excluding Hong Kong, Macao SAR and Taiwan.
Copyright © 2012 by McGraw-Hill Education (Asia), a division of the Singapore Branch of The McGraw-Hill Companies, Inc. and Hunan People's Publishing House.

本书中文简体字翻译由麦格劳-希尔公司授权湖南人民出版社出版发行，未经出版社书面许可，不得以任何方式复制或抄袭本书的任何部分。版权所有，侵权必究。

毛头小子创业暴发：美国青少年创业领袖实操笔记

著　　者　（美）唐纳·芬恩

出 版 人　谢清风
策 划 人　周　政

策划编辑　周　熠
责任编辑　周　熠
装帧设计　罗四夕　吴繁荣

出版发行　湖南人民出版社 [http://www.hnppp.com]
地　　址　长沙市营盘东路3号
邮　　编　410005
经　　销　湖南省新华书店

印　　刷　长沙丰华印刷厂
版　　次　2013年8月第1版
　　　　　2013年8月第1次印刷
开　　本　710×1000　1/16
印　　张　17
字　　数　280千字
书　　号　ISBN 978-7-5438-8816-6
定　　价　35.00元

版权所有·侵权必究

凡购本社图书，如有缺页、倒页、脱页，由发行公司负责退换。

致　谢

　　每本书都是团队合作努力的成果，本书也不例外。因此，我首先要感谢我的团队。**我最要感谢的，是150多位"网络一代"创业家**。他们与我分享自己的创业故事，慷慨又乐观地回复我的电子邮件和Facebook上的信息，并介绍我认识其他的创业者，在博客里提到我的名字，让我更全面地了解年轻创业家的本色，而且他们并没有要求我一定要在书中提及他们的名字，或是报道他们的故事。您在本书的章节中将会读到他们的故事，但由于篇幅或主题的局限，有些人并没有在书中出现，尽管在写作本书的过程中，他们都大方且忠实地提供了许多协助，因此我在这里要特别感谢他们，包括Ada Polla、Adam Witty、Alan Blake、Alex Lindhal、Ashleigh Hansberger、Brandi Daniels、Brett Jackson、Bunmi Zalob、Corey Kossack、David Mullings、Jason Duff、Ken Carnesi、Michael Mothner、Morgan First、Philip Krim、Ryan Allis、Sunny Bonnell、Tom Wollmann、Vinicio Otto Montes、和Zach Hurst，当然，我还会在本书的博客中列出他们的大名。

　　多年来我一直是美国《企业》（Inc.）[①]杂志的特约编辑，这让我有

[①] 美国《企业》杂志（Inc.）是目前美国唯一一份以发展中的私营企业管理层为关注点的主流商业杂志，《Inc.》不仅为当今的企业创新提供实际解决方案，还为企业管理层、财务、营销、销售及科技部门提供实践工具及市场发展策略。2005年，Inc.com 就已经正式推出，向广大用户完整报道Inc. 500强(http://www.inc.com/inc500)评选结果。（本文所有注释皆为译者注）

了近水楼台的优势，创业家的资源让我取之不尽、用之不竭。感谢Jane Berentson和杂志社内一群才华出众的作家、编辑和美编的大力支持。感谢贝伦松和Mike Hofman，让我有机会参与跟本书内容有关的专题报道，并给我写推荐。感谢Rod Kurtz，你制作的"30位不到30岁的创业家"的专题，让我有办法得知当今商界有哪些潜力无穷的年轻创业家。这份创业家的名单，为本书提供了丰富的素材。另外，要衷心感谢Loren Feldman，没有你的支持与鼓励，我在《企业》杂志网站上的博客"创业家一代"（The Entrepreneurial Generation），或许没办法维持到现在。也谢谢杂志社的项目管理师Jim Melloan，由于你大方分享，我才能联络到这些年轻的CEO。

《企业》杂志前总编辑George Gendron，20多年来一直是我很信赖的朋友兼顾问。他创造了克拉克大学（位于美国马萨诸塞州）创新及创业课程，先担任主任一职，他的经验和智慧给予我极大的帮助，他还将当时在校的学生Ashley Emerson Gillbert介绍给我做实习生，让本书在创作与调研的重要阶段时有人帮忙。

创业家协会前会长Aislinn Raedy、TechStars公司的创始人David Cohen、极限创业巡回教育中心创始人Michael Simmons、YSN.com创始人Jennifer Kushell，谢谢你们给予我中肯的建议，还介绍了几个很出色的创业家让我采访。谢谢Dan Schawbel，你一直是我最忠实也最慷慨的支持者。在本书上市前，Anastasia Goodstein在Ypulse网站建议了一个论坛，让我发表有关"创业新世代"的观点和讨论，甚至在本书尚未出版时就迫不及待去书店购买，谢谢你如此信任我。

每一位作家都认为自己的经纪人是全天下最棒的，我也不例外，因为我的经纪人Esmond Harmsworth非常出色。自从我七年前投入写作以来，他一直是我最信赖也最重视的顾问。Esmond Harmsworth不仅是我的经纪人，也是我的编辑、代言人、评论家，甚至是心理治疗师。他超级喜欢狗，也听得懂我的笑话，他在我眼中简直是个十全十美的人。

对一个作家而言，一本书若从头到尾都是同一个人在负责编辑，那已经算好运了。我是超级幸运，因为这样的好运降临到我头上两回了。这本书和我的第一本书《阿尔法狗：异军突起的行业领袖》，都是由麦格劳·希尔公司（McGraw-Hill）的Leah Spiro负责编辑的。一个作家最要好的朋友，莫过于一位才华出众，并兼具严格、诚实与宽容等特征的编辑，我很幸运，他就是这样的编辑。一本书从初稿到出版，是一个艰辛又惊险的旅程，能够有这样优秀的伙伴来领航，我真是三生有幸。此外，麦格劳·希尔公司的Heather Cooper、Ann Pryor、Keith Pfeffer、Morgan Ertel、Ron Marrirano、Chuck Yuan、Maureen Harper 和Ty Nowicki，也动用了种种资源为本书的撰写、排版和发行工作，提供了专业级的帮助。真是个绝佳的团队，谢谢你们！

Buddy、Bailey和Indie，我的三条可爱的狗狗，谢谢你们对我无条件的爱，还不时来到我身旁，用湿鼻子碰碰我的电脑键盘，或把沾满口水的高尔夫球叼到我脚边，提醒我该休息了。每个人偶尔都需要这样的提醒。

最后，要感谢我的家人，包括我的老公Guian Heintzen，及我的两个孩子Ariana和Erich，每天只要看到你们，我就会觉得，还有什么比美满的家庭更叫人安心的呢？关于这一点，我的爸妈Donald和Virginia Fenn，以及我的公公和婆婆Harry 和Ilse Heintzen，就是明证——这两对伴侣结婚的时间，加起来已经超过一百年了。你们的恩情我真是报答不尽。

目录 CONTENTS

序言 年轻创业CEO的时代来了！/ 001
新一代创业家来了！/ 003
创业革命 / 004
创业思维大起底 / 007
"网络一代"创业CEO的8大新特征 / 012

第1章 合作人脉，创业者的伙伴与导师 / 018
利用校园创业平台 / 020
创业孵化器无所不在 / 022
与身边的人合作 / 024
找父母合伙 / 025
当合伙关系破裂时 / 027
导师和前辈是贵人 / 028
同群效应 / 030
组建战略联盟 / 031
协同创业 / 033
找个有钱的投资顾问 / 034
募资：广撒网 / 036
集体作战 / 038
网络社区威力大 / 040
**"网络一代"创业家游戏规则一：
建立人脉的6个关键点 / 043**

第2章 创新科技,创业的最给力突破口 / 046
个人爱好顺理成章促创业 / 048
定制化的新技术 / 050
当移动技术遇上社交网络 / 053
Photoshop之外的选择 / 056
社交网络的商机,女版扎克伯格的故事 / 059
以Facebook作为创业孵化器 / 061
虚拟世界里的市场架构 / 064
先有网络社区,再有自己的生意 / 065
被"俘虏"的客户 / 067
寻找稀缺商品,建立网络社区 / 069
新媒体,新赢利模式 / 072
"网络一代"创业家游戏规则二:
运用科技来创新、寻找差异化 / 075

第3章 打破常规,突围传统的强势创业 / 078
谁需要现状? / 079
挑战旧传统 / 081
不跟行业巨头走 / 083
改变供应链 / 086
革新服务业的供应链 / 088
"散沙"行业的专业化 / 089
彻底改造家族企业 / 092
"少当家"勇当"创二代" / 094
"高科技+个性化商业模式" / 097
"网络一代"创业家游戏规则三:

打破常规的6个关键点 / 100

第4章 疯狂地向同龄人营销 / 102
学生市场的大蛋糕 / 103
家政服务市场 / 105
年轻人的个人理财 / 108
独立品牌的强大吸引力 / 112
为年轻人做定制化服务 / 116
Web 2.0网络交友 / 118
读懂"网络一代" / 120
求援"网络一代" / 121
娱乐你,吸引你 / 123

"网络一代"创业家游戏规则四:
打入网络一代年轻群体攻略 / 126

第5章 品牌是"对话",而不是"对白" / 129
"社区"就是品牌 / 131
打造差异化品牌 / 135
在经济萧条时重新定位品牌 / 138
培养品牌的忠实消费者 / 141
品牌背后的故事具有强大吸引力 / 144
拓展品牌 / 146
支撑品牌的力量 / 148
确立品牌的使命 / 152

"网络一代"企业家游戏规则五:
打造响亮的品牌 / 155

目录 CONTENTS

第6章 资本赢利和社会使命：找到完美结合点 / 158

公益创业 / 159

公益营销 2.0 / 162

双赢的志愿者服务 / 165

先付出后收获 / 167

当营利碰上非营利 / 169

一边行善一边赚钱 / 170

"绿色"革命 / 172

总统都重视的太阳能创业 / 175

"网络一代"企业家游戏规则六：

公益事业助力创业发展 / 178

第7章 职场革新，打造高效的创业文化 / 181

新的公司文化带动高效率 / 185

打造竞争向上的职场氛围 / 187

培养员工的工作热情 / 188

网络一代的"企业大学" / 190

虚拟办公室 / 191

"虚拟"扩张 / 193

努力工作，尽情享受 / 194

打造休闲工作环境 / 196

员工福利是一种投资 / 198

"网络一代"企业家游戏规则七：

重新定义工作关系 / 201

第8章 成长转型,适应创业的华丽转身 / 204
找到一起成长的创业伙伴 / 205
站稳脚跟 / 207
多样化发展 / 209
分众市场的优势 / 210
转变商业模式 / 212
创新收益来源 / 214
带领公司振翅高飞 / 215
为下一步发展筹资 / 218
创业家自身的成长 / 220
公司成长的丰厚回报 / 224

"网络一代"企业家游戏规则八:
企业成长转型的对策 / 229

结语:"网络一代"创业家的未来 / 232

附录A 美国"网络一代"创业家问卷调查及结果 / 239
附录B 创业明星们给"网络一代"创业家的建言 / 243

序言
年轻创业CEO的时代来了!

在弗吉尼亚州的里士满（Richmond），乔尔·厄尔布（Joel Erb）坐进了一辆黑色豪华轿车，准备驱车到遥远的曼哈顿，去见重要的客户。为了让自己显得经验老到，他特意挑了一件宽大的西装外套，手里则拿着他设计的一系列网页作品：要在美国第一大设计师品牌CK（Calvin Klein）、意大利著名品牌乔治·阿玛尼(Giorgio Armani)和德国奢侈品牌雨果（HUGO BOSS）等世界顶级的服装公司的高管面前展示。厄尔布有一点紧张，却又胸有成竹——当一个人放手一搏时，经常会展现出这样的自信。**厄尔布的网页设计作品是在他卧室里的电脑上，利用网络下载的Flash试用版创造出来的。**1998年，网页设计还是个新兴行业，厄尔布虽然是个菜鸟，但口若悬河的他确实有办法让人对他的设计作品心动，并邀请他到这些顶尖的时尚王国去谈生意。厄尔布告诉他们："两个星期内我就到纽约去，很期待与你们见面。"要知道，那是14岁的厄尔布第一次离开弗吉尼亚州。

此前，厄尔布曾经为他的中学搭建网站，也曾经帮当地一家地毯清洁公司和几家冷暖空调公司设计网页。厄尔布的父母属于工薪阶层，并不富裕，但热爱美术与设计的厄尔布，自学了这方面的知识和技术。厄尔布有个朋友，家里经营豪华轿车接送服务，他表示愿意载厄尔布去纽约，为他"充门面"：帮他开门，并且在外人面前称呼他厄尔布先生。"他对我

简直是两肋插刀。"厄尔布说:"我觉得自己好像真的是个有钱人。"厄尔布这位朋友的父母住在纽约的布鲁克林,他们准备了一顿丰盛的晚餐为他接风,还帮他烫好衣服,好让他衣着光鲜地去见客户。

但是第二天他就见识到了现实的残酷。在第一家公司,营销总监看了他一眼,问他爸爸有没有一起来开会,甚至冷笑说:"你应该还不到青春期吧?"在第二家公司,厄尔布受到同样的冷落。然而,在第三家公司却峰回路转,总监直接问他:"你开个价吧?"基于保密条款,厄尔布不能透露该公司的名称,但他很快回到里士满,写了一份计划书,最后拿到了价值三万美元的合同,负责为该公司设计横幅广告。尽管没能拿下整个公司网站的设计大活,但起码也分了一块肥肉,还算是个不错的开始。"当支票寄到我家里时,我爸妈简直不敢相信。"厄尔布回忆道。

接下来几年,厄尔布的人生可说是顺风顺水。他是弗吉尼亚州第一位通过网络课程取得学位的高中生,公司的收益也增长至100万美元(他的公司名叫INM United),但是美国9·11恐怖袭击事件却差点让他从业界出局。厄尔布回忆道:"**当时,我们在纽约的每个项目都黄了,在里士满附近的项目也丢了一大半。我只留下两位员工,其他的都跑了。后来,我感到越来越恐慌了。18岁的我,不得不承受40岁生意人所面临的压力。**"在公司损失了将近80%的业绩后,他决定先放一放,去里士满大学读书,向学校教授和当地的企业家请教,并以宿舍的房间为基地,谋求东山再起。后来,他将公司从网页设计转型为整合营销公司,收益因此增长了一倍。

厄尔布的事业从此蒸蒸日上,各种名誉也多了起来。大里士满地区科技委员会表扬他为业界新星,小企业管理局(SBA)颁发给他"地区年度创业家奖",此外他也入围弗吉尼亚州前40位未满40岁的创业家。如今,厄尔布的办公室位于里士满繁华地段的夏可洼地(Shockoe Bottom),是一座重新整修后的仓库,面积达3000平方尺,他和12名员工都在这里尽情工作。厄尔布自豪地说:"在这里,我们装饰了营造气氛的灯光、一套鼓,还有一架小小的直升机在办公室里飞来飞去。"2008年,该公司的收益突破了100万美元。

26岁的厄尔布,早在他可以在夜店里泡吧或吊儿郎当看三级片时,就已经开始创业。你说他这算早熟吗？没错。你说他是另类？不见得吧。创业这个主题，我已经研究超过25年了，但我从来没看过这么多年轻人才20来岁，甚至不到20岁，就已经开始正儿八经地创业了。以前，年轻人最引以为傲的一句话大概是"我加入了一个乐队"，或者就是"我自己摆了个地摊卖柠檬汁"。但如今，这两句话都已经out了，**"我拥有自己的事业"才是最给力、最自豪的自我宣言。**

新一代创业家来了！

厄尔布所属的世代，美国通常称之为"Y"一代，或"为什么"世代（Generation Why）、我的世代（Me Generation）、网络世代（Net Generation）、iPod世代（iPod Generation）或回声潮世代[①]最新的称呼则是"奥世代"（Generation O）——因为他们在奥巴马总统的竞选中，发挥了举足轻重的影响力。基本上，出生在1977到1997年之间的青少年都属于这个世代。要怎么称呼他们，随你高兴，我自己则喜欢称他们

> 我的卧室，那是我创业的第一站开始的地方。
> ——乔尔·厄尔布（Joel Erb），25岁创业，28岁公司规模超百万美元，INN United公司创始人兼CEO

（创业微言录）

为"创业家一代"（Entrepreneurial Generation）。这一代的人口数，在美国大约有7600万，再加上他们创业速度极快，是一股不容小觑的社会力量。在创业方面，他们采取的方法、模式跟前几个世代的企业家相比有着显著的不同，因此这个世代势必会对经济、商业，尤其是小企业的版图，产生深远的影响。本书的主要目的便是要记录这项革命，并通过一个个创业家的创业故事，讲述这个创业世代的概貌。

这本书的最初构想始于三年前，当时我的另一本书《阿尔法狗：异军突起的行业领袖》才刚出版。该书描写了自行车销售、冰激凌制作、饼干烘

---

① 回声潮世代（Echo Boomers）：一般是指美国婴儿潮一代的子女，出生于1982年到1995年之间的青少年。

焙、袜子制造等细分市场中极具魅力的八家企业的CEO，分享了他们的成功故事和战略。他们的成功，不是因为制造或销售了什么特殊的产品，而是靠着高明的经营策略取胜，因此能够杀出重围，获得成功。在竞争越来越激烈的经济环境里，一家小企业要想存活甚至大展宏图，都必须精通这些策略。我在《阿尔法狗：异军突起的行业领袖》中提到，有四大严峻的挑战迫使小企业更灵活地运用策略，这四大挑战分别是：

1. 挑剔、多变的消费者越来越多，消费者越来越不好满足；
2. 企业的并购孕育出更庞大的竞争者；
3. 科技的进步既能让大公司显得小巧玲珑，又能让小公司显得巨大无比；
4. 新兴的产品和服务，让市场变得更容易饱和。

然而，当我开始跟读者讨论《阿尔法狗：异军突起的行业领袖》这本书时，我很快发现，在小企业的世界里，有令人振奋的重大现象正在发生，因此我应该再加上第五大挑战：那就是**有一群年轻、有胆识、受过高等教育的新一代创业家正锋芒毕露、崭露头角**，迫使许多老字号的公司不得不提高标准，以迎头赶上。而且，不管在哪个产业，我都可以看到像乔尔·厄尔布这样的年轻人。

创业革命

科技正成为新兴企业家成就创业梦想的一大利器。当今的创业者，年纪越来越轻，头脑也越来越灵活，但对于小企业所面临的种种可能危及生存的压力和挑战，却似乎无所畏惧，甚至天真到没有危机意识。当一个年轻人受到启发或心血来潮，他只要动动鼠标，上上网，便可以在商业世界里小试身手。就算只有15岁，你也可以在eBay上大赚一笔，或者像乔尔·厄尔布那样，把自己装成经验丰富的网站搭建专家，去谈大项目。你说这算欺骗吗？谈不上，他们只不过善于利用网络的匿名特性来包装自己而已。

跟过去几个世代一样，这些年轻人创业的原因不外乎追求财务独立，

发现市场上没有得到满足的需求，急切地想出某种新的产品或服务，并进行营销，而且相信自己能将市场上既有的东西提升到更高的水平。甚至，有些人创业只是因为好玩。对他们而言，创业并不是什么特别重大的决定。而且，他们通常不会进行周密的计划，尽管结果有好有坏。他们的事业通常源自某个小小的想法，比如：

- "我喜欢服装设计，也还算擅长计算机，为什么不试着为服装品牌设计网页呢？"
- "我的创业成本有多少？零成本！"
- "有风险吗？毫无风险。"
- "有资源吗？多得很。"

包括他们的父母、老师或前辈，都愿意给他们提供很多帮助，比方说鼓励、建议、财务上的支持，或告诉他们"你一定办得到"。要是回到十年前，做长辈的要是这么做，他们通常会被认为不够明智或过度溺爱孩子。

我在书中写到的这些年轻的CEO，有些是直接找上我的，有些则是通过密集的公关

> 创业微言录
> 创业，是全天下最有创意的事。它就像一个活生生的、会呼吸的艺术品。
> ——夏姬·卫斯兰（Shazi ViSram），32岁创业，创业3年，总价达210万美元，幸福婴儿食品（Happy Baby Food）合伙创始人之一

营销活动进入到我的视野的。一般来说，除非我嗅到某个潮流的存在，否则我对这些公关活动一概置之不理。但是这次不同，我的确察觉到某股潮流正在成形，而不仅仅是某些"少年"CEO的奇闻轶事而已。

Intuit公司[①]和未来学院（Institute for Future）的一项研究结果指出，"美国Y一代（下文中用"网络一代"指称），很可能会成为有史以来最有创业精神的世代"。国际青年成就社（Junior Achievement Worldwide）CEO

---

① 美国Intuit公司在自助财务管理软件市场拥有统治地位，该公司击败了微软（Microsoft）及许多其他潜在竞争着，目前已开始进军新市场。

兼董事长肖恩·拉什（Sean Rush）则指出，目前已经有超过400万名美国学生上过该社的课程，其中年纪最小的才5岁，而且上过这些课程的学生，10年内就增加了50%。这些课程内容涵盖就业技能、创业基础课程和财务基础知识。该组织曾经对1155名青少年做过调查，发现有69%的人都想要自己创业。前不久，美国的小企业管理局（SBA）开始和国际青年成就社合作，共同创建了一个专供青少年使用的企业入口网站，结果发现，有将近三分之二的大学生都希望自行创业。总部位于堪萨斯市的考夫曼基金会

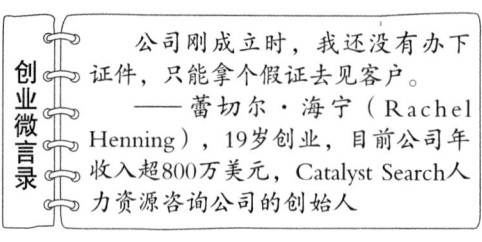

创业微言录

公司刚成立时，我还没有办下证件，只能拿个假证去见客户。
——蕾切尔·海宁（Rachel Henning），19岁创业，目前公司年收入超800万美元，Catalyst Search人力资源咨询公司的创始人

（Kauffiman Foundation），是一个专门为创业计划提供资金并追踪其后续发展的非营利组织，该基金会指出越来越多大专院校开设这类课程，这反映出需求正在暴增，而这类课程也对新的创业革命起了推波助澜的作用。

纵观美国历史，从来没有过这么多年轻人想自行创业，也从来没有过这么多大专院校努力支持他们实现创业的梦想。10年前，只有400所学校提供创业相关的课程，如今，则有大约2100所大学和学院提供。此外，根据考夫曼基金会的资料，包括大学本部和研究所在内，创业课程的教师总共超过400名，而申请就读这类课程的学生已超过20万人。也就是说，在过去7年时间里，学生人数增加了70%。

其实，从创业课程内容的变化，更能看出问题。这些学校所提供的课程，在过去几年已大幅更新，以适应学生更高的需求。"在我们学校，修读创业课程的大学生，有四成以上在入学时就已经拥有自己的事业。"贝尔蒙大学（Belmont University）创业课程教授杰夫·康沃（Jeff Cornwall）说："世界变了。" 贝尔蒙大学不仅提供创业课程，还创立了3个大学生创业家孵化工场，协助学生在校园里开设了6家企业。其中5家是常设而且有赢利的公司，服务对象包括学校的学生和周边的纳什维尔（Nashville）社区。"为适应这个世代的需求，我们也调整了创业课程的授课方式，"康

沃说，"以前我们的方式是，先让学生学基础课程，大三时才提供创业课程。但是现在，要是等到大三才开这些课，学生恐怕老早就跑光了。"

创业思维大起底

那么，"网络一代"为什么对创业这么着迷？他们为什么要自己创办公司？他们热衷于哪些行业？他们创立公司、经营公司的方式，与过去的世代有什么根本上的差异？未来，他们对经济、商业将造成何种影响？**他们的成败，会给小公司带来怎样的启示？**这些问题正是我写作本书的动机，而写书的这趟旅程，则让我预见了创业在未来的样貌。在经过至少150次深入的访谈和18个月的研究以后，我眼中的网络一代，跟媒体塑造的他们的形象完全不同，甚至还要复杂许多。一般人总以为网络一代年轻人都很自我中心、缺乏耐心、思想散漫，而且唯利是图，总之很不靠谱。

的确，在我采访的这些年轻的CEO当中，有许多似乎具有这些特征，但根据我过去25年采访写作的观察，老一辈的企业家也有不少人是如此。不过，新一代的企业家似乎都拥

> **创业微言录**
> 网络一代，很可能会成为有史以来最有创业精神的世代。
> ——Intuit公司和未来学院（Institure for Future）的研究报告

有某些不同于传统一辈的特征，例如：乐意与他人合作，富有团队精神，在科技的使用上都显得少年老成，办事灵活有弹性，商业嗅觉敏锐，能及早意识到新潮流的形成，致力于创造不同以往、能兼顾工作与休闲的工作环境，有决心改造世界，并且习惯打破产业常规——他们认为墨守成规是竞争对手一直在原地踏步的原因。

或许，这些年轻的CEO，你能给他们冠上"冒险家"、甚至是"疯子"的称号，事实上，他们的确有些人如此自诩。但是，冒险意味着你可能失去什么。然而，**在十几、二十岁时创业，即使失败，失去的东西，比三十、四十或五十多岁时才创业失去的少得太多**。因为，年纪

越大，可选择的职业就越少，创业时要考虑的财务风险和个人责任因素则越多。因此，网络一代的创业虽然像是在冒险，但那也只是年轻人创业激情的展现而已。他们有一种勇于实验、勇于创新的精神，而不担心是否赌上了所有的身家财产，当然，最后可能输得很惨，发现原先的创意完全不是那么回事，但也可能发现公司身价高达数百万。无论结果如何，要他们在传统企业里平平淡淡地工作一辈子，几乎是不可能的。这一个世代，天生就是企业家一代。

到底是什么原因让网络一代疯狂地创业呢？

这一代创业家有两种不同于以往的重要思维。**最重要的是，他们是"在数字环境下长大"的第一代人。**我们都知道，互联网、云计算、手机和社交媒体可以让企业的创立与运作变得比以往"便宜"许多，风险更低、效率却更高。但知道和行动是截然不同的两码事：当老一辈创业家还

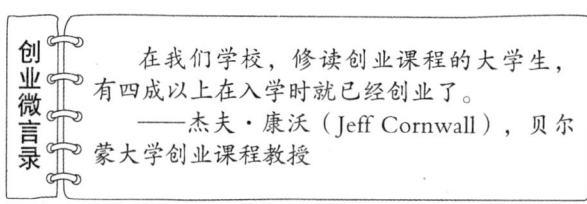

创业微言录：在我们学校，修读创业课程的大学生，有四成以上在入学时就已经创业了。
——杰夫·康沃（Jeff Cornwall），贝尔蒙大学创业课程教授

在努力跟上脚步，甚至还在抗拒Web 2.0的召唤时，新科技对这些年轻创业家而言，却是很普通的事，就像呼吸一样简单。对他们来说，根本没有任何学习上的障碍。

第二个特点是，**网络一代是有史以来在刚刚成年时就拥有创业抱负的第一代人。**别忘了，网络一代和他们的父母，都目睹了许多创业英雄创下丰功伟业。首先有比尔·盖茨、史蒂夫·乔布斯、脱口秀女王奥普拉·温弗瑞、理查德·布兰森①、亚马逊网的创始人和

---

① 理查德·布兰森（Richard Branson）：一位具有传奇色彩的亿万富翁，以特立独行著称，曾驾驶热气球飞越大西洋和太平洋。1950年出生于英国，维珍（Virgin）品牌的创始人，1999年，英国伊丽莎白女王册封布兰森为爵士。20世纪70年代，他从一间电话亭大小的办公室白手起家，资金比大多数人去娱乐场所享受一夜良宵所花的钱还少，80年代通过维珍航空一举成功，现在他的企业王国触角遍及婚纱、化妆品、航空、铁路、唱片甚至包括安全套，最近更跨入手机、电子消费产品领域。《泰晤士报》2007年估计其个人财富超过30亿英镑。

CEO杰夫·贝佐斯（Jeff Bezos）和已故的安妮塔·罗迪克（Anita Roddick）①，之后则出现了更年轻的创业家，如：Google的创始人拉里·佩奇（Larry Page）和谢尔盖·布林（Sergey Brin），Yahoo的创始人杨致远，YouTube的创始人查德·贺利（Chad Hurley）和陈士骏，以及Facebook的创始人马克·扎克伯格（Mark Zuckerberg）。后面这一批高调、创新的企业家，吸引了媒体大量的关注和民众无比的崇拜，俨然成了科技明星，而在过去，能得到如此关注和崇拜的，只有摇滚巨星和明星运动员。受到这些创业家的影响，许多父母和孩子都觉得创业很帅，很酷。遗憾的是，这些父母常常是企业在裁员时的牺牲品。

> **创业微言录**
> 我们的事业，是我们履历表上最给力的内容。
> ——乔纳森·利瓦伊（Jonathan Levi），16岁创业，目前公司市值超180万美元，利瓦伊汽车零部件公司创始人

但是成名并非推动这股创业潮的唯一要素。自20世纪80年代起，我们就一再听到小规模的、创业型的公司，才是刺激美国经济增长、创造就业机会和带动创新的最重要因素。突然这些无名英雄开始得到应得的掌声，于是创业这件事不但显得很酷，同时也变得很尊贵，尊贵到值得放进小学的课程里，当成创业励志的题材。近年来，国际青年成就社力推将创业内容放入到小学课程中，而且，在幼儿园到五年级这个阶段的孩子（4-11岁）身上，创业课程的学习最为成功。

在我这次的采访中，有几位年轻的创业家声称，从他们很小的时候起，父母便鼓励他们创业。今年28岁、和弟弟罗伯特共同创立了RealVibez（一家专门出版加勒比海音乐的唱片公司）的大卫·马陵斯（David Mullings）告诉我："从小，我爸妈便要我们在每年圣诞节提

---

① 安妮塔·罗迪克（Anita Roddick）：世界著名个人清洁品牌美体小铺（The Body Shop）创始人，美体小铺被称为"良心企业"。罗迪克于2007年9月10日因病辞世。

出新年的创业计划。但是，在我们提出创办这家公司的构思以前，我们每年提出的计划都遭到否决。我爸爸是医生兼大学讲师，我妈妈是护士，两人都希望我们从商。"Goden Rule Technology公司CEO、29岁的凯西·戈登（Casey Golden），至今已经创立了五家公司。他说："13岁那年，我和我父亲一起创立了一家公司，那是我的第一家公司。当时，我们一起发明了一种可生物分解的高尔夫球座。"戈登的父亲帮他募集创业资金，母亲则帮忙研发配方。一开始，该球座是用水、面粉、泥炭土（peat moss）和苹果酱做成的。戈登的这项产品，在一项由K-mart赞助、名为"发明美国"（Invent America）的全国性比赛中获奖，而且，在未来得及大肆宣传之前，美国家庭就已经开始购买他的可降解球座了。之后，他还飞到日本和专利律师会面。美国的媒体封他为"球座先生"。

　　相比于自己年轻时，网络一代的父母对于子女的创业梦，通常是比较支持的。在过去，提到创业，通常会被人贴上这样的标签：在街上叫卖手表。如果你是想认真过日子，那么你就应该在大公司里谋得稳定的职位，直到退休时获颁一只金手表为止。可是，到了20世纪80年代，全球化竞争、企业精简和并购的浪潮来袭，逼得许多大企业不得不裁员，因此，终身雇用合同也就成了一纸空文。自1984年起，有超过3000万名美国人丢掉了饭碗，如今，就职于员工人数超过1000人的公司职员，只占全部就业人口的40%。辛苦工作多年、到头来却只能落得个被裁的下场，目睹这些情景，子女也就不相信所谓的大企业"铁饭碗"了。此外，几家曾经备受信任的公司，如安然公司（Enron）和世界通讯（WorldCom），近年来陆续爆出丑闻，2008年，几家"大到不可能倒闭"的公司接连关门大吉，更加深了民众对大企业的不信任。2009年1月，劳工统计局发表报告指出："自2007年12月经济开始衰退以来，就业人口已减少360万，且其中大约一半皆在过去3个月间失业。"而在我写作本书时，并没有明显的迹象显示，美国这波经济衰退潮已经结束。

　　在美国，网络一代也比过去几个世代的人都更加独立：在成长的过程中，他们都接收到了一个清楚的信息（不论表达方式是明显或含蓄）：曾经备受老一辈信任和珍惜的大机构已经不靠谱了,不要把你的未来托付给它们,你最好学会自己照顾自己。还好,由于从小就被父母亲灌输自信的态度,他们已经开始这么做了。这样的成长背景和生活态度,虽然让某些网络一代的人显得难以相处或要求太多,但也造就了某些非凡的创业家。

为了写好本书,我进行了大量的研究。研究刚开始时,我搜寻的创业家的范围很大。在过去几年中,美国有许多年轻创业家陆续冒出头来,于是,《公司》杂志评选出"30位不到30岁的成功者:美国最酷的年轻创业家",《商业周刊》也评选出"美国最优秀的年轻创业家"。这些数据,以及《公司》杂志所选出的前500强和前5000强成长最快速的企业名单,都成了我搜集资料的来源(要感谢我在《公司》杂志的朋友,他们很大方地提供相关数据,让我能顺利找到这些网络一代CEO)。此外我还联络了创业教育基金会(The Network for Teaching Entrepreneurship)、成功青年组织(Young and Successful)、极限创业巡回教育中心(Extreme Entrepreneurship Tour)、创业家协会(Entrepreneur's Organization)、慈善组织克林顿基金会(William J Clinton Foundation)等团体,及两个培训和赞助年轻创业家的机构:YCombinator和TechStars。再者,通过阿西娜基金会(Athena Foundation)和Count Me In for Women's Economic Independence这个支持妇女经济独立的组织,我也接触到不少年轻女性创业家。

此外,我还通过同事和事业上的人脉传话出去,让大家知道我正在寻找成功的年轻创业家做访谈。但我会强调,我感兴趣的不是那些年纪轻轻就赚到巨额财富的人。这些人在某些人眼中或许很厉害,却一点也勾不起我的兴趣。**我想找的是企业的创建者:他们创造的是一个比大笔存款更有经济价值的东西,至于他们所累积的财富,只是这个创业过程的副产品而已。**另外,我要提醒各位,本书不会特别关注网络一代的超级巨星们,比方说Facebook、YouTube、Digg等知名品牌的创始人。这些人的奋斗事迹确实叫人惊叹,但这些故事已经有人写得太多了,都审美疲劳了,我要的是新鲜的题材。

没过多久，我计划的访谈名单上的人数便越来越多，多到我无法在书中一一介绍。而且，每一次访谈过后，名单上一定会再增加几个名字，因为这些创业家通常会认识别的年轻创业家（而且通常很多），当他们得知某个他们觉得有趣、跟自己切身相关的计划后，多半会想拉这些朋友一起参加。然而，最让我讶异的不是人数，而是这些人的组成竟如此多样化——自从我从事这方面的研究及写作以来，我是第一次看到这么多女性企业家和少数民族企业家。

"网络一代"创业CEO的8大新特征

跟这些年轻的创业家接触，用什么方式好呢？我希望采取的是对他们而言方便、实用又有意义的方式，那当然就是进入社交网络世界。我在Facebook上申请账号，创建我的个人简介。这么做，现在看来似乎没什么大不了，但是在一年半以前，一个十来岁孩子的母亲，如果没什么非常充分的理由，是不大可能这么做的。世事变化之快速，由此可见一斑。

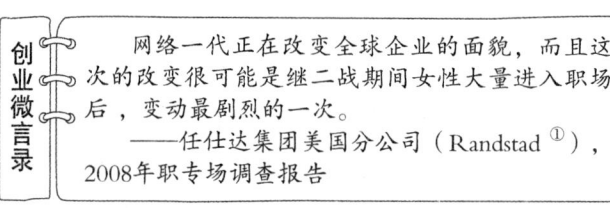

> 创业微言录：网络一代正在改变全球企业的面貌，而且这次的改变很可能是继二战期间女性大量进入职场后，变动最剧烈的一次。
> ——任仕达集团美国分公司（Randstad①），2008年职专场调查报告

我把受访者加为我的好友，然后邀请他们加入一个私人群，我会在那里问他们一些后续的问题，而他们也可以在此认识彼此、拓展人脉。

我可以斩钉截铁地说，没有Facebook，本书就不会是今天这个样子。我在Facebook上的私人群，成员人数最后增加到大约80人，每次我发出信息（例如：我正在探讨合伙人这个主题，有什么好故事可以分享的，麻烦通知一声。）都会有几个人以飞快的速度响应。相比于电子邮件，Facebook上的响应不但速度更快，效果也更好。此外，通过这些受访者分

---

① 任士达（Randstad）：世界500强，一家全球知名的综合性人才派遣服务机构。

享的链接和动态新闻（newsfeed），我对他们的了解也越来越深刻。有些受访者会将自己在创业过程中的挣扎或努力，直接地公开在Facebook上，和好友们分享自己创立公司、寻求资金或合伙关系的尴尬细节。

为了让更多人知道我的研究计划，并认识更多给我提供帮助的人，我在Inc.com网站上也新开了一个博客，叫做"创业家一代"。我在博客上的文章，大多都能获得响应，而某些读者的意见也确实影响了本书的构想。此外，我在微博上的联系人，也给了我一些帮助。最后，我也开始上Twitter（类似国内的微博）跟别人闲聊话家常，在过去这一年多来，Twitter变得非常流行。

我的目标是要尽可能和更多成功的年轻CEO对话，以深入了解他们的创业动机、成功策略以及管理方式。对话的过程中，浮现了几个共同的主题。这些主题不但是本书的编排依据，也是网络一代某个重要且深具影响力的群体的重要特征。通过这些主题，我相信所有参与或关心创业经济的人，都能够从中瞥见未来的创业前景。网络一代的年轻人，多半富有合作精神，精通先进科技，品牌意识强烈，对落伍的企业经营模式感到厌弃。相比于过去大家所崇拜的成功企业，这些人所孕育出的新企业，将呈现不同的面貌，采取全新的营运模式，而且往往怀着清晰的社会使命，摒弃传统的阶层组织，并努力让工作变得既有意义又好玩。这些网络一代创立的公司，究竟有什么与众不同之处呢？

1. 富有合作精神

说到创业，单打独斗的时代已经成为过去。现在的年轻人很少会选择一个人干，而会寻找一个或多个伙伴来一起打拼。合作的伙伴可能是朋友、大学同学、老师、父母，也可能是自己的另一半。新一代创业家知道自己的局限，因此会寻找能够跟自己互补的人，成为创业伙伴、导师或投资伙伴。很多时候，他们也会在创业过程中了解到合伙的陷阱。在公司成长壮大的过程中，他们会持续展现高度的合作精神，并通过面向社区的创新工具来开发新产品、新服务，以招揽人才，建立社交人脉和客户群。

2. 喜欢创新科技

根据佩尤网络与美国生活研究机构（Pew Internet and American Life Project）所做的调查，美国网络一代使用网络的时间，比老一辈的人明显高出许多，而且占了所有网络使用者的30%。

新技术的广泛使用，虽然是网络一代不同于其他世代的重要特点，但各位可别以为这些人创办的公司都属于网络公司。当然，网络一代所创办的产业，有一些在几年前的确是不存在的，比如帮Facebook 或 iPhone开发应用程序的公司。但是，进军传统产业的新一代创业家仍有不少，只不过，他们通常会给自己的公司注入创新科技的元素。**科技，不仅是开发新产品和新服务的重要催化剂，也是新一代企业家在各显神通的市场上能独树一帜的关键因素。**

3. 改变游戏规则

新一代的创业家，很喜欢从传统或过时的商业模式及其背后的假设中寻找漏洞，进而改变游戏规则。比如将尖端科技引进传统产业，令对手措手不及，或要求合作伙伴采用新的信息分享系统或接受最好的实践方式。他们勇于质疑现状且大胆实验，比如革新供应链、改造老化的家族企业、创造出新做法将传统的产品或服务提供给新的利基市场，这些做法虽然打破了传统产业的秩序，却也注入新的活力。

4. 市场嗅觉敏锐

从满足网络一代同龄人的需求而言，这一代创业家可说是占尽了上风。美国网络一代同龄人，有7700万之多，这不但是市场的一块大饼，而且很有经济能力。这群人的年收入高达2110亿美元，且其中有1720亿美元是用在消费上，他们的消费习惯和前几个世代有着天壤之别。

新一代的企业有的锁定大学生，为他们提供搬家、仓储、洗衣和家政清洁等服务；有的建立起新的网络社区；有的是针对年轻人的喜好发展品牌；有的则是把个人理财或网络交友之类的产业更加个性化。甚至，有越来越多人在创业时，就有不排斥将来把公司卖掉的想法。

5. 品牌意识强烈

网络一代创业家知晓如何建立品牌。从为公司命名，到营销、销售和制造自己的产品或服务，他们都将品牌建立作为区分自我与对手的关键手段。鲜明的品牌形象，让他们能更快、更广地打入市场，创造出全国性的营销热潮，进而吸引大企业，使之想要与他们建立合作关系甚至加以收购。由于网络一代的品牌意识更强烈，使得这一代创业家在抢占这块极重要的市场时更占优势。

6. 心怀社会责任

美国网络一代也具备了强烈的社会正义感。由Cone,Inc.公司和Amp Insights公司所做的一项研究指出，在受访的1800名、年纪在13到25岁之间的年轻人当中，有61%觉得自己有责任让世界变得更美好，75%则希望能在拥有同样想法的企业里工作。加州大学洛杉矶分校的高等教育研究中心（Higher Education Research），在2005年发表报告指出，刚进入该校就读的大一新生是25年来最具公民意识的一代，其中有86%都参与过某种形式的志愿者服务。不可否认，有许多人担任志愿者并非完全出于自愿，有些人是因为父母有强烈的社会道德意识，有些人是因为这样做才能高中毕业，有些则是为了让求学经历看起来比较漂亮，尽管如此，志愿工作的精神似乎已深植于网络一代的思潮里。有很多网络一代的企业家一创业就立志要回馈社会，而不是要等到公司赚钱后才开始。在他们的努力下，营利组织和非营利组织之间的界线变得日益模糊，但这也是这些公司能吸引人才、留住人才的关键。

7. 革新工作环境

网络一代所创办的公司，其工作环境通常具有下面这些特点：灵活有弹性、以任务为导向、以员工为中心、制度讲求绩效，并且很少采用传统的管理结构和打卡考勤。这些年轻的CEO从小就看到父母为公司牺牲了许多时间，换来的却只有几句感谢；他们拒绝重蹈覆辙。因此在创业时，他们往往把弹性、有趣、兼顾工作与生活，视为核心价值。在他们所营造的工作环境里，表现优秀者可以很快获得晋升，每个人都有机会贡献自己的想法，决策过程则通常是透明的。他们多半喜欢自诩为"仆人领导者"（Servant Leader），不仅是要创建成功的企业，更要营造出民主的、有自主性的工作环境。"卖力工作，也卖力玩乐"是这个世代的座右铭。尽管你可能在这些公司的休息室里看到球桌或任天堂游戏机，但你也很可能在深夜或周末时，看到员工在办公室里收发电子邮件或加班赶项目。

8. 擅长随机应变

网络一代的创业家通常具备灵活的应变能力，他们多半采取"先做再说"的工作态度，而不会花费太多时间在事先的规划上。他们不怕失败，愿意在必要时调整自己、改造自己，并能够随着迅速变迁的市场需求改变经营策略。对他们而言，经营企业之所以好玩，原因之一是企业是活的，他们随时准备好把握机会。一旦失败，他们会很快记取教训，从挫折中站起来，赶紧迎接下一个重大的挑战。

在每个世代，总有些创业家能转型成功，带领自己的公司成长、发展壮大；而无法适应这其中的挑战的，只好让公司关门大吉。这样的问题在网络一代身上可能更为严重，因为网络一代创业家通常缺乏传统的管理经验。**相比之下，过去的创业家多半管理经验丰富，因此能适应企业在扩大规模时面临的挑战。那么，当公司逐渐壮大、成熟，并带给这些年轻的企业家更多挑战时，会发生什么事呢？**通常，他们会需要大人的监督。于是，有些年轻的创业家会雇用年纪较长、经验较丰富的

CEO，来带领公司更上一层楼。此外，他们也会发现，管理一家成长中的公司，并不像创办新公司那么好玩，于是决定将公司转手他人——他们认为这样做不见得代表出卖。但也有人决定继续玩下去，以坚定的态度带领公司迈向成长，并且发展出自己的管理风格。

在接下来的章节里，我将介绍大家认识一些正在创立公司或追求企业成长的年轻CEO。之所以选择他们，是因为他们或者是产业的领导者或创新者，或者是比竞争对手更早锁定了尚未被发掘的小众市场的管理者；有许多创业者，虽然经营非常传统的行业，却敢于打破传统，摒弃老套的做法，进而创造出自己的企业经营模式。此外，有些人的公司收益正在迅速增长，有些人的公司则还在起步阶段。而且我相信当你看到这本书时，有些公司可能已经消失不见，但是可以肯定的是，大部分的公司是越来越好。尽管如此，我可以很肯定地说：在这场由人口变迁和科技进步所带动的创业革命中，网络一代扮演了举足轻重的角色，这群人精力充沛、反应敏捷、直觉精准，而且为数众多。尽管他们的经验远远落后于老一辈的企业家，但他们也具备后生可畏的竞争潜力，对某些人而言甚至是极具威胁。**忽视网络一代创业家的存在，是很愚蠢、很危险的一件事，但要是有机会翻开他们的创业故事看看，你等于得到了无价之宝。**

因此，请各位做好准备，新一代创业家要来了！

第1章
合作人脉，创业者的伙伴与导师

合作经济（Collaborative Economy）时代已经来了。在今天这个形势日益复杂、竞争日益激烈以及经济日益全球化的商业环境下，对任何一位企业家而言，想靠单打独斗谋得成功，事实上已不可能，人们甚至会说，持这种想法的人，简直脑子进水了。即便是最简单的经营模式，其所需的知识也不仅仅是一个人就能学得来的。当然，这世上还是有些杰出的管理者能够提出新的创意，但那些创意，只有在团队的集体智慧之中，才能更加成功地进行孵出。也许古往今来一直就这样。比如，绝顶聪明的发明家托马斯·爱迪生因众多发明成果闻名于世，他的1000多项专利发明，最初创意大多数却源自他在新泽西州西奥兰治的"发明工厂"：他在当地聘请了一个由药剂师、工程师、机械师组成的团队，这些人在团队中密切合作，源源不断地想出新的点子，才成就了他的众多发明。如今，我们称这种现象为"基于团队的创新"。

在团队中工作和学习，是网络一代除了创业之外的第二天性，而且，他们这个世代，正在不断改变和完善团队合作的定义。毕竟，他们从小就处在团队合作之中。这些孩子们，很小的时候就参加"玩耍约会"(Playdate)①、

---

① Playdate是指(由几个家长安排的)玩耍约会。

儿童足球锦标赛以及基于团队合作的科学项目，种种这样的经历，培育了他们这样一种理念：在团队中学习和玩耍，既有趣好玩，又富有成效，非常值得期待。这并不意味着他们不看重个人成就，他们只是希望，个人的成功是团队共同努力的结果。在马萨诸塞州伍斯特市克拉克大学担任创新与创业项目主管的乔治·坚德伦说："我的学生对'我就是品牌'的理念并不十分认同。"而那一理念，是管理学大师汤姆·彼得斯提出的一句著名口号。坚德伦说："他们非常注重团队合作。在我上大学的那个年代，我们几乎从来没有在团队中工作过，什么事情都是单打独斗。如今，即使在人文学科的教育中，也有一半的任务是由团队合作完成的。团队合作的条件是：你必须找到自己的合作伙伴。"

但究竟什么是团队？是不是在同一个组织中，为了解决某个棘手的问题或实现一个远大的目标，把工作任务细分给团队成员，这个组织就是"团队"？在爱迪生所处的时代，这或许就是团队的准确定义。如今，那样的定义已经太过狭隘，

> 对于"我，就是品牌"这样的概念，现在的学生听到后并没有太大回响，他们都很以团队为导向。
> ——乔治·坚德伦（George Gendron），美国《公司》杂志前总编辑，克拉克大学创新及创业课程主任

创业微言录

而且，没有人比一举成名的网络一代更明白它的含义。**对网络一代来说，团队是虚拟而灵活的，不仅包括他们自己公司中的一些人，而且还包括朋友、家人、他们在网上找到的教授、专家，甚至是他们从来没有遇到的陌生人**。是的，网络一代不会因为请求得到别人的帮助和建议而感到害羞、害怕和羞耻。从新创意在脑海里蹦出的那一刻起，关于创业的交流，就绝不是创始人"一个人在战斗"，而是在背景多样化、地理位置通常分散的一群人之间不断地交流，这样一群人，他们为了实现某个特定目标而组合在一起。这些网络一代，不只是在办公司，也是在建人脉。

利用校园创业平台

说到建立人脉,还有什么比大学校园更好的地方呢?

不久前,创业这件事意味着:生命中的其他事物都得暂缓。这使我想到1960年美国推出的棋盘游戏:《游戏人生》。米尔顿·布拉德利(Milton Bradley)公司推出这款游戏,备受大众喜爱。在这款游戏纸上,人生是一条曲折的道路,在道路的起点,驾着塑料车的玩家们,必须在"上大学"和"创业"这两条路之间做选择。这样的选择正是那个时代的反映。但是在今天,"创业+读书"却是个绝配。在校园里,准创业家可以获得的资源简直多得叫人无法抗拒,朋友可以变成合伙人或员工,教授可以变成顾问,校方举办的创业计划竞赛,则可以为你提供创业的启动资本。至于风险,可以说低到不能再低:既没有家人要养,也没有房贷要还,却有学校宿舍供你住,有食堂让你吃得很便宜。**大学校园已经成了新一代的创业家孵化工场。**

马萨诸塞州韦斯利巴布森学院(Babson College)讲授创业工程的安德鲁·萨恰拉奇斯(Andrew Zacharakis)教授指出:"近几年,每400个大学新生中,就有20-30人有过很不错的创业经验。"过去,学生进巴布森学院是为了学习创业的入门知识,如今越来越多学生是为了深入学习创业中遇到的问题,以带领企业迈向成长。"这些学生比我18岁的时候精明多了。"萨恰拉奇斯说:"他们懂得商业的语言,也不怕向别人求教。"

如今在大学校园蔚为流行的创业计划竞赛,则成了年轻创业家测试创业构想的绝佳途径。2003年,在巴布森学院创业竞赛中获奖的,是27岁的西亚马克·塔夫多斯(Siamak Taghaddos)和26岁的同班同学大卫·豪泽(David Hauser),他们的构想是创立一家为创业者和小企业提供虚拟电话系统的公司。他们了解到,刚成立的公司,一般财力比较紧张,买不起那种听起来很专业的电话系统。于是他们开发了一套软件工具,每个月只要花10美元,就能通过网络建立一套语音留言和电子邮件系统(语音留言是以MP3格式存到电子邮件里),也可以将不同电话线的留言整合到同一个语音留言系统和同一个留言号码里。对刚起步的公司或员工散居各地的虚拟公司而言，这样的通信工具可以让小企业显得又大又专业，且每个月的通信费用不到一万美元。塔夫多斯回忆道："大卫和我都想办一家提供这种服务的公司，因此当我们在巴布森学院认识后就决定，既然我们各有所长，与其互相竞争不如通力合作。"

这两位年轻人以前都有创业的经验。塔夫多斯创办过一家在线传呼机经销公司，也在一家教育咨询公司工作过；豪泽则曾经和别人合伙，创办过一家电子邮件管理公司"ReturnPath"，以及一家网络广告技术提供公司"WebAds 360"。不过两人真正赚到大钱，是在成立了GotVMail以后。在几位同学的协助下，塔夫多斯完成了该公司的创业计划书，拿去参赛，最后脱颖而出，得到5000美元的奖金。但塔夫多斯表示："能得到许多企业家评委的肯定，知道这项计划靠谱，值得我在课余努力追求，才是最大的收获。"同年，两人在马萨诸塞州的尼丹（Needham）正式创立了GotVMail公司，由塔夫多斯负责公司发展，豪泽负责技术。

但是赢得比赛只是开端，两人从巴布森学院得到的资源还不只如此。在海蒂·奈克（Heidi Neck）教授的帮忙下，两人了解到企业发展方向，以及市场细分的重要性。塔夫多斯说："GotVMail之于房地产中介商的重要性，就好比企管顾问之于网络公司。"多亏奈克教授的提醒，塔夫多斯因此提出了一套很有效的营销策略，让公司的收益在2006年增长至880万美元，并且，在2007年《公司》杂志甄选的美国前500强成长最快速的私人企业名单中，挤进了第66名。

两人从巴布森学院得到的另一项关键资源对公司的财务健康起着至关重要的作用：巴布森学院的乔尔·舒尔曼（Joel Shulman）教授，对这两位创业家提出了有关财务模式的建议。"我们使用负的现金转换周期[①]作为我们的财务模式，"塔夫多斯表示，"赚了钱之后再把它花掉，因此公司

---

① 现金转换周期（Cash Conversion Cycle），指的是从公司购买原料或存货支出现金，到收到应收账款得到现金所需的循环时间。

从第二个月起就开始有赢利。99%的公司则使用相反的方式——先投资，再销售，然后等着赢利。我们的这一套在头几个月看起来虽然不怎么漂亮，但这也让我们在没有外部资金的状况下就得以成长。我们有多少钱就花多少钱，因此能够按自己的节奏成长。舒尔曼教授是理财大师，却不吝指导我们，他的帮助太给力了。"

2009年5月，塔夫多斯和豪泽将公司更名为飞天蚱蜢（Grasshopper），为的是将公司重新定位为"专为创业家设计的全球性品牌"。未来，该公司除了继续提供虚拟电讯系统，两位创始人还计划为那些新成立的公司提供一整套的服务，包括网络招聘、时间管理工具等。塔夫多斯预估，未来，商界在这方面的需求可能会增加，而且他还注意到，在经济衰退期间，该公司在这方面的业绩反而有显著增长，因为"有许多人被解雇后，决定自行创业"。两位创始人不愿透露该公司目前有多少收益，只表示"在1000万美元以上"。这家拥有3万名客户、50名员工的公司，在没有接受外界风投资金帮助的情况下，仍保持持续增长，而舒尔曼教授也一直担任该公司的顾问。

创业孵化器无所不在

"飞天蚱蜢公司"的故事既富有戏剧性，又很经典，而且是发生在一所以培养创业人才为重点任务的学校里。就算没有特别强调创业课程，全美各地还是有很多学校乐意协助有创业意愿的学生，早日实现其创业梦想。

华盛顿大学的创业课堂上，就走出了两位学生创业家：27岁的乔许·科维特（Josh Kowitt）和28岁的斯科特·纽伯格（Scott Neuberger），他们创立了一家专为大学生提供搬家和仓储服务的公司College Boxes。"要不是从大学时就开始创业，恐怕没有我们的今天。"纽伯格说："学校的课程教会了我们如何经营公司。"2008年1月，两位创始人将公司转手，当时公司的净值已经增长到500万美元。

卡内基内梅隆大学的大三学生卢克·史库尔曼（Luke Skurman），创办了一个关于大学指南的网站College Prowler，当时College Prowler只是他的课程设计。通过校长杰瑞德·柯亨（Jared Cohon）的引介，史库尔曼认识了一位投资人，在该投资人的大力协助下，公司的收益已经增长到90万美元。

College Prowler，经过多年的发展，已有20万美国学生在上面对近七千所美国院校发表了自己的评论。现在每个月都会有100万名美国学生从中受益。

现年29岁的威尔·皮尔森（Will Pearson）和曼盖许·哈蒂库朵（Mangesh Hattikudur），则是以杜克大学为跳板，成功创业。他们在校园里创办了一份名为《心灵牙线》（Mental Floss）的八卦杂志兼网站，定位为人们在茶余饭后谈八卦。该杂志发行后极为成功，目前年收益约为200万美元。

正因为大学生对创业越来越感兴趣，现年27岁的迈克尔·西姆斯（Michael Simmons）创办的极限创业巡回教育中心（Extreme Entrepreneurship Education Tour）一直在高速增长。西姆斯16岁就创办了第一家公司"普林斯顿网络解决方案"（Princeton Web Solutions）；在纽约大学念大三时，他认识了同年级的希娜·林达尔（Sheena Lindahl），也就是他现在的老婆，两人共同创办了现在这家公司。传递创业理念是该公司最主要的宗旨，他们主要请各大专院校提供赞助，让他们在全国进行一系列的校园巡回演讲，提供半天的创业教育课程。课程内容包括怎样建立人脉、举办创业研讨会，或邀请成功的年轻创业家来为学生演讲。自2006年进行首度巡回教育以来，西姆斯和林达尔已举办了超过60场的研讨会，与会人数往往超过200人。西姆斯说："我注意到，大学里的教学部门和校园外的组织，对创业议题都越来越感兴趣。例如，许多经济发展组织不再强调吸引大企业的投资，而越来越注重培育当地的创业家。学校的就业指导中心也一样，他们不再只是帮学生找工作而已，也开始提供创业信息。"

与身边的人合作

本书所介绍的公司有许多都发迹于大学校园,而且有半数以上都至少有两位共同创始人。不过,既然有越来越多的学校提供创业课程,学校里也比较容易找到志趣相投、创业热情相似、学习目标接近的伙伴,那么这一创业特点,也就不叫人意外了。举例来说,布朗大学医学院的布拉德·温伯格(Brad Weinberg)和拉吉夫·库马尔(Rajiv Kumar),就合伙创办了一家很有新意的在线健康咨询公司Shape Up The Nation(详见第2章)。约翰·维奇(John Vechey)和布莱恩·费特(Brian Fiete),在念普渡大学时,合伙开发了多媒体电子游戏,两人的合作后来更进一步,创立了PopCap Games游戏公司(详见第8章)。稍后我将介绍高等教育金融服务(Higher One)的三位共同创始人,麦尔斯·拉塞特(Miles Lasater)、马克·沃尔克(Mark Volchek)和肖恩·葛拉斯(Sean Glass),如何运用在耶鲁大学得到的经验,成立了这家学生理财及发放就学贷款的公司。

网络一代的青年很享受团队创意,朋友间常常会讨论"如果……就会……"之类的问题,就此播下创业的种子,一家公司就这样不经意间诞生了。而且,诸如此类的对话,在他们毕业后,还会继续。不管是《企业》杂志的"30位不到30岁的成功者:美国最酷的年轻创业家",还是《商业周刊》所评选出的"美国最优秀的年轻创业家",这类名单上的公司,有许多都是合伙创立的。而且他们的创业初衷多半只是为了多赚一点钱而已,比方说Meathead搬家公司的共同创始人艾伦和伊凡·史提德(Aaron and Evan Steed)兄弟(详见第5章),大块头垃圾清运公司(College Hunks Hauling Junk)的共同创始人奥马尔·索里曼(Omar Soliman)和尼克·弗里德曼(Nick Friedman)(详见第3章)。这两对创始人压根儿没想到,自己随意创办的公司,有一天竟然会变成价值数百万、在品牌上独树一帜的企业。另外,蕾切尔·卡兰芝·赫雪(Rachael Krantz Herrscher)和史蒂芬妮·彼得森(Stephanie Petersen),则是在推着双人娃娃车逛商场,大叹为什么没有供妈妈阅读的逛街指南时,领悟到创业契机的;为了适应上述需求,两人后来创办了今日妈咪(Todays Mama)(详见第7章)。

这些"如果……就会……"之类的对话也越来越多地发生在家人间的谈话中。相比于过去的世代,网络一代的孩子和父母的关系通常比较亲密,因此他们会积极邀请父母参与自己的创业活动——这也是顺理成章的事。比如,他们可能会请妈妈帮忙接听电话、出车运货;又或者请爸爸陪客户喝酒——因为CEO自己年纪太小,不能在餐厅里喝酒接待。这样的安排颠覆了传统家族企业的经营模式,但我相信不同世代的人若能够齐心协力,老少配、父子配的威力可能非常强大。**因为年轻的一代熟悉高科技的使用,富有创新精神;老一辈则精明老练,拥有丰富的实战经验,若两者能携手合作,成功便指日可待。**

找父母合伙

我相信,肖恩·贝尔尼克(Sean Belnick)一定会同意我的看法。14岁时,他就和继父盖瑞·葛雷瑟(Gary Glazzer)共同创办了销售办公椅的网站BizChair.com。如今,22岁的贝尔尼克,不久前刚从亚特兰大的埃默里大学(Emory College)毕业,他回忆道:"我继父是家具公司的独立销售代表。我当时很迷计算机,我看到他如何下订单,不久就开始帮他忙了。"贝尔尼克小时候既聪明又充满好奇心,小学五年级时,他特喜欢看动画喜剧《南方四贱客》,还特地为它创建了一个网站。此外,当他对之前搜集到的神奇宝贝卡片纸牌失去兴趣后,便到eBay上拍卖,卖了1000多美元。

2001年,贝尔尼克把自己闷在房间里搭建网站,三天不出门,他的母亲和继父都能理解,丝毫不感到讶异。贝尔尼克的目标是简化家具购买流程,直接出售给客户。他将自己的技术优势和他从继父身上学到的家具销售知识相结合,成立了美国有史以来的第一家办公椅网站:

BizChair.com。贝尔尼克的精心杰作让继父刮目相看，于是他发挥自己在业界的人脉关系，担任儿子和制造商之间的联络桥梁。当时的家具制造商对新出现的经销商，尤其是网络经销商，通常抱着敬而远之的态度。

"当时，他们不知道我的真实年龄，"贝尔尼克坦承，"网站刚成立时，我基本上是葛雷瑟的客户。我通过他向制造商订货，再将产品送到客户手中。"没过多久，贝尔尼克就成了葛雷瑟最大的客户，葛雷瑟开始相信，贝尔尼克的这个网络经营模式，未来的成长应该潜力十足，于是辞掉了手头的工作，加入办公椅网站，成为公司的对等合伙人。

葛雷瑟在业界拥有丰富的经验与人脉，贝尔尼克则十分精通网络，两个人的搭档可说是黄金组合。当贝尔尼克进入埃默里大学的商学院进修后，他每天在学校要处理近100封公司邮件，而公司的日常营运工作则交由葛雷瑟负责。如今，贝尔尼克当上了CEO。该公司目前拥有超过100名员工，销量在三四万件之间，并拥有一间占地32700平方英尺的仓库，存放的都是直接从亚洲进口来的产品。和亚洲工厂的直接贸易关系，让贝尔尼克和葛雷瑟得以建立起属于自己的品牌："闪亮亮的办公家具"。贝尔尼克说："我们不但有自己的品牌，价格也比其他厂商优惠。"

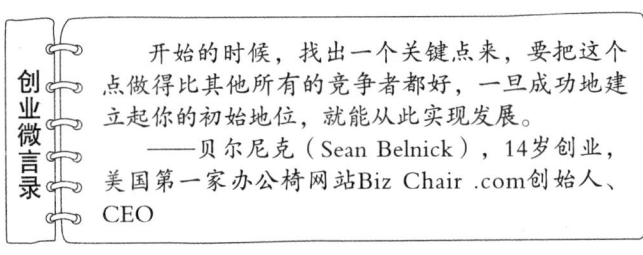

创业微言录

开始的时候，找出一个关键点来，要把这个点做得比其他所有的竞争者都好，一旦成功地建立起你的初始地位，就能从此实现发展。
——贝尔尼克（Sean Belnick），14岁创业，美国第一家办公椅网站Biz Chair .com创始人、CEO

如今，微软、Google和美国国防部，都成了该公司的客户；2008年公司销售收入创下了4000万美元的佳绩。

如今，他们也开始跨足到办公设备、家用家具和医疗仪器上。贝尔尼克的企业愿景虽然简单，却也充满了企图心："我们希望成为规模最大的办公设备在线零售商。"

当合伙关系破裂时

当然，不是所有合伙关系都是幸福美满的。关于这一点，凯西·戈登（Casey Golden）的体会最为深刻。现年29岁的戈登，21岁时和三位康奈尔大学的同班同学，成立了他的第三家公司（该公司目前还在，因此戈登不愿意透露名字）。这家公司有风投资金的帮助，其业务则是替Salesforce.com之类的软件向客户提供网络售后服务。**戈登建议：如果想找人合伙成立公司，"一开始就要把相关细节白纸黑字地写下来"。**

该公司成立后不久，戈登和原有的三位合伙人，将三名在公司兼职的员工也拉进来合资。一开始，大家对股权问题虽然达成了口头协议，但并未将细节变成白纸黑字。9个月后，公司终于募集到第一批天使投资①，因此需要一份正式的合伙合同，七位合伙人于是在附近的一家星巴克里开会讨论，以便将协议变成白纸黑字。"一开始，谈话的气氛还非常融洽，但是当有人提出任何'最终的疑虑或问题'时，气氛立刻改变，原本的友好不见了。"戈登回忆道。其中一位兼职的合伙人认为自己应该拿到更多股权，此言一出，"马上引爆了紧张的气氛，每个人都从座位上站起来，开始大吼大叫，一名坐在我们隔壁的旁观者，无辜受损——争执的过程中，一位合伙人大手一挥，将一杯拿铁咖啡泼洒在了他的笔记本电脑上。"为了搞定合同，他们后来又开了好几次会，但每次都要争吵，令人痛苦不堪。戈登表示，如果他们在公司筹资前就签好合同，其实可以避免这些痛苦。然而，这次的星巴克事件只是个开端而已。

"这家公司极其注重团队导向，但随着规模日益扩大，公司的经营者变得非常短视。"戈登表示：**"承认自己并非什么都懂，是年轻创业家最大的挑战之一。**例如，我当初的这几位合伙人，因为要面子，无法接受客

---

① 天使资金（angel financing; angel capital; angel money）指的是支援创业者的早期投资，不同于创投资金（venture capital）；天使投资往往由个人投资者出资，投资门槛较小，而创投则是专业投资集团出手投资。

户对我们产品缺点的批评。"戈登曾经向这几位合伙人建议,他们或许应该找专家进行个别指导,但遭到断然拒绝。想当初,公司刚成立时,大伙儿默契十足,有说有笑,但是当公司的年营业额在2006年增长至300万美元的规模时,紧张气氛却空前高涨。"**在真正面临考验以前,你很难知道你合伙的对象到底是怎么样的人。**"最后,戈登虽然选择离开,自己成立了Golden Rule科技公司,但这段失败的合伙关系,仍在他心里留下了无法抹灭的阴影。

导师和前辈是贵人

这段不愉快的合伙关系结束后,戈登没多久便加入了创业家协会(其前身为青年创业家协会),"因为我想从经验丰富的创业家身上学到更多。"没错,**聪明的创业家都知道,良师或顾问不但能让你少走弯路,还能够提供只有一定经验或年纪的人才可能有的宝贵观点。**事实上,当婴儿潮世代的资深创业家和网络一代的菜鸟创业家相结合,威力往往非常惊人。后者拥有丰富的创意,前者具有丰富的管理和营运经验,能将创意转变成持续发展的企业。

现年29岁的哈蒂库朵和皮尔森,当初在创办八卦杂志《心灵牙线》时,就没少上网寻找专家的意见。这两位杜克大学的学生,后来找到了密西西比大学的萨米尔·胡斯尼(Samir Husni)教授——也就是许多人口中的"杂志先生"教授,他写过一本书叫做《自己办杂志》——这对他们帮助很大。皮尔森回忆道:"我们先通过电子邮件不断联系他,最后他终于答应和我们碰面,而且不收取顾问费。"哈蒂库朵补充说:"我们到了密西西比后,他以不可思议的飞快速度翻了一遍我们的杂志,并告诉我们哪些内容很无聊有待加强,以及我们应该如何重新思考对杂志的看法。他形象地把杂志比作一整桌美味佳肴,里头应该有开胃菜、正餐,还有甜点,好让读者在阅读的过程中,一直都是口水直流。经过他的点拨,我们的信心大增。"《心灵牙线》首次出刊后,两位合伙人马上招募了一群顾问,有的还曾经在《时代》杂志和《新闻周刊》担任过编辑。"他们给我们建议，拓展了我们的眼界，也让我们的杂志变得更有公信力。"哈蒂库朵回忆道。如今，《心灵牙线》不但风行全美，该网站每月有超过200万人上网浏览，还跟三大出版集团之一的哈珀·柯林斯出版社（HarperCollins）签订了好几本书的出版合同，年收益更是高达200万美元。哈蒂库朵和皮尔森虽然不住在同一个地方，但仍然保持合伙关系。在第7章，我们将分享他们如何将该杂志当成虚拟公司经营。

现年32岁的塔莉雅·玛莎奇（Talia Mashiach），当初在芝加哥创办EvedServices公司时，也受益于前辈的指导。她的前辈是芝加哥希尔顿饭店的餐饮部主管陈艾德（Ed Chen）。如今有900万美元身价的EvedServices，主要是帮各饭店的企业客户提供活动协办服务，例如交通、摄影、桌椅租赁、休闲娱乐等。"有一次我帮我先生的乐队订房时，认识了艾德，"玛莎奇说，"结果他建议我，何不把这类活动所需要的服务都包办下来，当成事业来做呢？"

一般来说，当企业在饭店举办大型活动时，饭店只会提供桌巾和鲜花，其他服务则外包给数家公司来做。玛莎奇的想法是她可以当中间人，帮这些要举办活动的公司，接洽其他相关公司提供他们所需要的服务。但玛莎奇对饭店业几乎一无所知。她回忆道："有一段时间，我经常到艾德的办公室外等他，为的是征询他的意见。看到我如此积极，最后他说'早上8点15分打电话给我，那时候我应该在开车上班途中。'我知道只有这段时间能找到他，于是我每天早上都打电话给他，和他讨论我的种种想法，也从他身上学到了许多关于餐旅业的事。"

艾德不但指导玛莎奇，还"赌上自己的名声，为马莎奇争取到头几个项目的生意。"玛莎奇说："从他身上，我学会了要避免哪些错误，因此节省了两年的摸索时间。"EvedServices公司如今已经和芝加哥地区的35家饭店建立合作关系，近年来更将触角延伸到密尔沃基州和印第安纳波利斯州。玛莎奇除了乐于合作，也喜欢"改变游戏规则"和"革新工作环境"，详见第3章和第7章。

同群效应[1]

有时候，只有一个导师还不够。28岁的布莱恩·亚当斯（Brian Adams）为了加快学习进度，远不止找一个导师，而是找来12个导师。六年前，当他在休斯敦创立恢复重建清洁公司（Restoration Cleaners）时，他对干洗业完全一无所知。他只知道泥石流、火灾和水灾的灾后恢复重建工作在德州有很大的商机，因为保险公司会理赔这些项目。亚当斯说："但当各个业界板块都是零碎的时，于是我看到了创业的契机。我可以在这个传统产业中提供更高质量的服务。"

但亚当斯知道自己需要专家的帮忙，于是他聘请了一名顾问，帮他找来12位同行组成了一个同行咨询团体（由于这些同行们经营的地点不同，因此，他们彼此并没有相互竞争的利害关系）。每三个月，他们会轮流召集大家一起开会。会上，他们讨论产业趋势、管理议题、先进科技，以及运营上面临的难题。亚当斯说："这些同行中，年纪跟我最接近的，也比我大15岁。其中有些甚至是家族企业的第三代接班人。在这些同行的讨论中，我只是不断地聆听，于是我渐渐熟悉了产业的百分比、相关的法规。一开始，他们都以为我是神经病。但现在，他们的想法已经有所改变。"2008年，他公司的年营业额高达560万美元。"如今，我们是休斯敦地区规模最大的酒店清洁公司。"不仅如此，亚当斯还打算收购其他同类服务业的公司，如家具维修公司、电子产品维修公司和干洗店。他说：**"我的目标是站在成功者的翅膀下，并且收购几家以后可以买卖的公司。"**

---

[1] 同群效应：就是中国古语所谓"近朱者赤，近墨者黑"。它所指的是这样一种现象：一个人的行为不仅受到价格、收入等个体自身经济利益的激励影响，同时也会受到他周围的与他相同地位的其他人影响。

组建战略联盟

业内专家提供的建议固然宝贵,正确的战略联盟却能让企业的收益猛增。布莱恩·西姆斯(Bryan Sims)的故事,就是这方面的绝好例子。现年25岁的西姆斯是巴拉斯媒体(Brass Media)的CEO。这家公司位于俄勒冈州的科瓦利斯市,年收入介于300到500万美元之间。西姆斯从小就有理财的观念,从15岁起就开始打工,并且把赚来的钱都投资股市。西姆斯回忆:"我赚了一些钱,念高中时还创办了一个投资社团。当时,成员大概为40到50人,其中有橄榄球队队长、乐队成员,也有国际象棋俱乐部的会员,大家都把自己在麦当劳打工赚来的钱,投资到辉瑞制药厂之类的公司上。理财教育是这个社团的宗旨,因此,如果要提出投资建议,每个人都得进行研究。我们大伙儿总共投资了25000美元,实在是太酷了。"

快毕业时,西姆斯开始用全新的理念来看待理财。当时是2001年,9·11恐怖袭击事件余波犹存,对西姆斯一家造成了直接的冲击。父亲原本在一家体育馆承包公司担任业务开发副总,在9·11恐怖袭击事件的影响下,投资人纷纷退场,他父亲也因此失业。屋漏偏逢连夜雨,父亲后来又出了车祸,工作能力大受影响。西姆斯回忆起那段艰难的岁月,不禁十分感伤:"我当时为了赚钱,到餐厅里去推餐车,每周工作80个小时。"第二年秋天,他获得俄勒冈大学的奖学金,进入该校就读。此时的他,比以前更加热衷于教年轻人怎样理财和投资了。

> **创业微言录**
> 我的目标是站在成功者的翅膀下。
> ——布莱恩·亚当斯(Brian Adams),22岁创业,恢复清洁公司的创始人兼CEO,2008年,他公司的年营业额高达560万美元

在学校主办的一场企业竞赛中,他为《巴拉斯杂志》(Brass)这份专门给年轻人看的财经杂志撰写了一份商业计划书。该竞赛的评委之一金·培伦(Gene Pelham),是无赖联邦信贷(Rogue Federal Credit)的CEO。金·培伦相当赏识西姆斯的构想,但也建议西姆斯,与其将目标锁定在报摊,不如创办一份持续性刊物,并以现有的金融机构为销售对象,帮助他们打进年轻

人的群体——年轻人这块市场虽然日益扩大，却也难以把握。西姆斯表示："金·培伦的这番话让我们彻底改变方向。要是当初没这么做，我们恐怕早已在媒体界销声匿迹了。"

后来，金·培伦成了西姆斯的导师，他不但把西姆斯引荐给当地几位企业家认识，自己后来也成了西姆斯的客户。2004年年初，巴拉斯媒体正式运营，公司的首席运营官则由他父亲史蒂夫担任。西姆斯说："我爸爸告诉我，要是公司做不起来，他恐怕得宣告破产。于是我放弃奖学金，放弃学业，开始和父亲全力打拼。"在接触了200位潜在投资人之后，两人总算募集到上百万美元的资金。出资者包括两位股票经纪人、一位退休教师、一位返聘医生、一位房地产开发商、一位刚打赢官司的公交车司机，和两位在俄勒冈州东部种洋葱的日裔农民。

筹集到了一定的种子基金后，巴拉斯媒体步入了良性发展的轨道。第一次出刊时，只有十家金融机构与之合作，将刊物发送给3万名读者阅读。如今，公司有200家金融合作伙伴、50万名读者、37名员工。此外，该公司也开始邀请学校作为战略合作伙伴，让学校通过当地信用合作社将学生版的《巴拉斯杂志》发给学生阅读。西姆斯说："很多老师开始用我们的杂志教小朋友认识金钱和现实世界的其他事物，这些老师有教经济学的、创业学的，也有教数学的。"如今，纽约州和威斯康星州的每所公立学校，都会给学生发放该杂志；此外，还有好几个州的教育主管机关也有意与该公司结成战略同盟。"他们之所以想跟我们成为战略合作伙伴，是因为他们不知道如何才能打动网络一代年轻人的心，而这是我们的优势"西姆斯说。

例如，过去这一年多来，威斯康星州信用合作社联盟就曾将《巴拉斯杂志》发放给该州的603所学校。该联盟的会员解决方案主管吉尔·韦伯（Jill Weber）表示："有一次，在一场为信用合作社举办的讲座上，我看到布莱恩教大家'如何打入网络一代的市场'，他所讲的故事以及他对理财教育的热情，都让我印象深刻。"**《巴拉斯杂志》的网络资源中心，还提供额外的理财资源和课程计划，供老师在课堂上使用。**韦伯表示，到目前为止，已有近300位老师在该网站注册，还有很多老师将该杂志用作教材。他说："听说杂志的内容非常生动活泼，所以很能引起孩子们的共鸣，比如，他们可能会读到某位年轻创业家的故事，或看到某位运动员畅谈自己的最爱，以及他们对金钱和人生的看法。"据调查，97%的老师都希望能看到这份杂志。

另一方面，这些信用合作社希望通过和《巴拉斯杂志》合作，赢得年轻客户群的忠诚度。杂志里的夹页广告，会列出威斯康星州的所有信用合作社，并说明信用合作社与银行的差别。**韦伯觉得，早点对孩子进行理财教育，那么，这些信用合作社未来的年轻客户，应该会比老一辈更具理财的意识和技能。**韦伯说："我们今天所面临的许多经济问题，事实上都是因为大家不具备理财的意识和技能，很多人在消费时都没有考虑到自己的经济能力，因此，最好能早点教孩子学会如何谨慎地使用信用卡。"

如果没有这样的战略联盟，今天的《巴拉斯杂志》应该还在生存线上苦苦挣扎。还好，通过结盟让大型金融机构成为经销渠道，杂志便能以更加高效也更经济的方式来吸引年轻读者。

协同创业

通过战略联盟，西姆斯将收益模式的对象从最终用户（也就是网络一代），转移到想争取这些最终用户的从业者身上（也就是金融机构）。现年29岁的安德森·斯科恩罗克（Anderson Schoenrock），不但通过战略联盟为公司构筑了差异化优势，还让客户在不需要多花钱的情况下，便能获得额外服务。斯科恩罗克是数字扫描公司（Scan Digital）的CEO，这家网络服务公司总价值50万美元，总部位于加利福尼亚州的埃尔塞贡多（ElSegundo）。它为客户提供的服务，是将旧照片、投影片、影片和胶卷转换成数字格式，以更有利于保存。他们将照片进行扫描、修复、色彩校正，最后再将所有数字化的图像储存在CD或DVD上，然后一起送还给客户。此外，该公司的照片分享网站还提供了一个永久且免费的网络空间，让客户可以储存这些资料，甚至上传其他的影像。

2008年6月，斯科恩罗克和一家网络社区媒体公司实行战略结盟，这家公司名叫Capzles，它提供的服务是让使用者可以上传其他的媒体数据，并利用该公司的Flash界面，创造出可定制背景和音乐的多媒体时间线。大家可以把它想成是"加强版"的Flickr①。斯科恩罗克说："通过时间的先后顺序来展现人生，是一种新的照片分享概念。但十年前的老照片或者其他影像数据，哪有什么数字化格式？于是他们找我们合作，如今，我们两家公司的网站已经成功实现了整合。"现在，"数字扫描"公司是Capzles公司在扫描业务方面的唯一合作伙伴。

斯科恩罗克说："**由于我们公司刚成立不久，要让消费者知道我们的存在，是一大考验。**很多人都需要我们的服务，却不知道有这样的公司存在。传统的广告和公关手法虽然是培养客户群的不错途径，良好的口碑也有利于公司的发展，但是强大的战略联盟关系，才是促进公司发展的最大武器。因为这让我们得以接触到全新的客户。以Capzles公司为例，他们的客户大都喜欢跟朋友分享自己生活中的故事，或者通过摄影将生活点滴记录下来。这样的人群，正是我们绝佳的客户人选。"而且，有了数字扫描公司提供的扫描服务，Capzles为顾客们所提供的服务就变得更吸引人，也跟潜在竞争对手有了明显差异。

找个有钱的投资顾问

找对合伙人、顾问或结成适当的战略联盟固然重要，但企业发展中对资金的需求却是最迫切的需要。**一个富有创意但缺乏资金的年轻创业家，如果能找到一个资金实力雄厚、值得信赖的投资人当顾问，那他很可能就美梦成真了。**

College Prowler公司的创始人史库尔曼（Luke Skurman），还在读卡内

---

① Flickr：一家提供免费及付费数字照片储存、分享方案的网络平台，也提供网络社群服务。

基梅隆大学时就创办了这家公司。公司成立后的头几年，发展速度实在太慢。College Prowler公司出版的《大学指南》，是聘请熟悉校园生活的在校学生撰写的，稿费100美元，因此，史库尔曼可以在很短时间内以低廉的成本发行这些指南。公司才创立几个月，就出版了9本书，可以在"全国大学升学顾问协会"（National Association for College Admission Counselor）在盐湖城举办的全国研讨会上展览。史库尔曼说："在那次的研讨会上，我们只接到两份订单，进账240美元，金额虽然不高，但至少让我们觉得，我们的构想是可行的。"但直到一年多后，这家公司才得到匹兹堡当地媒体的关注。首先是《出版人周刊》在探讨如何准备考试这个主题时介绍了这家公司，之后，CNN、《波士顿环球报》《纽约时报》和《华盛顿邮报》也陆续报道了该公司。尽管得到了媒体的关注，史库尔曼还是相当气馁，因为公司的发展速度实在太慢，2003年，公司的年营业额只有37000美元。

一次偶然的机会彻底改变了局面。2004年春，史库尔曼决定向卡内基梅隆大学的校长卡洪（Jared Cohon）求助。卡洪自己是College Prowler公司的书迷，而且很佩服史库尔曼的决心，于是决定将他引荐给学校董事会的一位董事：风投家葛伦·米肯（Glen Meakem）。史库尔曼回忆道："六个星期后，我见到了葛伦，两人有种一见如故的感觉。他表示愿意提供55万美元的资金，这下子，公司的五名员工都可以领全薪，也可以买医疗保险了。"接着，史库尔曼开始提高书籍的质量，不但增加篇幅，还采用更高级的装订，让书店更乐意把这些书陈列在书架上。而米肯现在是该公司最大的股东，他说："让学生自己来撰写《校园指南》是种很有创新又独特的方式。史库尔曼对这份事业充满热忱，脑袋聪明、工作勤奋，是很优秀的领导者。"

除了资金，导师的指点也很重要。米肯说："当时我告诉他，首要的是提高定价。许多创业者往往自信不足，不敢将产品价格定得太高，史库尔曼也一样。要是低估自己产品的价值，别人也会这么做。于是，我们当机立断就把书的定价从5.95美元提高到14.95美元，但没有读者表示抗议，订货量甚至还提高了。"2005年12月，米肯又增加投资50万美元，还鼓励史库尔曼将《校园指南》的内容数字化。如今，该公司的《校园指南》已经覆盖了250所学校，年收入在90万美元左右。书的内容也已实现数字化，读者只要缴纳年费，就可以在网上阅读。在米肯悉心的指导下，史库尔曼已在考虑下一波变革了，只不过这次变革的重点在于经营模式，第8章会加以详细介绍。

募资：广撒网

相比史库尔曼，高等教育金融服务公司的三位创始人募集资金的方法虽然稍有不同，但却非常有效。这家公司专门为大学生提供网上银行和助学贷款发放服务，它位于康涅狄格州的纽黑文市，创立于2000年，创始人是当时在耶鲁大学读书的三位同班同学：31岁的拉塞特、沃尔克和30岁的葛拉斯。

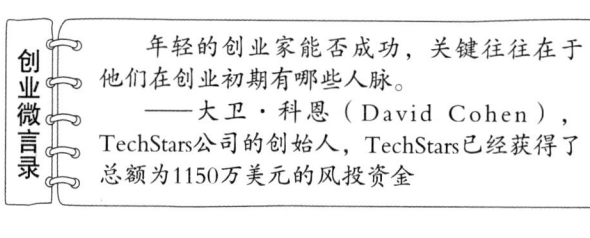

创业微言录
年轻的创业家能否成功，关键往往在于他们在创业初期有哪些人脉。
——大卫·科恩（David Cohen），TechStars公司的创始人，TechStars已经获得了总额为1150万美元的风投资金

当时他们注意到，学校未能很有效地满足学生的财务需求。比如，学校在发放助学贷款时，学生不得不排着长队领取支票，领到支票后再汇入自己的银行户头。于是，三个年轻人想：为什么不开发一套管理和发放助学贷款的技术，比如与学生证号码联机的卡片系统，让校方和学生都能皆大欢喜呢？

沃尔克回忆："一开始，我们请教了几位负责大学相关事务的人员，再倾听学生有哪些方面的需要。"他们发现，对许多州立大学和小区大学来说，发放助学贷款都是沉重的行政负担，但它们缺乏足够的资源去投资那些能提高效率的新技术。至于学生呢？他们只想早点拿到钱。

这三位创始人相信他们发现了一个未获满足的需求，但当时是2000

年,网络公司泡沫化的情形刚刚出现,资金筹集便成了一大难题。拉塞特回忆道:"我们给耶鲁校友寄出大约100封信,告诉他们我们想创办什么事业,并征询他们的意见。"尽管信上没有明确提到筹集资金一事,但信的内容得到了约一半的收信人的浓厚兴趣。于是,三位创始人开始乘胜追击,之后又打了约50个电话,召集了约50次聚会,结果发现,这些收信人中,有的人很愿意投资。同年夏天,他们以30%的股权为代价,筹集了60万美元。通过这群顾问和投资人的帮忙,他们筹款的对象越来越广,寄出的信也越来越多。信上,他们除了向投资人说明公司的创立进度,也寻求更多的建议,并拉到了更多的人来投资。

有人也许会想,沃尔克、拉塞特和葛拉斯三人将他们的创业计划如此透明地摊开在一群受过高等教育、掌握丰富资源的人面前,难道不是一种冒险?难道他们不担心,潜在的竞争对手会从他们的信函中获悉他们的创业构想,进行剽窃,进而把他们给打倒吗?关于这一点,沃尔克说:"**一个创意要是那么容易被剽窃,那么,也许它刚一推出,马上就被人剽窃了。你必须胸有成竹地去深入讨论你的理念,这才是筹集资金和征询意见的不二法门。**"

有了这60万美元的原始资本,三位创始人不但建立起一个稳健的平台,还聘请了一位年纪较长、也更有经验的人来担任销售副总,以锁定大学生市场,此人就是沃尔特·辛可富(Walter Hinckfoot)。第二年,他们还聘请了管理资历丰富的狄恩·哈登(Dean Hatton)来担任CEO。沃尔克说:"我们一直想建立优秀的管理团队,以带领公司迅猛发展。对我们来说,成功比控制来得重要。"这一策略果然奏效。2007年,该公司创造了2900万美元的年收入,并在《公司》杂志500强企业名单上名列第87位。2008年,年收益更是狂飙至4400万美元。根据拉塞特的说法,目前,该公司以每年增长60%到80%的速度发展,服务范围涵盖250所学校。尽管如此,三位创始人仍然在努力扩大部落规模,他们不但乐于向专家请教,也懂得依赖学生客户的集体智慧。

集体作战

随着几部畅销书的广泛传播,比如詹姆斯·索罗维基(James Surowiecki)的《群体的智慧》(The Wisdom Of Crowds),唐·泰普斯科特(Don Tapscott)与安东尼·威廉斯(Anthony D Williams)合著的《维基经济学》等,如今,"集体智慧"(collective intelligence)一词,几乎成了我们的日常用语。就在《维基经济学》出版那年,《时代》杂志推选出来的年度风云人物,是"你们",也就是大众。该杂志认为,2006年,"群体与协作,正以前所未有的庞大规模在各地风起云涌地展开……这一现象表明,过去掌握在少数人手中的权力,如今已归还给多数人:多数人运用这些权力来互相帮助,而且不求回报。这一现象,不但会改变世界,也会改变世界变革的方式。"当时,这一说法听起来或许有点耸动,但回顾过去这三年,整个世界网络化的趋势日益明显,这对《时代》杂志所预期的转变,也确实起到了推波助澜的作用。此外,《维基经济学》的两位作者也注意到,"一种新的企业正在成形,这样的企业放眼全球,愿意跟每个人(尤其是客户)共同创新,愿意将从前小心翼翼保护的资源共享出去,懂得运用集体协作的力量,并且显现出更胜于跨国公司的新气象,这些企业,也就是真正全球化的公司。"

本书所介绍的几家创业公司,似乎十分符合这样的描述,但最最符合的,莫过于Threadless公司了。总部设在芝加哥的Threadless,是一家生产T恤的公司,2008年6月,《公司》杂志将它评选为"美国最具创新精神的小企业"。**和许多伟大的创业公司一样,这家公司的成功秘诀不在于它的产品,而在于流程。它的流程有什么独特之处?最独到的地方是,它向全世界公开其产品开发流程以及有关的费用,毫不害怕泄露商业秘密。**

Threadless创立于2000年,两位创始人杰克·尼克尔(Jake Nickell)和雅克布·德哈特(Jacob DeHart),当时分别就读于伊利诺艺术学院和普渡大学。两人一开始在网上举办T恤设计比赛,邀请网友拿出自己最棒的作品参赛,再由所有参赛者评选出自己最喜爱的作品。无心插柳柳成荫,这两人万万没有想到,他们当初只是出于好玩而开创的这份事业,有朝一日居然会成为skinnyCorp这家价值数百万美元公司的主打品牌,甚至成为哈佛商学院的案例研究对象。2002年,当Threadless的销售额突破10万美元后,两位创始人才意识到,他们创造了独一无二的东西,而不只是一家T恤公司而已。

Threadless能够不断发展壮大,背后的最大动力是一个由70万名成员所构成的群体,有些人既是服装设计师,也是服装的消费者。他们会上该公司的在线论坛聊天,拿出自己正在设计的作品供人评论、交换意见。而公司的员工,除了管理论坛、发帖,也会为其他论坛成员提供必要的帮助。每周,数以百计的客户将自己设计的T恤作品投稿,参加评选,评选结果出炉后,再将最受欢迎的作品交由美国服饰(American Apparel)或水果成衣(Fruit of the Loom)代为生产。获奖者可得到2000美元的奖金和价值500美元的礼券。由于这些设计都是群体成员自己评选出来的,因此,照这些设计样本生产出来的T恤,通常销得很火爆。此外,由于固定成本很低,因此利润丰厚(利润率大概在三成左右)。2006年,该公司创下了1800万美元的营业额和600万美元的利润,同年年底还获得Insight Venture Partners风投公司的投资,运营规模再度扩大。公司创始人之一的尼克尔虽然不愿透露详细数字,但他承认,该公司的销售额,"已经突破2000万美元"。

哈佛商学院教授卡林姆·拉卡尼(Karim Lakhani)这样来概括Threadless取得的成功:"**Threadless的顾客不再只是被动消费,而是主动参与公司运营的各个方面。**"比如,帮助公司搜集新产品创意(**Threadless平均每个礼拜会收到好几百个T恤设计稿,好比拥有一个庞大的不领薪水的设计团队**)、营销(**会员会向别人推荐Threadless,尤其是参赛者更会四处努力拉票,俨然是公司最佳的业务员**),销售预测(**公司根本不需要做市场调查**),等等。

此外,这家公司员工的工作环境十分宽松,他们可以在上班时间在办公室打乒乓球、玩吉他英雄游戏、Xbox Live游戏,甚至开卡丁车。如此奇特的一家公司,其成功会不会只是出于偶然呢?曾经对该公司进行案例研究的拉卡尼教授并不这么认为,他说:"这类公司的鼻祖,如Linux、Apache和Firefox,也是在'群体环境'下发展起来的。因此,我们这个时代的'奇才'们,早已经这样成功地做过了。但网络一代的年轻人在心态上有一个转变,那

就是,他们懂得借助群体来掌握许多商机。毕竟,他们是在Facebook、即时通和MySpace的陪伴下长大的,因此,自然会在思考经营模式时,考虑怎样利用网络社区的力量。"

网络社区威力大

22岁的本·考夫曼(Ben Kaufman),一定会同意上述这番评论。在长岛长大的他,还在佛蒙特州伯灵顿的查普林学院念书时,就创立了第一家公司:Mophie。该公司专为iPod制造配件,Mophie这个名字,取自于考夫曼家养的两只黄金猎犬,茉莉(Molly)和苏菲(Sophie)。Mophie公司推出的第一项产品,是附带可伸缩耳机的iPod配件。第二项产品是带有臂套、腰带夹及音频分配器的iPod配件——2006年1月,该产品在苹果电脑展中夺得"最佳参展奖"。尽管在创业的道路上顺风顺水,但考夫曼心知肚明,他打的是一场品牌战,因为制造iPod配件的厂商实在数不胜数,要想在其中脱颖而出,他必须给公司盖上网络一代的烙印才行。

第二年,同样在苹果电脑展上,考夫曼虽然租了一个摊位,却没有展示公司现有的产品,而是把摊位摆弄成"创新实验室",让与会的民众在这里对苹果公司的产品提出新配件的构想。考夫曼回忆说:"我们把纸笔递给来参观的民众,然后说,大家随意画吧,想到什么就画什么!结果,四个小时内,我们就搜集到120个符合条件的构想。当晚,我们把它们全部输入计算机,再邀请网友上网投票。"前三名

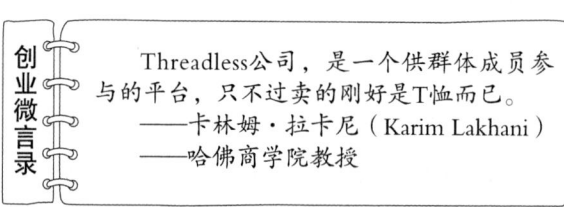

评选出来后,Mophie公司便把这三个构想送交设计部门。三个月后,第一项产品送上了生产线。这项产品叫做Bevy,是一个兼具开罐器和钥匙圈功能的iPod保护套。关于产品的生产进度,考夫曼定期在博客上发表文章、更新信息,因此,产品的创新和设计流程是完全透明的。

对待创新，考夫曼非常开明。他觉得，**创新的灵感并不一定要来自于公司内部，群体的智慧更具有无与伦比的价值。**而且，考夫曼很清楚，这样做可以让Mophie公司在市场上鹤立鸡群，取得独一无二的品牌定位，并吸引一群狂热爱好者。在竞争如此激烈的环境下，任何能创造收益与利润的好灵感，往往容易被他人复制，因此，品牌忠诚度可以说是无价之宝。Threadless创始人之一的尼克尔便表示，该公司的成功，很大程度上归功于消费者对该品牌的忠诚。尼克尔说："我们的做法虽然曾经遭到剽窃，但消费者得知后都非常生气，因为他们认为，那应当是我们公司的专利。"

考夫曼对群体创新的概念十分着迷，他决心把这个过程变成他事业的核心。2007年秋，他卖掉Mophie这个牌子，再用赚来的钱对原来的公司进行改造，将它变成一个运用群体力量来进行创新的产品开发实验室。考夫曼将改造后的公司命名为Kluster，并且在一个非常公开且精英齐聚的场合中，宣布成立该公司。什么场合？就是每年在加利福尼亚州蒙特瑞召开的TED[①]大会。据说，全世界最聪明的1000个人都会在此齐聚一堂（但入会费要10000美元）。TED的某位创始人曾经在苹果电脑展上见识过考夫曼的本领，于是邀请他参加会议，在与会者面前展现群体创新的威力：他能不能引导与会的观众在72个小时内创造出一个全新的产品？结果，考夫曼办到了。Kluster公司的技术平台，让参与者可以在上面提出产品的构想、共同设计，并共享这一努力所带来的经济利益。通过这个技术平台，TED大会的与会者合力创造出了一个富有教育意义、有助于培养跨文化意识的桌上游戏，叫做"那边"（Overt There）。考夫曼表示，该游戏明年将进入批量生产阶段。

TED大会结束后，考夫曼对Kluster概念做了进一步修正，还想办法将该平台销售给其他公司，帮它们在内部提出创意。此外，考夫曼承诺，未来，他将使用Kluster平台创办多家企业（总称为Kluster实验室）。他的牛刀小试，

[①] TED是技术（Technology）、娱乐（Entertainment）与设计（Design）在英语中的缩写。TED大会每年3月在美国召开，会中邀请科学、设计、文学与音乐界的许多杰出人物，在大会上分享他们对技术、社会与人类的思考和探索。

便是一份以网络社区为基础的电子报,名叫《新闻室》(Knewsroom)。但公司成立才37天就被迫关闭。考夫曼说:"我们看着它成立、运营,然后修修补补完善,最后发现,这家公司不适合我们,因为情况变得太复杂了。"Kluster平台成立的第二家公司,叫"给它命名"(NameThis.com),主要是通过群体的力量为新的产品或服务命名,代价是99美元。群体成员除了有命名权,也可以使用网络社区的专属代币瓦兹(watts),投票给自己最喜欢的名字。该平台会通过运算法则进行运算,在48小时后选出赢家,而该名字的命名者和投票支持者,可以分享80美元的奖金。这些奖金会自动转入印有万事达卡标志的提款卡上。在我写这本书的时候,公司已经完成了超过1000个项目,评选出14万个名字,并有大约45000人参与过命名过程。如此卓越的业绩,应当足以让考夫曼自豪地声称公司是成功的。但是,大家肯定想不到,Kluster公司在2008年的年营业额还不到100万美元。

考夫曼知道,这家公司还是个半成品,尽管有人替他捏一把汗,但他却很放心地把公司的发展过程摆在世人面前(详见第8章)。毕竟这是一项协同实验,所以考夫曼才会刻意地想让公司的营运过程和当中所犯下的错误,变得十分透明。不仅如此,考夫曼本人和该公司的员工,还经常在公司的博客上发表文章,让任何有意见想要发表,或关心"给它命名"和Kluster公司的用户们,可以在这里进行交流互动(官方博客为Klusterfck,其中的fck是fostering community knowledge的缩写,意指培育社区知识)。或许我们可以说,这家公司就像"Threadless",只是规模要小得多。

是不是每家公司能够从Threadless和Kluster的经验中获益呢?拉卡尼的回答是肯定的。他说:"从近几年的经济发展趋势来看,这类公司应该可以在市场上生存下去。这一点,从MySpace和Facebook的经营模式及其充沛的能量就能看出:网络社区时代就要来临。"

粗看上去,拉卡尼似乎建议我们用全新的态度去从事创新和业务开发;的确,没有几家公司有资本忽略这一点。要是你可以从网络社区上吸取集体智慧,生产出固定费用很低的产品或服务,甚至是做一桩无本生意,你有什么理由不这么做吗?

"网络一代"创业家游戏规则一:
建立人脉的6个关键点

1.明智地管理合伙关系

选择与你互补的合伙人,一开始就清楚地确定彼此的角色定位,就股份和责任义务等达成共识,并且在律师的帮助下,用白纸黑字记录下来。记住,合伙关系有时是非常脆弱的,即使你现在觉得你的合作伙伴完美无缺,等到公司逐渐壮大后,说不定创业伙伴会跟你渐行渐远。如果能在创业初期就做好最坏打算,就可以将日后的伤痛降到最低。的确,"分手"很难,但长痛不如短痛,不适合的话,最好早一点分开。总之,正式的书面协议很重要,否则,一旦日后产生争执,彼此间可能会闹得很难堪,甚至整个团队拆伙也不一定。

2.不要限制"团队"的范围

合伙人和员工固然重要,但对于正在发展之中或刚刚起步的公司而言,"部落"也很重要。因为这样的公司,通常没有足够的财力去聘请一流人才,因此,需要找一群值得信赖、能弥补你在知识上存在的欠缺的人当顾问。**要知道自己的不足,不要害怕向别人请教。**

GotVMail(如今已更名为"飞天蚱蜢")的两位创始人,就是因为得到学校教授的指点,而能在营销和财务模型方面用对策略;高等教育金融服务的三位创始人,则是向100位耶鲁校友请教;考夫曼就更大胆了,他在网上向素不相识的人求教,请他们提交自己的创意,进而创造出新的iPod配件。

3.找到创业路上的良师

三人行，必有我师。不论公司是刚刚成立，还是已经创业过好几次，你总是能找到比你更厉害的人。

《心灵牙线》的两位创始人是通过Google搜索，才找到了杂志达人胡斯尼，之后他们又花了好一番工夫说服对方答应当他们的师父，并且不向他们收取顾问费。

EvedServices公司创始人玛莎奇，则像跟踪狂一样，不断地拜访旅馆业前辈，对方才答应将秘诀倾囊相授。巴拉斯媒体的西姆斯则表示，要不是他的导师培伦当初在经营方面给了他一番指点，他的公司恐怕早就"黄"了。

4.加入或建立同行组织

有一些全国性的组织（例如创业家协会），在全国各地都设有分支机构，来自不同行业的企业主，可以在这里互相交流，互相帮助解决营运上的棘手问题，带领公司健康发展。此外，你还可以加入由同行所组成的团体。

以亚当斯为例，他的同行团体的成员都是从事干洗业务的人，但由于经营地点不同，彼此没有相互竞争的关系。再加上团体内有不少人都属于经验丰富的老手，亚当斯很快就跟上脚步，没过多久，他公司的年收益就超过500万美元。

5.建立高明的战略联盟

找到合适的对象结成战略联盟，不但有助于拓展市场，也可以为现有客户提供具有附加价值的产品或服务。但在选择对象时应谨慎评估。

数字扫描公司的斯科恩罗克，和Capzles结盟，形成双赢的关系。Capzles是一个供使用者分享、储存照片或影片的社交网站，因此对数字扫描公司而言，是个完美的合作伙伴。相对地，通过这样的合作关系，Capzles则可以不必另外投入资金，为客户提供额外的数字化服务。巴拉斯媒体和信用合作社及学校的结盟关系，则让它更容易接触到主要客户，也就是对个人理财有兴趣的年轻人。

6.与网络社区建立紧密的联系

要了解自己公司的产品或服务到底好不好,最佳的信息来源就是消费者形成的群体。不过,就算你没有像Threadless或Kluster公司那样的经营模式,你一样可以汲取他们的集体智慧。

例如,你可以通过官方博客,鼓励消费者针对你的公司或新推出的产品、服务,发表看法或建议。不过,在这么做以前,请务必做好准备,让顾客知道他们的意见一定会受到重视,只要是好的建议,公司一定会从善如流。

第2章

创新科技，创业的最给力突破口

能在最短的时间内以最有效率的方式掌握、开发、改进和使用新技术，是创业成功的一个重要因素，而这些能力可以说是网络一代创业家的第二天性。这得从互联网说起。美国网络一代的成员每周平均花11.2小时在网络上：他们使用社交网络的比例，是美国所有成年人的两倍之多；他们是流媒体和微博、博客使用最多的人群（很多人同时也是创造者）。他们通常会利用同龄的创业巨星所开发出来的技术，比如说扎克伯格（Mark Zuckerburg）创立的全球最大社交网站Facebook、贺利（Hurley）和陈士骏（Steve Chen）创立的全球最大的视频分享网站YouTube、凯文·罗斯（Kevin Rose）创立的当红的社会化书签网站Digg、马特·穆伦维格（Matt Mullenweg）所创办的主流博客平台Wordpress、以及特洛特夫妇（Mena and Ben Trott）依靠博客发布系统所创办的Six Apart公司——公司研发了美国历史上最受欢迎的两个博客平台。这些公司都在向世人传递一个信息：**对于发达的商业社会而言，互**

> **创业微言录**
> 当今知识过时的速度是前所未有之快，因此，不要害怕自己年轻和经验不足，因为其所意味的劣势，已经没有以前那么严重了。
> ——布鲁斯·塔尔根（Bruce Tulgan），造雨者思想公司（Rainmaker Thinking）的创始人和CEO

联网和高科技世界不仅是个游乐场,而且是个竞技场,它们改变我们与他人的互动方式,也改变着我们周围的世界。

这个清楚又响亮的信息,来得正是时候。今天,要创办一家科技公司,所需成本远低于20世纪末21世纪初网络公司盛行的时代,而且也不像过去那么可怕。造雨者思想(Rainmaker Thinking)公司的CEO,同时也是《如何管理Y世代》(Not Everyone Gets a Trophy: How to Manage Generation Y)和《赢得人才大战》(Winning the Talent Wars)的作者布鲁斯·塔尔根(Bruce Tulgan)表示:"**现在的进入门槛很低,创业这件事,已经不再像过去那么令人战战兢兢了。而且我认为,网络一代都很清楚,现在的创业成本比以往要低出很多。**"但时代的变迁还不仅止于此。塔尔说,网络一代很清楚"落伍曲线"是什么,因为他们自己就有切身的体会:一项新推出的高科技产品,也许今天大家都认为很酷,可明天人们就兴趣大减了,因为它很快就out了。"当今知识过时的速度之快前所未有。"塔尔根说:"因此,不要害怕自己年轻和经验不足,因为其所意味的劣势,已经不像以前那么重要了。"

相反地,在当今这个时代,年轻和经验不足不是劣势,而是优势。众多网络一代企业家的成功就是证明:他们只不过在计算机上"玩一玩",就创建了成长潜力十足的公司。他们十几岁就帮当地的企业搭建网站,或弄个社区信息科技支持公司(说白了,就是帮隔壁的老奶奶安装一下电脑,好赚取一点零花钱。)还有人则是到eBay上开网店,在累积了一点儿经验之后,再创建自己的网络公司。简单来说,他们会从现有的技术着手,比方说Outlook软件、或Photoshop软件,摸索一阵子以后,若发现其中有哪些缺点,再想办法加以改良。胆子再大一点的,甚至敢挑战Facebook。于是,一种特殊的企业就这样应运而生,其主要业务是针对既有的科技进行修补、改进、定制化或改变:这一点,对高科技产品敬而远之的人,是绝对不敢想的。

个人爱好顺理成章促创业

高高瘦瘦、头发经常垂到脸上的布兰登·西耶科（Brendan Ciecko），喜欢戴着艾尔维斯·卡斯提洛①风格的眼镜。他为人低调，怎么也让人想不到，他居然跟滚石乐队主唱米克·贾格尔②这样的大明星在事业上有合作关系。21岁的西耶科，是"十分钟媒体"公司（Ten Minute Media）的CEO。这是一家从事网页设计及营销的公司，总部位于马萨诸塞州的霍利约克市（Holyoke）。几年前，西耶科还不过是个典型的计算机迷：每天都宅在自己房里好几个小时捣鼓计算机。他还喜欢音乐，经常不是在当地的摇滚乐队里弹吉他，就是在替这些乐队设计网页。关于创业，他几乎没有半点兴趣。他只是个普通的中学生，一有空就做自己喜欢的事。但是，事实是：他可一点儿都不普通。

西耶科13岁时，他最喜爱的福音流行朋克乐队Slick Shoes举办了一项比赛，让粉丝们有机会为乐队的网站设计Flash网页。西耶科赢得了这项比赛，奖品是一张免费的CD和一件T恤。西耶科借机向乐队的经纪人自告奋勇：免费帮该乐队设计一个全新的网站。西耶科说："这个乐队才刚出道，很多音乐界的人会上他们的网站瞧瞧。"巧的是，全球规模最大的独立唱片公司之一——流浪汉唱片公司（Vagrant Records），它的几位主管也是Slick Shoes的乐迷。看到西耶科设计的网页作品，相当惊艳，便邀请他到纽约去聊聊。西耶科难为情地说："呃，我可是比你们想象的还要年轻啊，我还是个高中生。"幸运的是，年轻对西耶科来说反而是个优势。"他们都说我是神童。"没错，西耶科是个孩子，但他对先进科技和年轻群体的了解，远胜过年长他一圈的音乐制作人。

---

① 艾尔维斯·卡斯提洛（Elvis Costello）：知名歌手兼词曲创作者，20世纪70年代末出道，一副黑框大眼镜是他的招牌造型。

② 米克·贾格尔（Mick Jagger）：英国歌手、词曲创作者，曾担任滚石乐队主唱，为摇滚乐界天王级人物，于2003年获颁爵士勋章。

西耶科就这样继续帮唱片公司设计网页,直到高三毕业。他的爸妈,一个是水管工,一个是校车司机,看到他小小年纪就赚到那么多钱,虽然高兴,却也相当惊讶。西耶科说:"直到我开口问他们,我真的还有必要继续上学吗?他们才知道我到底赚了多少钱。"高中毕业后,他选择继续升学,但只申请了一所学校,就是以学风开放著称的罕布什尔学院(Hampshire College)。顺利入学后,但他并未中断自己的事业,而且将事业的雪球越滚越大,并赢得了爵士乐天后娜塔莉·科尔①、综合性大众媒体公司清晰频道(Clear Channel)等重量级客户的青睐(后者是找他将该公司规模最大的节奏蓝调和嘻哈音乐电台的网站重新设计)。不过,他真正的好运才要开始。

之前,西耶科曾经和百代唱片(EMI)公司旗下的国会唱片(Capitol Records)公司合作过,他丰富的创意和高超的网页设计技术,给该公司的一位副总留下了非常深刻的印象。有一天,这位副总打电话给西耶科,给他介绍了一单业务,这单业务让这位年轻的网页设计师高兴得说不出话来。对方说:我正和米克·贾格尔在一起,"我把你的作品拿给他看了,他很感兴

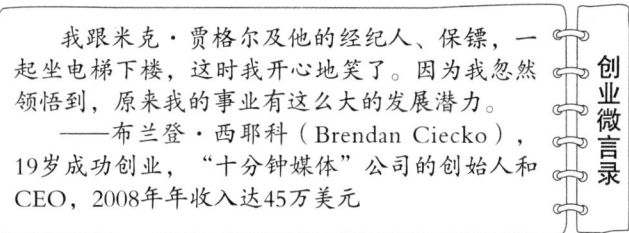

> 我跟米克·贾格尔及他的经纪人、保镖,一起坐电梯下楼,这时我开心地笑了。因为我忽然领悟到,原来我的事业有这么大的发展潜力。
> ——布兰登·西耶科(Brendan Ciecko),19岁成功创业,"十分钟媒体"公司的创始人和CEO,2008年年收入达45万美元

——创业微言录

趣。他最近要发新专辑,需要建一个新网站。你能不能来纽约见见他?"

2007年10月的一天,西耶科开着他的宝马车,去曼哈顿迎接他生命中也许是最难忘的时刻。当天,大名鼎鼎的杰格穿着紧身白色牛仔裤和西装外套,在西耶科身旁坐下,开始描述他对新专辑网站的设想。"这次的会面对我来说太,太重大了。"西耶科说:"杰格全身充满活力,而且口

---

① 娜塔莉·科尔(Natalie Cole):美国爵士乐界知名黑人女歌手,曾多次获得葛莱美奖。

才很好。会面结束后,我与他还有他的经纪人、保镖,一起坐电梯下楼,这时我开心地笑了 。因为我忽然领悟到,原来我有如此大的潜能来发展我的事业。"这次顿悟让他毅然决定休学。之后,西耶科的客户名单中出现了更多流行乐界响当当的当红人物,如爱尔兰民谣摇滚大师范·莫里森(Van Morrison)、葛莱美"最佳摇滚男歌手奖"获得者蓝尼·克罗维兹(Lenny Kravitz)、流行乐男孩合唱团体街头顽童合唱组合(New Kids on the Block)、流行乐界当红女歌手凯蒂·佩里 (Katy Perry)和选秀明星歌手泰勒·希克斯(Taylor Hicks)。2008年,西耶科的年收入便狂飙至45万美元。

太幸运了吧!这小子没有投入任何本金,甚至还没想清楚是不是真的想要创业,却凭着一个好头脑就平步青云。"十分钟媒体"看起来只是他自我技能、热情和小打小闹自然发展的成果。想知道西耶科这家公司的后续发展吗?请见第8章,咱们继续。

定制化的新技术

当技术被如下三种运用中的任意一种加以应用时,它往往可以发展成既有发展潜力又具市场行情的巨大商机:

- 用技术来建立社交关系、分享见解、拓展人脉。
- 用技术来运用、改善或定制化既有的技术应用软件或技术平台。
- 用技术来改善传统产业的生产、营销或销售模式。

微博、博客、社交网络(例如Facebook)和视频网站(例如YouTube)之类的社交媒体,已经对网络一代产生了深远的影响。有的批评者认为,这些社交媒体只是提供了在线娱乐资源,但它们其实反映了更深刻的社交趋势。这类媒体发挥了虚拟群体的力量,使得人人都可以创造资源,同时也向我们表明,当企业老板不再一副高高在上的派头,而是懂得与顾客持续进行对话和互动的时候,他们能够获得多么丰厚的利润。年轻一代的创业家,不但乐于主动参与、推动新兴社交技术的发展,更能够利用技术和对市场的敏锐直觉,创造出勇于打破成规和改变游戏规则的新一代企业。

在《数字化成长一代》（Grown Up Digital: How the Net Generation Is Changing the World）一书中，作者唐·泰普斯科特（Don Tapscott）谈到了网络一代的8个典型特征，其中之一就是喜欢定制化。泰普斯科特写道："**一项产品具不具备定制化（个性化）的潜力，对网络时代而言非常重要。即使使用者最后决定不对产品进行任何变更，他们也希望能够选择个性化或搭配不用应用的产品。**"Facebook和MySpace的定制个性化网页功能，就是个明显的例子。但网络一代群体对定制化的爱好，已经从讲究美观提升到了讲究实用的境界，而这些年轻的创业家擅长通过修改或调整，将既有的技术转变成自己的东西。

例如，位于旧金山的Xobni公司（该公司的名称就是把inbox这个字倒过来拼），其两位创始人，现年24岁的亚当·史密斯（Adam Smith）和28岁的马特·布雷齐纳（Matt Brezina），就针对微软的Outlook软件，开发了一个可以免费下载的外挂程序，也就是Outlook软件的插件，为用户提供与之进行电子邮件交流的人的统计资料和社交数据。

当你开启Outlook查阅邮件时，这个插件会以垂直的边框形式，出现在窗口的右边（你可以把它想成是侧边栏），而且它会将邮件依发件人的名字加以分类、归档，让你更容易追踪你和他人的邮件记录，如此一来，Outlook软件就增添了社交网络的功能。用户只需点击某个发件人，Xobni边框就自动搜索出发件人的信息、你们俩之间的往来邮件记录、传送过的附件，和共同认识的联系人，这种搜索功能十分强大。此外，它也会显示对方的电话号码（在号码上点一下，它就会自动帮你连上Skype），并且告诉你，你的联系人在LinkedIn网站上是否有登录个人资料、他是不是你在Facebook上的好友。如今，这个应用也已经整合到提供上市公司资讯的胡佛公司（Hoovers）和Yahoo的电子邮件系统中了。

布雷齐纳说："在软件界已经工作多年、用惯了Outlook的40岁左右的人，是很难萌生这样的创意的，因为他们对该软件的缺点已经习以为常。但我们这一代不同，我们熟悉各种通信和社交网络工具，比方说MSN、LinkedIn、Facebook。这种情形就好像电子邮件已经问世15年，却从来没有人提醒你：世界已经变了。"因此Xobni公司的使命，就是将上述工具相关的一些功能整合到Outlook中，让这套全世界最流行的电子邮件应用变得更个性化和社交化，更有助于人际交往，而不只是一个具备日程安排和待办事项功能的工具而已。

总部位于马萨诸塞州剑桥市的YCombinator公司，是一家致力于培育和赞助年轻高科技创业家的机构。史密斯和布雷齐纳两人，向该机构申请到1.2万美元的种子基金后，于2006年夏天正式成立了Xobni公司。数月后，两人获得了YCmbinator的正式认可，又从柯斯拉风投（Khosla Ventures）募到426万美元的资金。2007年9月，两人获邀参加硅谷的TechCrunch40[①]年度大会，在会上介绍自己的软件。

在会上，Xobni公司发布了这一插件。发布后不到12个小时，已经有10000名新用户下载了Xobni的产品，公司只好关上注册的大门。"我们花了9个月的时间，帮助这群使用者解决他们在使用上遇到的种种问题。"布雷齐纳说。此外，他和史密斯还邀请到杰夫·邦福特（Jeff Bonfore）来担任CEO（邦福特曾经在Yahoo担任社交搜寻业务的最高主管，在他的带领下，雅虎的即时通在他的带领下，最后超越了AOL公司即时通的规模），并获得了微软事业开发部主管唐恩·道奇（Don Dodge）的青睐。道奇邀请两人参加微软的"新创企业加速成长计划"（Start-Up Accelerator Program），这项计划主要目的是培育那些专门针对微软的平台开发产品、极具成长潜力的公司。2008年2月，在微软办公室软件开发者研讨会上，比尔·盖茨甚至亲自示范Xobni，还称赞这项产品"简直酷毙了"，很可能会成为"下一代社交网站"。听到盖茨这番话，两位创始人简直乐晕了。

两个月后，TehCrunch在博客上发表消息指出，微软有意以2000万美元的价码收购Xobni。对此，史密斯和布雷齐纳没有做出公开回应，只听说他们婉拒了这项提议。虽然该公司从成立以来还没有靠这个软件赚到过一分

[①] TechCrunch40是硅谷著名科技博客网站TechCrunch主办的研讨会，是高科技行业的一场年度盛会，只有潜力十足的新公司才有机会上台展示自己的产品。

钱，但其他投资人对该公司的信心并没有因此熄灭。2009年1月，思科公司首先采取行动，投资了700万美元给该公司，此前的几位投资人也陆续跟进，追加投资。如今，已经有多家名列《财富》杂志500强企业的公司，正在试用该公司为它们量身打造的Xobni软件。而这，当然才是巨大的商机所在。

除了高利润的公司用户，两位创始人和他们的19名员工并没有忘记个人使用者。如今，他们正在研发一项需付费的顶级产品，并绞尽脑汁地要从这些免费使用者身上挖掘商机。如今，虽然有150万人次将Xobni软件下载到个人电脑上，但由于Outlook使用者总计有4亿人之多，显然这个市场还有很多空间有待开发。"现在，我们只希望我们的产品能吸引到数百万、数千万名使用者。"布雷齐纳说，"尽管我们已经拥有全球最先进的沟通工具，但大家都知道，电子邮件系统还不是尽善尽美，还是有很多地方有待改进。"如果Xobni能一直改进这些缺点，让使用者能定制化自己的收件箱，那么在不远的将来，Xobni的创始人和投资人一定能收获丰厚的回报。

当移动技术遇上社交网络

Xobni定制化你的收件箱，Loopt也是从定制化起家的，只不过，Loopt定制化的对象是智能手机。现年23岁的山姆·奥尔特曼（Sam Altman），是"山顶风景"（Mountain View）公司的创始人之一。公司研发的手机软件Loopt以利用GPS定位功能，让消费者可以追踪到朋友的行踪。也许你要问：何必呢？移动技术已经全面渗透到我们的生活，它不但可以记录日程安排，还可以收发电子邮件、播放音乐、导航，难道这样还不够？我们还要把更多的事情交给移动工具来处理？没办法，这是全球性的趋势：未来，人类可能终究要依赖智能手机与他人互动。既然如此，为什么不利用它来追踪朋友的行踪呢？

这样的构想诞生于2005年春。当时在斯坦福大学念大二的奥尔特曼，有一天突然很想知道他的朋友们在什么地方，他灵光一闪：如果只要看一下手机，就能马上得知哪个朋友现在离自己最近，可以去找他一起玩那该有多好。奥尔特曼的实践又一次彰显：网络一代如何用科技来量身打造自己想要的体验。

后来，奥尔特曼找上他的同班同学尼克·西沃（Nick Sivo）合作，草拟了一份商业计划书，再提交给创业孵化器YCombinator公司。奥尔特曼说："其实我当时并不需要那笔钱，而是需要好的建议。年轻的技术创业者所面临的最大挑战，在于他们除了很懂技术层面的东西之外，别的都懵懂无知，这很可怕。"奥尔特曼和西沃提出的商业计划，得到了YCombinator的认可。一年后YCombinator的创始人之一保罗·格雷厄姆（Paul Graham）提到："在我们投资过的创业公司当中，Loopt是最有发展潜力的一个。"2006年10月，格雷厄姆在一篇文章中谈到对奥尔特曼的印象："第一次见到他，聊了不到三分钟，当时我脑子里闪过一个念头：比尔·盖茨19岁时，大概也就不过如此吧。"

奥尔特曼的表现果然不负众望。首先，他向资本雄厚的红杉风投（Sequoia Capital）和恩颐风投（New Enterprise Associates; NEA）募集到1700万美元的投资；2006年年底，又成功说服了运营商Boost将Loopt软件供给他们的手机用户使用。这个推销过程总的来说结果是美好的，不过，过程可是很艰辛的。

"Boost早就已经向厂商征求提案书，而该公司想要的正是我们正在做的，但我们一直到最后时刻才得知这个消息。"奥尔特曼回忆道："在那之前三个月，已经有20多家公司跟他们讨论过类似的合作方案，而我们却连公司都还没

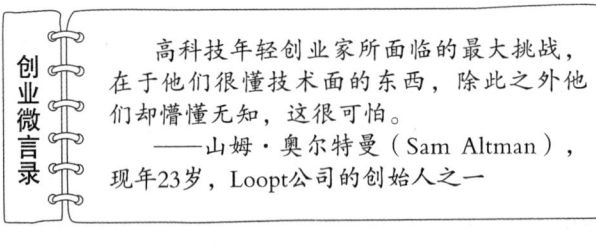

创业微言录

高科技年轻创业家所面临的最大挑战，在于他们很懂技术面的东西，除此之外他们却懵懂无知，这很可怕。
——山姆·奥尔特曼（Sam Altman），现年23岁，Loopt公司的创始人之一

成立。"但奥尔特曼和他的六人创业小组并没有因此却步。他们飞往洛杉矶，展开"魅力"攻势，对Boost的主管强力推销。

"我们一见如故。"奥尔特曼说："我们开门见山，直入主题，告诉Boost我们就是他们要找的人，是我们自己研发了他们想要的软件。"我们

知道这是笔超大的生意，因为Boost的后台老板是美国第三大移动运营商Sprint，争取到Boost，就代表有可能争取到Sprint。

Boost的几位高层对奥尔特曼等人的表现印象非常好，于是要求到Loopt的总部去看一看。为了让自己这个草台班子看起来更具规模，奥尔特曼和西沃找了几个朋友到公司充场面，结果奏效了。**凭着锲而不舍的努力和年轻人的活力和魅力，Loopt团队终于在最后关头扭转战局打败对手，虎口夺食，抢到了这笔生意。**2007年年初，Loopt软件在Boost的通信网络平台上推给了10万名手机用户；同年夏天接近尾声时，Sprint也给了Loopt一个大单。

之后，Loopt开始突飞猛进，一发不可收拾。原本他们采取使用者付费模式（每个月付费3美元），后来他们改变策略，采用广告商赞助模式，只要使用者能忍受使用时不时跳出一则则的广告，就可以免费使用。2008年年年底，Loopt应用软件已经普及到所有电信网络中，也可以下载到大约100种款式不同但拥有GPS功能的手机上使用。如今，iPhone使用者可以免费使用这项软件，苹果公司也在电视广告中介推介了这个软件。由于产品得到用户的普遍青睐，在2008年，Loopt在iPhone应用排行榜中名列第20位，比Facebook和MySpace还要受欢迎。

除了Boost和Sprint，奥尔特曼最近还找上商铺点评网站Yelp进行合作。Yelp的两位创始人也很年轻，分别是31岁的杰瑞米·斯托普尔曼（Jeremy Stoppelman）和30岁的罗素·西蒙斯（Russell Simmons）。Loopt可以告诉你，你的朋友此刻人在何处，这样你就可以给他们提供食衣住行及娱乐方面的建议。比方说，在你所在位置的附近，有哪几家餐厅口碑不错。Loopt软件还有一项功能叫Mix，意思是结交新朋友：用iphone的时候它可以告诉你，在你所在位置附近（也许在俱乐部里，也许在研讨会上，也许在某个活动的现场），有哪些人和你有共同的兴趣或爱好，并安排你们见面认识。但Loopt后来却因此吃了官司——一家在芝加哥的名叫Earthcomber的小公司，告Loopt软件的Mix功能侵害了它的专利权。尽管奥

尔特曼表示，该公司已撤诉，但我们可以看出手机应用软件这个市场，竞争有多么残酷。另外一个事例也同样证明了竞争的激烈程度：位于硅谷的美国最大的风投公司KPCB（Kleiner Perkins Caufiled & Byers），设有一笔高达一亿美元的iFund^{TM}基金，专门用来投资iPhone应用的开发商。KPCB就投了一家名叫Whrrl的公司，该公司正是Loopt的强劲对手。

此外，还有报道称，Facebook和MySpace也正在考虑进军这个具有"锁定位置"功能的社交网络产业，因此，这方面的竞争会越来越激烈。显然，这块蛋糕很大，不是奥尔特曼一人能吃下的，但他正在摩拳擦掌，以迎战竞争对手。Loopt目前的收益究竟是多少，奥尔特曼口风非常紧，但他坦承已经请了美国著名的投资银行Allen & Co.来帮忙募集更多资金。

Photoshop之外的选择

对网络一代而言，如果说有哪个关键词比定制化还重要，那大概非"平民化"（democratization）莫属。Aviary网站（http://www.aviary.com/）创始人，现年29岁的艾维·穆奇尼克（Avi Muchnick）表示："为了让艺术平民化，我们开发相关的网络工具来教育普通大众。"Aviary网提供了一整套免费的在浏览器上处理照片的软件，使用者可对照片进行数字编辑。也就是说，除了Adobe的Photoshop软件之外，你在网上还有另一种选择，而且是不花钱的。

Aviary网站是由Worth1000.com网站逐步发展而成的。8年前还在曼哈顿某个法学院读书的穆奇尼克，成立了一个Worth1000.com网站。该网站不时会举办在线比赛，要求参赛者用Photoshop软件进行照片修饰。同类的网站，在当时并不多见。这个网站，虽然没有为穆奇尼克带来什么收入，但是他不在乎，因为他只是想玩玩。

但是就在2002年，美国进攻伊拉克之后不久，穆奇尼克有一日突发奇想，举行了一个叫做"萨达姆在哪里？"的比赛：参赛者必须对萨达姆的照片进行数字编辑并重新合成，将萨达姆易容后的样貌勾勒出来。消息一出，网站的会员们简直玩疯了，数以千计的萨达姆合成照纷纷出炉，里头有扮成猫王埃尔维斯（Elvis）的，有乔装成快递员的，有打扮成圣诞老人的，有打扮成便装皇后的，有打扮成跳肚皮舞的，甚至还有些是有点不堪入目的。就在这群网络"艺术家"边玩边暗自窃笑的时候，驻扎在伊拉克的一群美国大兵也不忘搞笑一把，他们在网络上发现了这些照片，并将照片下载、打印，再张贴在伊拉克各地。媒体很快得知风声，以为这是美国政府所采取的缉捕萨达姆的行动；美国国防部赶紧发表声明澄清，这些照片和军方没有半点关系。原本默默无闻的Worth1000网站，立刻成了镁光灯的焦点，包括CNN和《早安美国》等在内的各大媒体，都报道了这则新闻。

此后，Worth1000网站持续成长，穆齐尼克还利用网站为某些公司提供类似的竞赛营销来赚钱。例如，环球电影公司为了推销电影《金刚》，就通过该公司网站举办了一场比赛。当该网站收益达到大约100万美元时，幸运之神再度降临在穆奇尼克身上。2006年年底，他收到一封电子邮件，对方没有署名，只表示自己是"高层人士"，并问他是不是正在寻找投资人。经过追踪电邮地址，穆奇尼克总算找出信件的发送来源，那是一家行事风格神秘、以太空探索为宗旨的私人企业，名叫蓝色之源（Blue Origin）。这下子，穆奇尼克马上明白这位神秘人士是谁了，他就是亚马逊网站的创始人，大名鼎鼎的杰夫·贝佐斯（Jeff Bezos），他同时也是蓝色之源公司的创始人。

原来，贝佐斯是Worth1000网站的忠实粉丝，他想知道穆奇尼克还有没有什么创业的好想法。老实说，确实有。例如，穆奇尼克此前有注意到，Worth1000网站虽然有成千上万的浏览者，但真正会参加比赛的却只有100人左右。因为，参加游戏需要用到Adobe Photoshop软件，而对大多数业余玩家而言，完整版的Photoshop软件实在太贵，最起码都要价六七百美元才能买到。穆奇尼克意识到这是个潜在的大好商机：若能开发出一套类似Photoshop的网络版软件和在线说明，每个人就都玩得起照片在线数字编辑了。贝佐斯觉得这个构想很可行，于是投资成立了新公司Aviary，但我们不知道贝佐斯具体投了多少钱,只知道他握有一成的股权。

在此之前,穆奇尼克已经找来一位朋友,25岁的迈克尔·高波待(Michael Galpert)来当合伙人。在得知贝佐斯的投资意愿后,两人一起飞到西雅图跟他开会。**当两人在亚马逊公司的会议室里紧张兮兮地等候时,两人都注意到了一件事。**"在这家市值达数十亿美元的上市公司里,会议室内的大桌子,竟然是用十来张便宜的塑料桌一张接一张拼起来的。"高波特说:"这些桌子,和我们从超市买来的那种办公桌一模一样。于是我们恍然大悟,贝佐斯对成功的看法跟我们不谋而合。尽管公司已经发展到这种程度,他仍然坚守'不要浪费'的原则。"

总部位于长岛的Aviary网,目前有11名员工,其中5人分别居住在美国的亚特兰大、意大利、德国和加拿大。尽管人数不多,但高波特表示:"其中有几位是全世界最厉害、最聪明的软件开发工程师。"自2008年11月成立以来,该公司软件已进入公测阶段。如今Aviary网已经有10万注册用户。这些会员可以免费使用该软件的基本版,也可以选择每个月支付9.99美元的会费,使用该软件的高级版。此外,该软件也已

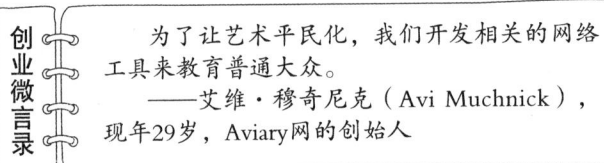

> 创业微言录
> 为了让艺术平民化,我们开发相关的网络工具来教育普通大众。
> ——艾维·穆奇尼克(Avi Muchnick),现年29岁,Aviary网的创始人

经运用到Worth1000网站中,供该网站的60万名会员使用。如果是公司用户,则可以1万美元到5万美元不等的价格,购买该软件进行病毒式营销。投资界清晰地认识到Aviary网掌握了重大商机。2008年8月,该公司新一轮的融资活动正式结束,此次融资意义重大。"知识共享"组织[①]的CEO伊藤穰一(Joi Ito)及LinkedIn创始人兼CEO雷德·霍夫曼(Reid Hoffman)等商界精英都参与了投资,如今都成了该公司的股东。

---

① 知识共享组织(Creative Commons,简称CC)是一个非营利组织,也是一种创作的授权方式。此组织的主要宗旨是增加创意作品的流通可及性,作为他人创作及共享的基础,并寻找适当的法律以保护上述理念。

社交网络的商机,女版扎克伯格的故事

在社交网络世界里,MySpace和Facebook当仁不让处于统治地位,不论是会员人数或网络流量都占据绝对优势。这两个网站的巨大成功,不仅创造了新的衍生产业,也为其他想进入该领域的创业者做了开路先锋。许多以特定群体为对象的社交网络,在美国如雨后春笋般地冒了出来,而其中最成功、成长最快的,非myYearbook.com[①]网站莫属了。该网站的创始人是库克(Cook)家的三兄妹,包括:19岁的凯瑟琳(Catherine)、20岁的大卫(Dave)和31岁的杰夫(Geoff)。这个网站,基本上跟Facebook没什么两样,只不过使用者都是高中生而已。2005年,在新泽西州的斯基尔曼(Skillman),15岁的凯瑟琳刚上高中,她想在新学校多认识些新朋友,16岁的大卫也有同样的想法,但当时的Facebook只有大学生才能加入,至于MySpace,则让这对兄妹觉得"有点不敢尝试"。于是他们心想:为什么不自己弄个以高中生为对象的网站呢?这样一来,他们不但可以交朋友,说不定还可以把它变成事业来经营呢。**跟许多网络一代创业家一样,库克兄妹之所以会自行创业,是因为既有的公司没办法满足自己的需求。**

这两兄妹对创业如此热衷,必须得感谢哥哥杰夫的鼓励。当凯瑟琳8岁、大卫10岁时,杰夫创立了一家非常成功的公司,名叫CollegeGate,专门帮大学生进行文章的编辑和修润。凯瑟琳说:"我们看着他创建自己的公司,也去他公司看过,他在加利福尼亚州的办公室真的是酷极了。"2002年,杰夫将公司卖给专门发行考试用书的一家出版社,赚得了一大笔钱。当他在吃晚饭时听到弟弟妹妹与他商量他们的创业设想时,"他二话不说,当场开了一张25万美元的支票给我们。"凯瑟琳回忆道。

有了这笔钱,凯瑟琳和大卫从印度孟买雇了几位软件设计人员来搭建

---

① 2011年7月20日,拉丁裔社交网站Quepasa宣布斥资一亿美元(现金加股票)收购myYearbook.com。

网站。2005年4月,网站正式成立,兄妹两人共同担任董事长。一开始,网站的会员只有300人,而且都是自己学校的同学。凯瑟琳说:"为了宣传网站,我们找人设计了很酷的T恤穿在身上。T恤正面印的是myYearbook.com,T恤背面则写着:你有哪些朋友?他们是辣妹或帅哥吗?"5个月后,他们将"触角"延伸到其他高中,马上,该网站一天增加了3000名新会员。

库克兄妹认为他们之所以能取得这样的成功,是因为他们愿意倾听网友的建议,比如允许会员联络其他有相同兴趣爱好者,并且将个性化网页功能的设置简化。此外,为了跟Facebook相互区别,他们还决定自己开发应用软件,不要让外面的软件设计者使用他们的平台。凯瑟琳说:"我们的目标不是要拥有数千种应用软件,而是要开发出200种超赞的软件。"据凯瑟琳说,该网站通过广告取得的收益,已高达八位数。

哥哥杰夫原本对他的投资采取不干涉的态度,直到两人决定募集外界资金以扩大公司的规模时,杰夫的态度才有所转变。凯瑟琳回忆道:"当时我们很紧张。因为我们年纪都还小,总不能直接走进人家家里,说:'嘿,你好,我今年16岁,我哥哥17岁,您愿不愿意投资几百万美元到我们公司呢?'于是,他们把哥哥杰夫拉进公司担任CEO,并于2006年年底向美国风投(US Venture Partners)和First Round Capital募集到410万美元。不到两年,也就是2008年7月,他们又从西北风投(Northwest Venture Partners)募得了1300万美元。

如今myYearbook每天有两万名新访客,会员人数已超过1100万。在目前所有的社交网站中,其规模与成长速度都名列第三。当然与Facebook和MySpace相比,该网站的规模还不算大。在我写作本书的同时,Facebook和MySpace每个月都有超过一亿的独立访客,而myYearbook网站只有1200万人。尽管如此,后者的市场占有率正以等比级数的速度在快速成长,自2007年5月到2008年7月,其市场占有率已增加了384%。**这个网站可说是小虾米对抗大鲸鱼的绝佳范例,而它以小博大的策略就是锁定市场中的某个特定群体(年龄在13到19岁之间的青少年),提供更适合他们需求的服务**。库克兄妹还提到,他们的会员每次浏览该网站的时间平均是30分钟,但Facebook的会员平均只花20分钟。这样的数字对广告商而言很具吸引力，毕竟，青少年群体虽然消费潜力大、很容易受广告影响，但他们专注力不够也是众所周知的。而且，不同于Facebook的是，Facebook近年来吸引到很多美国以外的使用者，但myYearbook会员则多半住在美国，本土商家更愿意向他们投放广告。

但是，库克家三兄妹并不满足于既得的成就。目前在华盛顿的乔治大学就读大三的凯瑟琳，除了学校的课业，每周还要花大约40个小时在这个网站上。通常，每个周末她都会赶回家工作。尽管生活忙碌，但她雄心勃勃，被外界称为女版扎克伯格。她说："我们的长期目标没有改变，我们要成为网络上最大的社交媒体，并从中赢利。"

以Facebook作为创业孵化器

未来，Facebook也许真的会被myYearbook.com给淘汰出局也说不定，但至少在目前，Facebook仍然占据社交网络的头把交椅。根据网络消费行为研究机构comScore的调查，2008年12月，Facebook的独立访客人数多达2.22亿，也就是说，它吸引到全球22%的网络使用者。Facebook会这么火爆，一方面也是因为它有很多应用软件，用户可以用他们定制个性化网页。Facebook CEO扎克伯格在2007年5月底宣布，该公司将开放其平台给第三方软件开发商，他们可以自由研发相关的应用软件，并在Facebook平台上运用。

> 创业微言录
>
> 我们的长期目标没有改变，我们要成为网络上最大的社交媒体，并从中赢利。
>
> ——凯瑟琳·库克（Catherine Cook），16岁创业，myYearbook网站的创始人之一，2011年，该网站以一亿美金被收购

消息一出，许多年轻的创业者开始认真投入，想为这个他们最喜爱的社交网站，开发出受欢迎的应用软件。25岁的杰西·泰夫洛（Jesse Tevelow）和23岁的约瑟夫·艾格波波（Joseph Aigboboh），就是这群年轻的创业家之一。他俩开发了一个叫即时贴（Sticky Notes）的应用软件，它

就像虚拟的便利贴，使用者可以将它贴在好友的Facebook页面上。泰夫洛和艾格波波是2006年夏天在曼哈顿一家新成立的网络公司里认识的，当时泰夫洛是公司的助理顾问，艾格波波则是暑期实习生。两人结识以后，由于彼此投缘，他们很快成为朋友，并谈到以后要合伙创办公司，但这个构想一直到2007年夏天才真正实现。当时，两人一起到科罗拉多州的博尔德市参加了TechStars公司举办的一期创业训练营。

TechStars是一家专为年轻创业者提供种子资金和培训的公司，它的要求是你必须让出5%的股权给TechStars。该公司创始人大卫·科恩（David Cohen）也创立过多家公司，他说："我们要找的是优秀的创始人和优秀的团队，至于构想，我们其实没那么在乎。"每年夏天，TechStars会举办一期创业培训营，名额仅限10支队伍（去年有超过300支队伍报名参加），参加者多半是前景被看好、与高科技产业相关、需要外力来推一把、提供协助与支持的新公司。

要成立什么样的公司？泰夫洛和艾格波波其实不是很清楚，他们只知道方向是数字内容分享领域。泰夫洛说："看到大家通过电子邮件把网络链接寄给朋友，我们就想应该能开发出更好的系统。""但训练营的老师对我们的想法并不感冒，"科恩说，"这个想法没什么原创性。训练营的活动进行到一半，我们就放弃了这个构想。"结果，当其他成员已经进展到产品开发阶段，泰夫洛和艾格波波却还在原地踏步，停留在构思阶段。"那两三个星期，气氛真的好紧张，"艾格波波回忆道，"有一阵子，我们都觉得自己像废物一样。"好在这个艰难的时期并没有持续太久。

在这之前没多久，扎克伯格已经宣布，该公司将允许第三方开发Facebook应用软件，泰夫洛和艾格波波决定：不能错过这个机会。他们这样做是抓最后的救命稻草吗？也许。泰夫洛说，他还记得在一个风雨交加的夜晚，博尔德的训练营里停电了，指导老师却不断逼问他们："你们俩到底在这里干嘛？"经过一番思想斗争，两人终于决定放手一搏：他们要为Facebook开发一套应用软件。结果，才两天时间他们就设计出"即时贴"，并把它置入Facebook的应用软件目录中，还拜托Facebook上的好友帮忙宣传。一个星期后，已经有3万名Facebook会员安装了这个软件。不久，广告商开始找上门，这套软件也开始赚钱。同年8月，当两人离开丹佛时，同一期参加训练营的同学当中，只有他们这一组开发出来的产品赚了钱。**艾格波波说："训练营里的老师常常说：失败得趁早。这句话我们可铭记在心。"**

夏天快结束时，两个人回到家，开始着手创办公司。在费城西区一排房子里，他们找到了一间脏兮兮的地下室，在这里成立了他们的公司：J-Squared媒体。靠着广告费，公司很快就开始赚钱，月收益在45000美元左右。当时，"即时贴"已经被安装了高达350万次，这使得该软件成功跻身Facebook应用软件中的前100名。此外，公司才成立几个月，两位创始人就听到了一个令许多创业者难以拒绝的提议：有一家私人媒体公司抛出橄榄枝，出300万美元收购他们，条件是两位创始人必须继续待在公司效力。

> **创业微言录**
>
> 我们要找的是优秀的创始人和优秀的团队，至于构想，我们其实没那么在乎。
> ——大卫·科恩（David Cohen），TechStars公司的创始人，TechStars已经获得了总额为1150万美元的风投资金

结果，两人婉拒了这项提议，令许多亲朋好友都大为叹惜。为什么拒绝呢？因为，他们不想放弃创业自由，而且深信自己一定能够把公司经营得有声有色，不用把经营权卖给别人。

从那时候起，"即时贴"的人气指数虽然开始下降，但泰夫洛和艾格波波都不以为然。两人表示，"他们正在认真参与一项计划，产品的开发周期大概在10到12个月左右。"他们此前所开发的Facebook应用软件，已经为公司带来不错的收益，所以能撑得住这样长的研发时间。两人表示，到2009年第三季，他们应该会开发出一套新的社交媒体产品来。

如果你认为，帮Facebook开发应用软件，应该只是风行一时的商业模式，不久后就会过时。那我要告诉各位，有两家位于加利福尼亚州的风投公司，门罗帕克（Menlo Park）市的湾区合伙投资（Bay Partners）和蒙特

瑞市的Altura Partners风投公司，不久前才成立了专门投资Facebook平台的基金。Facebook创始人扎克伯格则在2007年秋天宣布，他要自己出资1000万美元成立一个fb基金。这个基金和其他风投资金将为Facebook有潜力的软件开发商每年提供25笔赞助金（赞助金额从2.5万美元到25万美元不等），而且没有附带条件。只不过，当投资获得报酬时，风投公司将优先受益。头一年，有大约600家公司向Facebook提出申请，入选名单已于2008年秋天公布。2009年5月，Facebook又投资了50笔赞助金。

虚拟世界里的市场架构

或许你无法利用正在改变游戏规则的移动技术来制造风靡全球的轰动效应；也不打算自己成立社交网络，但要是你不懂得运用在线"虚拟社区"来营销，你就错过了潜力十足的大好商机。**未来，不管是微博、博客、论坛，还是由消费者组成的虚拟社区，对于企业的创立和新公司的成长，及企业如何营销品牌、如何创新、如何为客户服务，都将发挥越来越重要的作用。**

然而，德勤公司新产品开发部门主管爱德·莫伦（Ed Moran）认为，很多公司都不懂得如何充分运用虚拟社区的力量。2008年7月，德勤公司针对名列《财富》杂志百强大公司、而且是成立了在线虚拟社区的公司进行了一份名为"企业部落化"的调查。结果发现，"我们原本希望展示网络一代的'新世界'，让大公司知道，这里头蕴藏着无穷的商机。只可惜，大部分公司都只把微博、博客和网络社区看成是一个发布新闻稿、为新产品做广告，或告诉消费者该如何看待其品牌的地方。这样的想法实在肤浅，而且是大错特错"。莫伦说：**"许多公司都没有察觉到，某种微妙的变化正在发生。品牌的建立已经不是公司可以一手操控的。一项产品或服务只要有人喜欢，这些人自然会聚集在一起，但他们对产品的认同，要远远高过对企业的认同。他们能制造出很强的话题。"**

一个网络社区是否有价值，真正的关键在于公司有没有意愿去倾听消费者的心声，并借用其集体智慧来创造新产品或改善旧产品。目前真正明白这一点的，只有少数几家大公司。例如，戴尔公司会密切注意网络社区的动静，当消费者在产品的使用上遇上问题，他们会赶紧通知客服人员。在戴尔公司建立的意见风暴（IdeaStorm.com）网络社区上，就有网民建议戴尔公司，除了提供Windows系统外，应该提供Linux操作系统。听了这个建议后，戴尔公司果然照办，赢得了客户。见识到戴尔的成功，星巴克创始人霍华·舒尔茨（Howard Schultz）也灵机一动，弄了个"我的星巴克灵感"（MyStarbucksIdea.com）网站，顾客可以在上面提出建议，而且其他顾客可以对建议的可行性进行评比。例如，曾经有顾客提议，咖啡杯盖的开口上应该弄一个贴条来封住开口，这样走路时咖啡才不会洒出来。星巴克得知后也照办，效果很赞。

不过，戴尔和星巴克仍属例外。莫伦说："我觉得许多公司都小看了网络社区，以为它们只具备社交功能。**但网络一代的创业家知道，社交网络很快就会从一种社交架构转变成一种市场架构。**"换言之，尽管大家一开始可能是为了社交目的在网络上打交道，但过不了多久，谈论的内容就会转向彼此的需要和需求上来，于是这里很快会变成消费者论坛（尤其是年轻的消费者）。网络一代创业家很懂得利用这一点，而且方法极为有效，他们时常通过网络社区进行营销或争取竞争优势，不论他们从事的是极传统的产业还是商品化的产业。

先有网络社区，再有自己的生意

22岁的乔纳森·利瓦伊（Jonathan Levi）和23岁的尼克·佩尔夫斯基（Nick Palefsky），就做到了上面这一点。他们俩位于加利福尼亚州圣克拉拉（Santa Clara）的利瓦伊汽车零部件公司（Jlevi StreerWerks），市值约180万，专门通过网络销售汽车改装零部件。

2004年时，16岁的利瓦伊就是个狂热的汽车发烧友，他决定将父母此前送给他的生日礼物BMW 328Ci车进行改装。他想要加装一套很酷的"天

使眼"车灯,但他爸妈拒绝出钱,因为"从来没看过那么糟蹋钱的玩意儿。"还好利瓦伊这小子很聪明,他很快就想到别的办法。他在一个BMW车迷的论坛上,找到了一个销售"天使眼"的卖家,并向他提议:如果他在学校帮对方推销"天使眼",对方就打折卖给他。但这位卖家打的是别的算盘。他建议利瓦伊买下五件产品进行转卖,当他的代理安装商,并给提成。利瓦伊答应了,他拿出自己存的"小金库",向对方买了几件货品:一家小公司就这样成立了。

利瓦伊的第一个客户,是当时17岁的佩尔夫斯基(Nick Palefsky),两人是在BMW车迷会举办的一项活动上认识的。至于其他客户,则是通过他常上的网络汽车论坛中找到的。"论坛上的网友开始注意到我。"利瓦伊说:"而网站的站长希望我开始付广告费。"利瓦伊虽然同意,但他也领悟到,他必须拓宽产品线,搭建自己的电子商务网站,才有能力支付广告费。于是,除了销售"天使眼",他也开始卖起一些别的产品。2005年8月,公司的年营业额已高达27.5万美元。利瓦伊不久后就要到加利福尼亚大学伯克利分校念书,因此他开始意识到,他需要找别人来帮忙。于是,他找来佩尔夫斯基当合伙人,还找了他当代课老师的妈妈来帮忙处理订单和发货等事宜。第二年,他们的业绩增长了不止一倍。**原本把这件事当"副业"在经营的两位合伙人,这下子才恍然大悟,原来他们怀里抱了一只货真价实的下金蛋的母鸡。**

后来,两人虽然开设了一家有仓库的零售店,但始终没有向外界募集资金,而是选择让公司自然成长。此外,营销策略也没有改变。他们试过平面广告,但结果叫他们大失所望;而Google的关键词广告效果也不怎么样,因为他们的客户属于非常小众的细分市场。相反,网络论坛则依然很有成效。"这或许是因为,我们的公司文化比较适合采取直接面对消费者的营销方式;我们可以直接跟顾客对话、回答疑问、共享信息、分享体验。"利瓦伊说。但这也或许是因为,利瓦伊和佩尔夫斯基是这些网络论坛的常客和主动参与者,他们是精通汽车、热爱汽车的同行,他们所提供的意见和他们所销售的产品一样重要。他们和消费者达成了一项彼此无疑的协议：要是他们提出的建议很糟、售出的产品很烂，社区的人都会找他们算账。此种风险不是每一家公司都承担得起的，但是对利瓦伊和佩尔夫斯基而言，却是追求公司成长最有价值也最实在的途径。

被"俘虏"的客户

现年29岁的马库斯·阿道夫森（Marcus Adolfsson），同样靠着在网络社区经营方面的"专业特长"而获得丰厚利润。他的公司名为Smartphone Experts（智能手机专家），总部在佛罗里达州的甘斯维尔市，市值约1.54千万美元。2007年，这家公司在《公司》杂志所评选出的500强企业名单上名列第37位。不可思议的是，该公司成立的头三年，阿道夫森居然是在一名员工家的后院里办公的。

阿道夫森创业的种子，其实是无意间播下的。1999年，刚进入佛罗里达大学读书的他，成立了一个名叫VisorCentral的网络论坛，论坛成员可以在此讨论新鲜电子产品Handspring Visor，分享信息或交流意见。原本，阿道夫森是抱着好玩的心态在经营这个论坛，没想到该论坛后来因为付费广告而开始赚钱。于是，当Handspring公司推出智能手机Treo，也就是美国市面上第一支广受欢迎的智能手机后，阿道夫森也跟着成立了Treo Central论坛。大学毕业后，他进入一家名为Legendary Marketing的公司工作，担任首席技术总监，但他仍持续经营他的论坛。而且，这两个论坛已经从纯粹的讨论社群发展成电子商务网站，阿道夫森已经在网站上售卖手机和手机配件。他会趁午餐时间在公司休息室里接听客服电话。"取得了全美第三大长途电话公司Sprint手机的销售许可之后，我就开始在家里空置的房间里工作。"阿道夫森回忆："当时，没有人在网络上销售刚上市的Treo 600和相关配件，而我经营的论坛就成了我最完美的市场营销'工具'。"原本，阿道夫森是因为好玩而成立论坛，但这些论坛成员却成了被他"俘虏"的忠实客户。

后来，他向中国的厂商订购了价值500美元的配件，包括手机袋和充电器，并亲自为网络商店开发所需程序。头一天，他就卖出了200多个Treo 600手机；两天内，他从中国购进的配件全部销售一空。Sprint手机每开通一个号码，他就可以赚200美元，手机配件的利润也相当高。一个星期后，阿道夫森就发现，"我的收支已经从每个月赚4000欠两万美元信用卡债，飞跃到纯利润5万美元。"

2003年秋，他辞去了手头的工作，全身心投入到自己的公司上。开始时的6个月，他都在家中的一间空置房间里办公，直到雇用了第一名员工，也就是他的前同事黛安娜·琴瑞（Diana Kingree），他的办公室才搬到琴瑞家后院的某栋小屋里。但由于公司不断成长，员工人数持续增加，他们也需要更多空间来放置存货，最后他们在后院里总共盖了六间小屋。阿道夫森说："当时，我们的员工人数在6到8人左右，大家都把车停在黛安娜家的私人车道上。我们很担心会违反停车规定，也不太好意思把供货商请到黛安娜家的后院里来。"2005年，阿道夫森终于为公司找到了一个家——一个5000平方英尺的办公室。当年，该公司年销售量已经高达1000万美元。来年，该数字更突破了1600万美元，使得该公司登上《公司》杂志前500强公司的排行榜。不过，这样的成功并非单靠销售手机和手机配件而来。

美国电信运营商在熟悉网络的运作后，决定通过自家网站售卖手机。于是，号码开通费开始大幅降低，手机配件也迅速变成大众化的商品（当时，手机配件的利润率还蛮高的）。"所幸，我们不只是一家商店。"阿道夫森说："我们是先建立网络社区，然后才开店的，因此我们实行的是两条腿走路。"为了让自己有别于其他公司，阿道夫森又陆续成立和收购了更多社区网站，并将赢利触角伸向黑莓机和iPhone，还将专家的测评和使用者发表的评价收录在搜索引擎上。虽然阿道夫森继续在这些网站上销售手机配件，但是他心知肚明，网络社区群体的力量是推动电子商务蓬勃发展的主要动力。阿道夫森说："由于我们很靠近市场，所以可以根据消费者的意见来完善产品。"但是要做到这一点需要很大的勇气，阿道夫森开始将自己开发的手机配件的制造工作委托给南美洲和中国内地的厂商代工，如此一来，他不但能更有效地掌控产品的设计，也大大提高了公司的利润。1999年，当公司刚成立时，他绝对无法想象自己日后会走上创业之路。不仅如此，阿道夫森对网络社区的运作手法还不断推陈出新，详见第8章。

其实，不管是利瓦伊汽车零部件还是智能手机配件，他们卖的产品并没有多么特别，甚至不过是大众化商品的供货商而已。何以在市场上呼风唤雨呢？这两家公司的CEO都擅长跟大型网络社区建立关系，并提供有价值的信息给社区成员、建立起乐于服务并精通专业知识的口碑，因此成为网友们值得信赖的商家。他们非常精明，他们经营的虽然是新潮的网络公司，却能够塑造出类似"老字号店家"的形象，因此在面对其他网络竞争对手或传统零售商时，都能够更胜一筹。

寻找稀缺商品，建立网络社区

同样的，乔尔·霍兰德（Joel Holland）售卖的东西也很普通，他卖的东西就是供人剪辑用的影片。"影片剪辑素材，几乎已经是一种大众化的商品了。"霍兰德说："跟其他公司的产品相比，我的东西不见得质量更优，但我会不断采用更新的技术，好让自己有别于其他公司。"现年

> **创业微言录**
> 我的收支已经从每个月赚4000美元、欠两万美元信用卡债，飞跃到月入5万美元。
> ——马库斯·阿道夫森（Marcus Adolfsson），现年29岁，Smartphone Experts公司的创始人兼CEO，公司市值约1540万美元

24岁的霍兰德，年纪轻轻就在弗吉尼亚州雷斯顿（Reston）创办了一家名叫Footage的公司（影片库）。这个创业的构想，源于他高二时参加的一项电视节目拍摄活动。该节目的内容，主要是访问一些名人或企业的CEO，请他们对当今的年轻人的成长提些建议。有一次，霍兰德到好莱坞去采访影星阿诺德·施瓦辛格（Arnold Schwarzenegger），回到家准备要剪辑影片时，才发现自己忘了一件事：他应该拍一些跟好莱坞标志或星光大道有

关的画面，好让剪辑出来的影片更加生动活泼。这下他只有两个选择：一是，再去一趟加利福尼亚州；二是，花钱请别人帮他拍摄。但不管是哪个选择，费用对他来说都太昂贵，所以他什么也没做，结果，他做出来的作品很糟糕。"于是我问自己：为什么没有公司提供这样的服务？以前，我总以为只要我有需要，就一定可以在哪里买到我要的东西。"

霍兰德利用课余时间，帮人家设计网站，赚到一些钱。他再用这些钱买了一台高质量的录像机，然后在华盛顿特区各地拍摄许多视频短片，再把短片拿到eBay上售卖。"同样的内容，我用30个不同的标题，在eBay上出售30次。"霍兰德回忆："接着再用Excel表格进行分析，把影片能卖出去的原因给找出来。"一个才16岁的青少年，就能够想出这些办法，实在厉害。就这样，霍兰德决定自行创业，并且把公司命名为"Footage"，因为他发现Footage一词是最容易把东西给卖出去的关键词。

有了在eBay上售卖成功的经验，霍兰德相信自己找到了一个尚未被充分开发的小众市场，于是他开始到美国更多城市去拍摄当地的风景或人、事物。与此同时，他将事业据点从eBay转移到了自己的网站上。霍兰德念

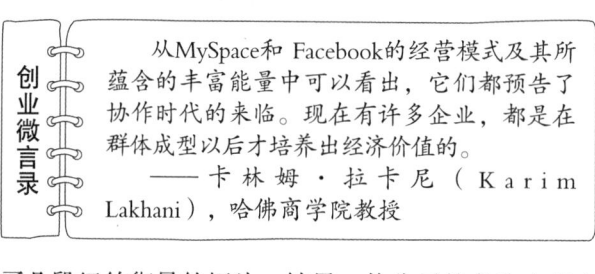

创业微言录

从MySpace和Facebook的经营模式及其所蕴含的丰富能量中可以看出，它们都预告了协作时代的来临。现在有许多企业，都是在群体成型以后才培养出经济价值的。
——卡林姆·拉卡尼（Karim Lakhani），哈佛商学院教授

高三时，有一家大型制作公司为了帮探索频道制作一个有关美国黑手党的节目，向霍兰德买了几段纽约街景的短片。结果，他公司的名称出现在了节目片尾的致谢名单上。这次的曝光大大提高了公司的名气。

霍兰德说，在他创业之初，市场上并没有什么竞争对手。"当时提供这类产品的，都是像米高梅电影公司之类的大型企业，他们虽然什么样的短片都有，但都贵得要死，而我以低廉许多的价格提供了高分辨率的数字短片。"霍兰德还建立了一个很容易搜索的在线目录，这样的服务，在当时可说是只此一家，别无分店。

如今，Footage旗下有60多位特约摄影师，提供美国100座城市和全球80个国家的拍摄短片，至于该公司的客户名单，包括个人和制作公司在内，总共有大约5万名。帮忙拍摄的摄影师，除了有底薪，还可以提成。至于交易的金额，平均每一笔虽然只有149美元，但霍兰德形容这是个"高交易量、高利润的事业"。再者，由于他是这个产业的开路先锋，已经建立起"质量好、信誉佳"的口碑，因此要挖走他的客户简直比登天还难。毕竟，他的产品价格都相当低廉，往往只占客户预算的一小部分，因此客户也往往懒得另寻厂商。而且，精明的霍兰德会密切注意市场动向，看看谁会在Google上花大钱打广告，他再主动出击，向对方提出这样的建议：如果你愿意让我把短片放在你的网站上销售，你就能分享五成的利润。每一段短片在卖出去以前，霍兰德都会亲自看过，以确保影片的质量。此外，他也会要求每一个战略伙伴都先把短片交给他，他再把短片直接交给客户。

如今，Footage公司的年收入在100万美元左右，而公司的客户，有不少都赫赫有名，如美国广播公司（ABC）、迪斯尼（Disney）杰·雷诺（Jay Leno）节目、历史频道和喜剧中心频道。此外，该公司拍摄的华盛顿特区的画面，去年还出现在美国国家广播公司（NBC）所播映的节目《超级制作人》中。但是，霍兰德并没有因此就感到满足，他甚至开始涉足其他市场。比如，他开始锁定通讯社，给他们提供点播视频，视频的来源，是一个叫DVprofessionals的新网站（DVprofessionals.com），是由摄影师所组建的在线群体。原本，霍兰德之所以成立这个网站，是为了让视频剪辑师们有个平台，可以向潜在客户展示自己的作品；或促进彼此交流，组成小团体。因此，尽管该网站的主要宗旨是让新闻社可以在这里找到合适的摄影师来帮他们拍摄视频，但这其实也是一个社交网站。霍兰德说："视频拍摄不只是一份工作，也是兴趣和嗜好。很多视频剪辑师都希望找到同道中人。"这个网站既不向会员收取会费，也不会在会员卖出作品后向他们收取佣金。但霍兰德会在这里宣传Footage的服务，他说："这个网站就好比网络世界里的一栋房子，让我有很多窗口来宣传我的产品。"不

不只如此，霍兰德还成立了另一个网站，叫做stockfootageforfree.com（免费短片库），让摄影爱好者（比如会把自己拍摄的视频上传到YouTube之类的人）可以在这里免费下载许多短片。**什么？免费？没错，就是免费。**霍兰德之所以会这么做，是因为业余爱好者毕竟会不断成长，总有一天，他们一定会想要看到更多更优质的视频，届时，他们就可能成为Footage的客户了。换言之，stockfootageforfree这个网站，其实是霍兰德用来培养潜在客户的工具之一。

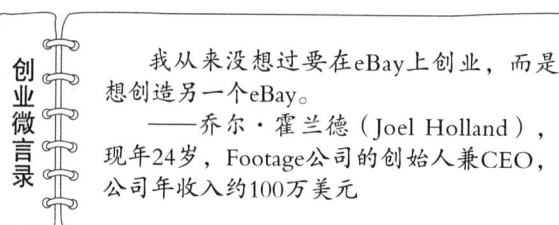

创业微言录：我从来没想过要在eBay上创业，而是想创造另一个eBay。
——乔尔·霍兰德（Joel Holland），现年24岁，Footage公司的创始人兼CEO，公司年收入约100万美元

霍兰德以供应商的角色定位开创了自己的事业，他的公司充分利用了网络平台和虚拟社区的优势，这使他的创业打上了网络一代年轻人"技术销售法"的烙印。**仅仅靠着两名全职员工和一群稳定的特约摄影师，这家公司就能够不断成长。**"我想说，我是用崭新的媒体技术模式来经营传统的媒体业，一次就满足消费者所有的需求。"霍兰德说："我从来没想过要在eBay上创业，而是想创造另一个eBay。"

新媒体，新赢利模式

霍兰德引进了一个新的媒体赢利模式到传统的媒体产业中。那么，如果是没有任何科技元素或群体特征的产业，也可以引进新的媒体赢利模式吗？可以的，总部位于罗得岛的"Shape Up the Nation"公司（塑身美国人），就是这么做的。该公司销售的产品，是面向团队的网络健身计划，销售对象则是那些想要协助员工塑身的大企业。这家公司的创始人，26岁的拉吉夫·库马尔（Rajiv Kumar）和28岁的布拉德·温伯格（Brad Weinberg），是布朗大学医学院的学生，两个人对于美国人普遍肥胖的现象相当忧心。"有超过58种疾病都跟肥胖有关。"库马尔说："这是公共

医疗保健领域的一大挑战,于是我开始思考,要如何运用团队的力量,激励一个人改变生活方式。"

于是,库马尔在2006年1月成立了一家非营利组织,叫做"Shape Up Rhode Island"(塑身罗得岛人)(见第6章)。他寻求当地企业、社区团体和政治人物的赞助,在全州推行了一项比赛。参赛者必须组队报名,看看谁在12周的时间内"甩掉"了最多肉,走了最多路(根据计步器的数据来判定),或花了最多时间运动。参加比赛的队伍,必须定制运动计划,并上网登录一个叫"团队追踪者"(Team Tracker)的网站,在上面报告进度,而该网站也会不定时寄发电子报为参赛队伍加油,或是提供一些运动健身的小建议。得奖的队伍,最后会在大会上获得表扬。比赛刚推出的头一年,参加人数只有2000人,但到了2007年,参加者已经增加了不止两倍。由于成果如此显著,当地有许多公司都希望库马尔能替他们量身打造健身计划。

就是在这个时候,库马尔找上了温伯格。温伯格上医学院以前,经营过一家叫做Event E-Management的公司,专门帮大专院校研发有关在线注册和活动管理的应用软件。温伯格可以发挥他的科技专长,开发出一个稳健可靠的应用平台,为全国各地的健身会员提供服务。于是两人成立了一家独立的营利机构,叫做"塑身美国人":是以私人客户为服务对象。这个构想在罗得岛州政府所举办的全州企业经营竞赛和布朗大学所举办的企业经营竞赛中都脱颖而出。于是两人顺利募集到约30万美元的天使投资,并开始成立公司。由于创业实在是太刺激、太吸引人了,当时还在医学院念大二的这两人,最后决定暂时休学,要好好冲刺事业。

企业若报名参加"塑身美国人"的健身计划,平均费用为每个员工50美元。参加者每个人可领到一个计步器、一个提醒你运动的腕带和上网使用该系统的权限。网络,是整个健身计划的关键要素。原因有二:第一,它可以为库马尔他们公司的人力资源部门减轻行政负担,节省管理成本;第二,网络为参加运动计划的队伍提供了一个可以追踪进度、群体互动的地方。"今天的休闲运动界,很流行一个字眼,叫做诱因。"温伯格说:

"但我们认为为了健康而付钱请别人来逼你运动是错误的观念。不运动的人,借口通常不是没有时间,就是没有人来逼我。于是我们便创造了一套系统,让人们在网上可以找到同伴来一起运动。与我们合作的某些大企业,员工参与率居然高达一半,这实在是前所未闻。"重点是这些计划的确成效卓著。根据计算,塑身计划的参与者,身体质量指数(BMI)平均下降了整整一个百分点。"研究显示,身体质量指数每掉一个百分点,你就省下了202美元的医疗费。"温伯格说。

随着不少知名企业,如美国最大的药品零售商CVS公司、照相器材公司宝丽来、UPS快递等成为"塑身美国人"的客户,2008年该公司公布的年收入将近100万美元,到2009年,年收入逼近250万美元。尽管经济不景气,但是两位合伙人自2008年年底起已经募集到50万美元的天使投资。"当大众民心低落时,最好把钱投资在基于团队的消费上。"温伯格说:"我们要感谢天时地利的配合。"

"网络一代"创业家游戏规则二：

运用科技来创新、寻找差异化

1. 找到现有科技的缺点

你和你的客户每天所使用的科技，有哪些不足或缺点？这很有可能就是商机。

Xobni创始人布雷齐纳和史密斯，认为Outlook邮件系统在操作上有不便之处，所以研发出新的软件，而被比尔·盖茨誉为"社交网络工具的下一波主流"。Aviary网的共同合伙人穆奇尼克和高波特，则发现Photoshop软件对大多数网友来说都太昂贵，于是设计出一套新的数码照片编辑工具，供社区成员使用。这两家公司都是通过研究现有的科技，从中找出缺点，再研发出具有原创性的解决方案，并由此赢利。

2. 及早推出不完美的产品

在产品送到消费者手上以前，你永远不晓得他们对产品会有什么反应。因此，与其等到消费者提出回馈意见，再根据这些意见修改或调整你的产品，倒不如及早上市。

Xobni创始人所设计的Outlook外挂程序，当用户人数满1万名时，就不再受理注册，接着他们花了9个月的时间解决使用者所反映的问题，从而创造出更优质的产品。在Loopt，由于创业团队的成员都是男性，因此当他们推出可在智能手机上使用的个人GPS软件时，就遭到了女性使用者的质疑，相比于其他功能，女性使用者更看重安全性能。Loopt从善如流，在修改软件时便考虑到了这项需求——但是，这样的需求很难从研究开发过程中被发现。这告诉我们：产品最好及早上市，让消费者来指引你产品修改的方向才能更符合他们的需求。如此一来，你不但可以在初期阶段省下大笔研发费用，也可以创造出质量更优、同时让消费者有参与感的产品。

3. 将新科技运用在低科技传统产业上

想想现有的传统产业和"低技术"的经营模式，再问问你自己，这样的产业或经营模式要如何通过高科技的使用才能变得更好、更有竞争力？

"塑身美国人"的创始人建立了一个可靠稳健的平台，让参与健身方案的企业和企业员工，能通过网络追踪自己在运动上的进步与成果。这种做法不但在执行上比传统的健身方案容易得多，也更具成本效益，所以该公司才能在竞争激烈的环境中脱颖而出。Threadless公司，则通过使用者组成的虚拟社区和网络投票系统，将设计工作交给群体成员代劳，因此省下了设计费用（见第1章）。专门协助企业在饭店举办活动的玛莎奇，则建立了一个专属的技术平台，因而大大简化了繁复的流程（见第1、3、7章）。

4. 善用社交网络

MySpace和Facebook的成功，造就了一个新的产业，而且这是个欢迎每个人都来参加的"派对"。

库克家三兄妹，看准了这个潮流，也创立了一个社交网站myYearbook.com。只不过，该网站锁定的对象是非常特定的群体：10多岁的初、高中生。如今，该网站是成长最快速的社交网站之一。J-Squared媒体的创始人，同样在Facebook上看到商机，他们为Facebook研发的应用软件，由于大受欢迎，每个月为他们赚进45000美元的收益。Footage创始人霍兰德，除了卖视频剪辑素材供通讯社使用，还成立了一个社交网站，将部分视频免费提供给同样爱好摄影的群体使用。通过对这个群体的经营，他和潜在客户也建立起更深厚的关系。

5. 通过网络论坛树立专业形象

千万得记住，绝不要摆出高高在上的嘴脸，而要做个值得信赖、信息灵通的专家。最重要的是，你一定要不吝于贡献你的知识。

阿道夫森在创办"Smartphone Experts"社区论坛以前，就建立了相关的网络论坛，建立了不错的口碑，使得一群网友都成了他的忠实的客户。利瓦伊汽车零部件创始人利瓦伊和佩尔夫斯基，在增开了实体销售的门店后，仍然将网络论坛当成他们最主要的营销渠道。

6. 从既有的产业中发掘新商机

Aviary是一个让使用者可以在浏览器上免费使用一整套照片编辑软件系统的网站。创始人穆奇尼克之所以成立该网站，灵感来自他创建的前一个网站：Worth1000。Worth1000不时会举办照片编辑比赛，但参赛者都必须使用Adobe Photoshop这套软件来进行照片的编修。穆奇尼克注意到，该网站的浏览人数远远超过参赛者的人数，应该跟软件价格太贵有关。于是他找了个朋友来共同创办Aviary，提供免费的在线软件，让照片编辑这件事变得平民化。这告诉我们，你的下一个创业契机，或许就隐藏在你现在所用产品的某个瑕疵当中。

第3章
打破常规，突围传统的强势创业

网络一代创业家不喜欢安于现状，喜欢破旧立新，看到传统商业模式中的缺陷，就一定要改进。他们乐于创建新的商业模式，成为商业的领头羊。几乎在各行各业，都可以看到这些创业家的身影：他们最爱打乱现状，提高标准，让一些比较资深的竞争对手备感无奈，被迫进行改变，避免惨遭淘汰。这些创业家追随的典范，有美国最火的免费分类广告网站Craigslist、美国最大网络租车服务公司Zipcar以及全球最大的网络鞋店Zappos。

勇于挑战现状，是一种健康、积极的心态，这让网络一代老板能不断质疑现状，进而发挥创意、大胆实验，为某些疲软的产业注入新活力。他们调整商业模式，改变游戏规则，给同行耳目一新的感觉，甚至勇闯对手不敢涉足的领域。

本章要介绍的几位创业家，有的胆识过人，例如锲而不舍向大公司推销自制的夜间脱口秀，最后终于赢得广告商赞助的杰克·萨斯维尔（Jake Sasseville）；有的则能冲出垄断重围，杀出一条新的血路，例如First Global Xpress（全球第一快递）CEO贾斯丁·布朗（Justin Brown），他要面对的可是联邦快递和之类的行业巨头；有的创业家是把原本一盘散沙的产业变得更专业化，例如大块头垃圾清运公司（College

Hunks Hauling Junk）；还有的则是勇于革新供应链、改造家族企业。**总之，这些网络一代创业家都是年轻人的绝佳典范，从他们身上可以看到当聪明才智与创新精神结合时，会创造出什么新气象。**

谁需要现状？

"谁需要现状？"或许就是现年22岁的萨斯维尔的座右铭。5年前，他在缅因州勒维斯顿（Lewiston）念高三时，就在当地一个有线频道开设了一个叫《The Edge》（边缘）的脱口秀节目。当时一些老掉牙的电视节目让他难以忍受，"原本，我做这个节目只是为了跟朋友在录音室里头搞笑，纯粹是好玩。"萨斯维尔说："压根儿没想过节目能够大红大紫。"然而，2004年，他却千方百计得到《威尔和格蕾丝》（Will & Grace）节目制作团队的认可，让他对剧中演员进行采访录音。"我发现这个节目的制作人亚当·巴尔（Adam Barr）是我的老乡，于是就写信请他老家的母亲帮忙。"巴尔的母亲被他感动，就介绍他给儿子认识。后来，萨斯维尔争取到缅因州一家地区性广播电台的赞助，两个月后，他飞往洛杉矶，制作节目的采访录像。这次尝试的成功将萨斯维尔从地方电台推向了福克斯公司在缅因州的一家联播频道。（为了邀请名人上节目，萨斯维尔可谓煞费苦心，多次写信或者打电话找人帮忙联系名人。）

但这只是开始而已，胆识过人的萨斯维尔，为了达成目标，什么花招都使得出来。2004年9月，他搬到曼哈顿就读纽约理工学院。为了将自己的节目推上美国广播公司的联播频道，并且在凌晨一点钟接着《吉米夜现场》（Jimmy Kimmel Live!）之后播出，他开始积极地推动一项草根运动：创建了一个网站HajeAfterJimmy.com，浏览者只要点击网页上的某个链接，就可以得知该节目会不会在自己的收视区域内播出。"当然，这个节目在大部分地区都看不到。"萨斯维尔说："可是，浏览者只要在网站的建议箱内输入他们的邮件地址，再点发送，我们就会为他们写这样一封邮件：'我们想在《吉米夜现场》之后收看杰克的脱口秀'。电子邮件将转发到许多人的邮箱，包括：迪斯尼频道、美国广播公司、知名脱口秀主持人吉米·基梅尔的父母，以及发件人所在地电视节目策划单位的高管。6个月后，我们收到了一万封左右的回复。"可是迪斯尼频道还是不感兴趣。

这番努力还真的见效了。电视公司答应让萨斯维尔的节目在27个收视区域内播出。原本他希望完全靠自己的努力，向电视公司买下时段，找几家大企业提供广告赞助。这样的模式在电视圈并不常见，对于没有任何财务支持的萨斯维尔而言，更是一大风险。还好，他运气不错，很快就争取到了在线购物网站Overstock.com的广告赞助。尽管该网站一向锁定25岁以上的女性为主要客户，但也有进军网络一代市场的打算。萨斯维尔于是开始发动游说攻势，说他是能够帮他们进军网络一代市场的最佳人选。他花了整整两个小时，和该公司的资深营销副总斯托米·西蒙（Stormy Simon）长谈，告诉她："我不是那种只因为爱出风头，就想搞脱口秀的神经病。"西蒙最后被他说服，答应安排他到洛杉矶去跟他们的CEO见面。

"我当时的想法是，这小伙子不但幽默风趣，说话有说服力，而且信心十足。"西蒙回忆道："听他讲话，你很难不相信他。"一个月后，萨斯维尔谈成了他的第一笔广告生意，金额高达六位数字，赚了第一桶金。这次的成功，让他顺利进军了更多市场，也吸引到其他广告商的赞助，如福特汽车和穿越航空（AirTran）。

2008年2月，萨斯维尔的节目正式在美国广播公司的39家联播频道上播放。这个节目，有点像真人秀又有点像八卦脱口秀。在节目里他谈起了自己的心路历程——观众可以看到，这位来自缅因州的主持人，如何跟广播电台交涉，22岁起就开始表演脱口秀；以及他如何养家糊口，跟小小的工作团队讨论节目内容，搭建临时工作室；以及如何把一群在地铁车站内表演无伴奏合唱的歌手们请到节目中来；等等。

这个节目的嘉宾呢，大多是草根，但也曾经请过性感的女明星卡特里娜·宝登（Katrina Bowden）、热门喜剧《办公室风云》（The Office）的男主角雷恩·威尔森（Rainn Wilson），和Hip Hop历史上最著名、最重要的团体之一Fugees的歌手怀克里夫·金（Wyclef Jean）等大名鼎鼎的人物。此外，萨斯维尔会把广告商的产品安排在节目里进行植入营销，如：开一辆福特汽车出场，用顶级美发品牌"宝贝蛋"（Bed Head）在当地体育馆内进行一场即兴的造型秀，甚至把希拉里·克林顿造型的胡桃钳偷偷丢进纽约哈林区某自助洗衣店的干衣机里。以上种种做法虽然有点山寨，粗糙得很，但正是他们的用意所在。

萨斯维尔表示，他希望能成为夜间节目的网络一代代言人。去年，该节目播完第四季后，经费已经用完。还好，2009年3月，萨斯维尔又拉到了一批新的广告赞助商，其中包括一家知名餐厅和一家知名饮料公司。

> 我不是那种只因为爱出风头，就想搞脱口秀的神经病。
> ——杰克·萨斯维尔（Jake Sasseville），17岁成功创立《The Edge》脱口秀节目
>
> 创业微言录

同年5月初起，该节目就在多个联播频道、36个收视区域重新上映，而且要播放一整季，也就是15周。当然，一两年后，这个节目很可能已经销声匿迹。但无论结果如何，萨斯维尔表现出色是毋庸置疑的，一个年仅22岁的年轻人，就能够把自己制作的夜间脱口秀推到各大电视台，并且获得大公司的赞助，收视率在部分地区甚至超过其主打节目。更何况，他是在资金有限的情况下办到的。萨斯维尔说："我喜欢颠覆传统。"确实，他是个特立独行的冒险家，而且跟他一样的人还不少呢。

挑战旧传统

26岁的乔丹·戈德曼（Jordan Goldman），也是个爱挑战传统的人。在我写作本书时，他刚成立一家名为Unigo（上大学之意）的公司，就已经成为媒体的焦点了，不但有《纽约时代杂志》对他做专题报道，《华尔街日报》的科技专栏作家也介绍过他。Unigo是一个免费提供大学资讯的网

站,里面提供了超过300家大学或学院的信息,而且重点介绍的内容都是大学生自己写的。戈德曼认为传统出版物并没有为准大学生提供充分的信息,像《费斯克大学指南》之类的图书,对每所大学的介绍都只有寥寥几页,而且都是从学校招生单位的角度来写的,并没有加入学生的意见。这样的入学指南,对前辈们而言或许算得上是不错的参考资料,但戈德曼有一种强烈的感觉,现在的孩子应该要得到更多的信息,毕竟,现在的入学竞争如此激烈,念完四年大学,学费起码超过20万美元。

在纽约州的史坦顿岛(Staten Island)长大的戈德曼,毕业于韦斯利大学(Wesleyan University)。他大一时就已经涉足出版界,和他人合编了一本《大学指南》(学生版)。该书的内容由100名在不同学校的大学实习生负责撰写,由企鹅出版社出版发行,非常受欢迎。但戈德曼想要把这个由学生撰写内容的操作方法做进一步的拓展,于是有了成立网站的构想。讲得更确切一点,他是想成立一个平台,让各所大学院校的在校学生在线提供有关自己校园生活和学校制度等信息,包括照片和视频。戈德曼说:"我当时的想法是,目前有1500万名高中生正在搜集大学信息,有4500万名家长及亲戚参与其中,但还有1500万名大学生没机会把他们对自己学校的真实感受给表达出来。"通过Unigo,这些人可组成一个活跃的网络社区,不断更新最新信息,并直接交流。

但这不是个容易执行的计划。不管是资金、创业建议还是人力(帮忙打电话、接听电话、联络大学生等),戈德曼在这些方便都需要帮助。结果,跟高等教育金融服务公司的三位合伙人一样(见第1章),他想到了一个很好的资源:校友。如果他的构想能够引起某些有钱的校友的兴趣,这个事业应该做得起来。"于是,我开始发电子邮件给一些有影响力的校友,没想到真的有人回复。"戈德曼说:"而且,有些回复者的身份地位高得叫人吃惊。"索尼旗下的BMG唱片前CEO,现任赛尔尼克媒体(Zelnick Media)CEO的史特劳斯·赛尔尼克(Strauss Zelnick),就答应跟他碰面,想对他的商业模式进行压力测试。曾任职于索罗斯私募基金管理公司的弗兰克·席卡(Frank Sica),也对他的创业构想很感兴趣。最后，他成为公司的天使投资人，提供了足够的初创资金让戈德曼招聘了25名大学毕业生。"为了彻底了解每一所学校，我们找上当地的导游、学校的宿舍管理员，还有校刊的撰稿人。"戈德曼回忆："再逐一建立起各个学校的数据库。年轻人的朝气蓬勃的优势，在这份工作中得到了彰显。"

Unigo网站对使用者没有设下太多规定，几乎什么样的内容都可以放上去，除非是明显造假或不堪入目的，网站管理员才会删除。戈德曼说："我们无意美化大学生活。假如进入某所大学，意味着每周都得去参加啤酒派对，那你最好进去前就知道有这么回事。"Unigo在2008年9月正式成立时，已经有15000名学生提供资料。网站推出后的第一个星期，便创下了150万人次的点击率，等着买广告版面的公司也已经大排长龙。

由于公司还在初创阶段，戈德曼经常忙得不可开交，一天连睡觉的时间都没剩多少，但他还是尽量抽出时间来学习企业经营和网站完善方面的知识。无论如何，他确信抓住了重大商机。网站尚未成立时，他心里就拟好了一份广告赞助商的"梦之队"，这些广告主，都是年轻人青睐的公司。结果，网站推出后才几天，这些公司就纷至沓来，其中包括：苹果电脑公司、戴尔电脑、邦诺书店、教科书网站和维多利亚的秘密内衣——目前都是该公司的赞助商。戈德曼说："看到传统的做事方式，我不禁摇头叹息：世界变了，出版界却还在那条老路上走，因此我打算撼动一下这个僵化的产业。"

不跟行业巨头走

面对联邦快递、UPS快递和DHL这样的大公司，如何与他们竞争，以小博大呢？如果你是纽约某国际航空快递公司的CEO，这个问题恐怕会让你睡不着觉。但是，身为First Global Xpress公司的CEO，29岁的贾斯丁·布朗，每晚可都睡得很踏实呢。因为布朗并没有选择跟这些行业巨头正面冲突，而是剑走偏锋，采用完全不同的商业模式来创造差异化的优势。这套策略的成功，让公司的年收益从2002年的100万，提升到2008年的1000万。

布朗说，这些大型快递公司拥有完备的基础建设，追求的是大运量，采取辐射状运输路线。通常，在货物装载完成后，先运往位于美国的某中心枢纽，再运往海外，将货物送达目的地。但First Global Xpress公司采取的方式不一样，它找到100家商用航空公司来合作，将客户的包裹以直航方式送抵目的地（但该公司目前只接受从纽约寄往海外的包裹）。这个方式不但省时、省钱，也有助于公司建立环保形象，因为里程数大大缩短，碳排放量大大降低。

这样的构想来自43岁的詹姆斯·多德（James Dowd）。曾经在DHL干过多年的多德，是First Global Xpress公司的创始人。2001年，他让布朗进公司负责业务工作，继而提拔他为合伙人，之后又在2007年年底将CEO的宝座让给他。多德说：“**看着布朗的管理经验不断丰富，我逐渐明白他是个领导型人才，将来一定能成为优秀的CEO。于是我决定将实现公司进一步发展的任务，交给他来执行，我则花更多时间来改善营运效率。**”一开始，他们的重点是提高特定区域的运货量，以便向航空公司争取更优惠的运费。于是他们可以告诉潜在客户：“我们的速度更快，价格更低。”起初，该公司有两类不同的主要客户：一是国际性的律师事务所，一是黑胶唱片的经销商。布朗说："布鲁克林区和皇后区有很多畅销全球的唱片经销商。而在西欧和远东地区，有越来越多DJ喜欢用黑胶唱片，因此需求量暴增。于是我们锁定这些目标客户，三个月内黑胶唱片的日运输量就高达好几千磅。"黑胶唱片体积不大，该公司也借着这一点向航空公司争取到更优惠的价格。

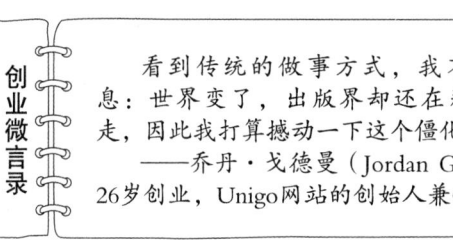

创业微言录

看到传统的做事方式，我不禁摇头叹息：世界变了，出版界却还在那条老路上走，因此我打算撼动一下这个僵化的产业。
——乔丹·戈德曼（Jordan Goldman），26岁创业，Unigo网站的创始人兼CEO

与航空公司建立关系也不容易,要赢得客户的信任却是难上加难。布朗说:"**联邦快递要是出了什么差错,客户一定会怪罪联邦快递。但如果出错的是我们,消费者只会自认倒霉:谁叫我要相信这种破烂小公司呢?因此我们一定要想办法打消客户的这种顾虑。**"后来,他们推出一个大胆的方案:任何新客户都可以试用该公司的快递服务一个星期,满意才付钱。此外,该公司有一套创新的包裹追踪系统,而且还向客户承诺,他们的包裹一定比其他同行公司提前24个小时送达。经过种种努力,该公司终于吸引到足够的客户,建立不错的口碑。

过去,First Global Xpress公司必须求航空公司跟他们合作,三十年河东三十年河西,如今这些航空公司主动找上门来。近几年,航空业不景气,飞机的上座率不高,因此,他们现在找First Global Xpress公司跟他们合作。但不是每家航空公司都符合First Global Xpress公司所制定的严格标准。

举例来说,维珍航空(Virgin Atlantic Airways)每周有四到五个航班,负责将该公司承揽的包裹运送到伦敦的希斯洛机场。另一家国际航空公司也盯着这笔生意,找布朗和多德谈了好几次,最后未能如愿。"因为他们的运货时间达不到我们的要求。"多德说:"该航空公司要三个小时将包裹送达目的地,但维珍航空只要一小时,因此保住了这笔生意。"

目前,First Global Xpress公司的经营据点(出发地)仍仅限于纽约一地,但布朗已开始筹措资金,目标是在五年内将经营据点扩展到东岸其他十个城市。近几年的经济衰退,并没有让布朗和多德退步。相反地,布朗还说:"我从没想

> **创业微言录**
> 我们不想和行业巨头硬拼,我们只锁定很特定的市场。
> ——贾斯丁·布朗(Justin Brown),First Global Xpress公司的CEO,2008年公司的年收入达1000万美元

到在经济衰退时,发展事业原来这么好玩。"我们的成本低廉,负债很少,利润却是那些超大型竞争对手的两倍以上。因此,近几年的经济衰退对该公司而言确实是拓展规模的好机会。布朗表示:"前不久,某同行

将他们在纽约的业务员裁掉了一大半。于是我请人力资源的人对这些被裁员者进行筛选,再将其中最优秀的前十名找来面试,最后录用了五个。而且,为了开发出更好的国际运输系统来服务未来的客户,我们不惜花重金投资新技术。我相当看好本公司在2009年的发展前景。"这样一番话,我们大概很难从快递业界其他规模较大、经营模式较传统的公司口中听到吧。

改变供应链

对布朗和多德而言,成功的秘诀在于用创新的方式服务顾客,提供一个比传统快递更便宜、更便捷也更环保的选择。相比之下,Pacific Columns公司(太平洋梁柱)的CEO,29岁的罗伯特·谢立克(Robert Selleck),则是以革新供应链的方式烙下他的创业印记。谢立克专门做建筑用的柱子生意,但说到企业经营,他效法的则是戴尔电脑的创始人迈克尔·戴尔。想当初,一般人都认为,通过电话推销计算机不可能成功,戴尔却勇于挑战传统,采用在当时非常极端的直销模式,并实施大规模定制[①](mass customization)。此举不但让他成为《财富》杂志500强企业名单上最富有也最年轻的CEO,也让竞争对手纷纷跌破眼镜。谢立克也希望用这种方法让自己在本行业创造类似的影响。2007年,他位于加利福尼亚州布雷亚(Brea)的公司,在《公司》杂志选出的500强企业名单上名列第372位,2008年则是该杂志5000大企业名单上的第1081名。该公司的收益过半来自网络,但这只是谢立克在创新供应链后所收获的成果的一部分。

早在高中时,谢立克就在父亲的专业木工公司工作,因此相当了解该产业的销售渠道,也看到了其中的弊端。谢立克说:"这一领域,每一样

---

① "戴尔电脑"是掌握这一创新营销模式的代表企业之一,成功关键是允许顾客大规模定制。当时其他企业都是通过经销商渠道销售产品,戴尔却通过网络直接销售,电脑不需经过中间环节,直接卖给顾客,顾客只要从网络下单,几天后就可以收到产品。

东西卖出去都会经过几道中间商，生产商只卖东西给批发商，批发商只卖给分销商，分销商只卖给承包商，承包商再卖给消费者。"但太平洋梁柱公司挑战这套传统销售制度，决定向所有人直接销售他们的产品。"没有人敢像我们这样跨越不同的界线。"谢立克说。

当然，只要有公司尝试新做法，就一定会引起同行的恐惧和排斥（在成熟的产业里更是如此），尤其是这个来者年纪轻轻又经验不足。还好，谢立克有办法化解排斥，就是让处在供应链每个环节的人都有利可图。如今，他和45家生产商合作，并替他们量身定做网站。此外，他以折扣价为他们打广告，给他们提供投资回报率方面的资料，还跟他们合作开发新产品。谢立克说："这些老板年纪都比我大，对网络心存畏惧，但又知道现在做生意不能没有网络，于是干脆把网络的事情全权交给我们。现在，我们就像是他们的营销伙伴。"此外，谢立克还直接把建材销售给承包商，而承包商也喜欢跟他做生意，因为承包商可以直接在该公司的网站上，定制他们想要的产品，而该公司也保证会在72小时内将产品送达。对于喜欢自己动手的消费者，该公司也为他们提供了一个特别的网站，叫architecturaldepot.com（建材仓库），在这里，不管是柱子、百叶窗还是栏杆，各式各样的建材可说是应有尽有。

网络技术的广泛运用是谢立克这套营销策略的主要特色，这不但让他在价格上具有很强的竞争力，又能帮公司安然度过建筑业的萧条期。如今，该公司的年营业额和赢利都很稳健，尽管谢立克承认，该公司近几年接到的订单量确实有些缩水。"这代表我们必须争取更多订单，开发更多客户。"谢立克说："但是就市场占有率而言，我们的表现相当突出。目前，由于整个产业的不景气，许多老关系都面临着挑战。现在，不管利润率高还是低，每一笔生意都很重要，这也让新成立的公司有机会打入这个传统的供应链。"

值得注意的是，谢立克的主要目标不是要将自己定位成低成本的销售商，而是要改变、优化供应链的结构，全面提高效率，让参与其中的所有人都能够受益。尽管他当初并未预料到会出现经济衰退，但他在供应链方面的革新做法，却带给他很大的竞争优势，也让他的公司在建筑业不景气时能够挺住。

革新服务业的供应链

塔莉雅·玛莎奇也获得了类似的成功,她的EvedServices公司,专门协助饭店为其企业客户提供交通、娱乐、摄影、餐厅预订之类的服务——以往,饭店都是将这类服务外包给多家公司来处理。玛莎奇之所以会有这个创业构想,是因为有一次她帮她先生的乐队向饭店订客房,结果发现大多数饭店都缺少一套系统,将客人需要的相关服务进行协调整合。正好,玛莎奇有一套不怎么秘密的秘密武器:她是个不折不扣的科技怪才,因此她可以运用她的科技专长,搜集当地的相关服务提供商,整理出一张最佳服务提供商的名单。她担任饭店和企业会议承办人之间的联络角色,而且,整套系统都在网上进行。"我可以发挥我在科技方面的优势,建立起一个平台,让整个流程变得自动化,而我,则扮演饭店和服务提供商之间的桥梁。"玛莎奇说:"这就是一项服务,你必须确定合作的服务提供商都靠谱。"

玛莎奇原本以为与她合作的饭店,或许会利用她的这个平台,直接向她推荐和管理的服务提供商下单订购服务。一开始,的确有人这么做,但饭店的管理人员后来意识到,将整个流程全权交给EvedServices公司的团队来处理,效率会提高许多。确实如此,有些工作极为复杂,处理不当可能会演变成噩梦一场。例如,到机场为4000名药厂主管接机,再把他们分别送到四家不同的饭店住宿及55家不同的餐厅用餐。但是,再怎么困难的工作,只要交到玛莎奇手上,她都能处理得按部就班,令双方都非常满意。

EvedServices公司如今市值约920万美元,在《公司》杂志2008年的500强企业排名中名列第188位,且其业绩在三年内就增长超过12倍。玛莎奇认为这样的成就,多半应归功于该公司与服务提供商之间的良好关系。玛莎奇在选择合作公司时非常谨慎,她会通过一套严格的认证程序,来确认公司的服务是否符合标准。每一次合作结束后,她会请客户针对所有的服务提供商进行评分,分数达到了某个标准,才有机会继续跟EvedServices合作。此外,玛莎奇还会不断要求合作的服务提供商提高服务质量。例如,到机场接机的人员,都必须统一身着鲜黄色的衬衫,好在拥挤的人群中容易被认出来。而且,他们还会携带经过精心设计的告示牌。不过,玛莎奇能够整合所有合作的公司,还是得归功于她的"技术"。EvedServices的网站为每家公司都提供了一个入口,让他们上传与服务相关的照片,或其他视频、音频资料内容。EvedServices的销售团队再根据这个虚拟的产品目录,为潜在客户撰写计划书。计划书一旦通过审核,就会自动将信息传送到公司的系统中。这个平台实在是太好用了,玛莎奇正打算拓展公司规模,将这套技术授权给同行以外的公司使用。"没有人用这个模式跟饭店合作,也没有人具备这套技术。"玛莎奇说。

"散沙"行业的专业化

这个世界上,充滞着许多一盘散沙、各自为战的行业,它们的运营非常简单,并且都很老套,例如:汽车修理、卡车载运、理发店,都不是什么特别诱人的行业。但如果能够用高科技和鲜明的品牌形象对它们进行行业升级,提高服务质

> **创业微言录**
> 没有人用这个模式跟饭店合作,也没有人具备这套技术。
> ——塔莉雅·玛莎奇(Talia Mashiach),现年32岁,EvedServices公司的创始人兼CEO,当前公司市值900万美元

量,将相关系统和流程进行标准化控制,或许你就能成为市场的领导者。

现年27岁的奥马尔·索里曼[①]和尼克·弗里德曼就是如此。从小玩到大的这两人,从来没想到长大后有一天能一起合作开创事业,而且从事的是还是垃圾清运业。两人创办的大块头垃圾清运公司,总部位于佛罗里达州的坦帕市(Tampa),公司于2008年创下350万美元的业绩,目前正在招

---

① 奥马尔·索里曼(Omar Soliman):他还是畅销书《轻而易举的企业家:聪明工作、努力玩耍、赚上几百万》(Effortless Entrepreneur: Work Smart, Play Hard, Make Millions)一书的联合作者。

募加盟者。索里曼表示，该公司的加盟者有很多也都是年轻的创业者。该公司之所以成功，并吸引许多加盟者，原因不在于它所提供的服务本身，而在于它能够创建自己的特色，与同行有所区别。垃圾清运这一行，大多数都是那种由爸妈合力经营的传统老店。大块头垃圾清运公司做出了全新的改革。

大四开学前那个暑假（索里曼就读于迈阿密大学，弗里德曼念的则是波莫纳学院（Pomona College），这对来自华盛顿的好友，因为想赚点零花钱，便凑在一起想办法。刚好，索里曼的妈妈在华盛顿经营一个家具店，有一部破旧的厢式货车，便建议儿子用这部车去干点零活。"尼克和我就想，也许我们可以帮人家打扫车库，想个搞笑的公司名称，赚个几百块钱，再拿这些钱去潇洒玩一玩。"索里曼说。想出了"大块头"这个搞笑的名字之后，隔天他们便印好广告，在家附近张贴。

"没想到我们吸引了好多生意上门，结果我们一天得做两份工。两个月后，我们就赚到了15000美元。"索里曼说："后来快开学了，我们决定歇业。一个月后，我回到学校上课，仍然有不少客户打电话找我。"由于暑假时意外尝到了创业成功的滋味，他决定为"大块头"撰写商业计划书，再拿到迈阿密大学举办的雷洛希尔创业竞赛（Leigh Rothschild Entrepreneurship Competition）中参赛。有了暑假的那段经验，他显然比另外130名参赛者更占上风。对于垃圾清运这块市场，他已经掌握到一些门道和关键数据了。最后，他轻松夺冠，拿走一万美元的奖金。

2004年，大学毕业后，两人都回到华盛顿，都找了工作，还都任职于传统企业。其中，索里曼是在医疗保健咨询委员会上班，弗里德曼则任职于国家经济研究协会（National Economic Research Associates）。但上班不到半年，两个人都有点厌烦，开始扪心自问（这是网络一代脑海里常常浮现的疑问）："我何必要为一份我不喜欢的工作累坏自己？"最后，两人决定拿索里曼此前得到的那一万美元奖金，去购买一部新的垃圾清运车。然而，他们向银行贷款却到处碰钉子，还好有家人向他们伸出援助之手。最后，他们总算在美国银行争取到了一笔五万美元的贷款，这让他们有资金可以设计商标、搭建网站、分析营销数据。为了一家垃圾清运公司，需要做这些？是的，你没听错。

但索里曼和弗里德曼知道，这是个散沙般的行业，没有技术含量可言，要想在这一行干出成绩，一定要让客户留下难忘的体验。于是他们给公司制订了这样的制度：公司只雇用外表干净整齐、态度谦逊有礼的大学生，而且工作时一律身着polo衫和卡其裤；公司的垃圾清运车，随时都保持非常干净，鲜橘色的车身上头绘有肌肉男的商标及鲜绿色的"大块头"logo。此外，该公司会向客户保证，他们的服务是绿色环保的，从客户那边运走的垃圾，有大约六七成会被回收，而不会全都丢进垃圾掩埋场里去。这一点，不但能吸引具有环保意识的消费者，也可以帮公司节省不少钱。

公司成立后第二年，就创下120万美元的年营业额，并且形成了拥有8台垃圾车的车队在华盛顿地区工作。就是在这个时候，两位创始人认为：成立连锁加盟体系，进一步扩大业务的时候到了。他们将1-800-垃圾清洁公司（1-800-Junk）作为榜样。该公司位于加拿大温哥华地区，其创始人布莱恩·斯卡德摩（Brian Scudamore）18岁就成立了这家公司。索里曼说："该公司相当于垃圾清运行业的'可口可乐'：他们是第一家要求员工一律穿制服、重视客户服务，进而建立品牌特色的垃圾清洁公司。而我们则立志要成为这一行的'百事可乐'。"

为成立加盟体系，索里曼总共花了15万到20万美元左右的经费。其中花了4万美元用来开发专用软件，以及印制加盟手册。加盟手册系统、详尽地规定了经营加盟店应该要遵循的一切细节。此外，两位创始人还聘请了业界资深人士乔治·帕尔默（George Palmer）来担任公司的连锁推广部主管，他拥有25年连锁加盟辅导工作的资历。并且，他们将公司的总部从华盛顿迁移到了坦帕，因为这里的电话客服成本较低。公司成立连锁加盟体系不过一年，已经有15名业界同行加入，加盟店则扩增为36家。这些加盟者里头，有四位还不到30岁，且九成都达成了年营业额目标。大家知道这两位创始人最难以接受的事情是什么吗？索里曼说："原本我们以为大家都会跟我们一样，头一年就赚个50万。后来我们才知道这样的成绩是前所未有的，我们只好改变我们的想法。"尽管如此，根据该公司所公布的数字，整个加盟体系在2008年平均创造了350万美元的年收益。

跟许多网络一代创业家一样，索里曼跟弗里德曼正试图将他们的公司从初创阶段带向成长阶段，但老实说这并不容易。还好，有帕尔默这位经验丰富的前辈的引导，他们或许能避开发展加盟事业时可能遇到的困难。而他们在华盛顿的营运据点，或许可作为新构想的卿化器，如，建立资源回收中心。此外，他们也积极将自己定位成绿色品牌。索里曼说："曾经有制造公司请我们到他们公司员工面前示范，怎样进行资源回收。"索里曼他们的垃圾清运公司跟传统的垃圾清运公司实在是大不相同，但这正是他们的特色所在。索里曼说："我们希望，再过个三五年，我们公司就会成为家喻户晓的品牌。"在此同时，索里曼正在酝酿一个创业构想：成立一家"大学狐狸搬家公司"（College Foxes Hauling Boxes）。

彻底改造家族企业

2007年的一份美国家族企业调查报告显示，拥有家族企业的企业家们，有大约四成预计会在十年内退休，其中，只有三分之一会将经营权交棒给第二代，会传到第三代的就更少了，只有12%。与经营这些企业的家族一样复杂的是，家族企业没落的原因也同样错综复杂。尽管如此，能够将企业成功传承下去的，起码都有一个共同点，那就是老一辈经营者除了能够将多年累积下来的经验，有效地传递给继任者以外，还会鼓励他们将企业打上他们自己的烙印。其实，对接管家族企业的网络一代而言，要他们不这么做还不行呢。

鲍威尔书店（Powell's Books）的准继承人，现年29岁的艾米莉·鲍威尔（Emily Powell），就是一个改造家族企业的好榜样。鲍威尔书店是美国目前规模最大，也是最有名气的独立连锁书店，创立者是艾米莉的爷爷迈克尔（Michael），目前则由她爸爸沃特（Walter）负责掌管。这家书店的成功不仅在家族企业里十分罕见，而且在书店业界也可说是个奇迹：今天，因为邦诺书店和亚马逊书店等强敌对市场的吞噬，独立书店要存活下去非常不容易。但年收益超过6000万美元的鲍威尔书店，"目前状况还算不错，可是由于整个大环境正在剧烈变动，要掌管这家书店还真的有点可怕。"艾米莉表示。

该书店现任掌门人沃特·鲍威尔在2010年，也就是他70岁时退休后，艾米莉就得当起书店的CEO。还好，自2004年起，她就开始做准备。而且，老实说，她是在书店里泡大的，当她还是个蹒跚学步的小屁孩时，就站在箱子上帮爸爸收款。艾米莉说：**"我是在这家书店里，呼吸着书香长大的。对于长辈传给我的这份企业责任，我怀着极高的敬意。"**

要扛起这份责任，就代表艾米莉必须做得更棒，并且必须应对随之而来的一系列挑战。"我爸爸告诉我，要是我把这家店像神坛一样供起来，一切都墨守成规，他才真的会感到失望。"艾米莉说。目前拥有六家分店的鲍威尔书店，

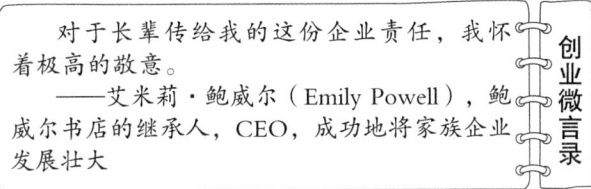

对于长辈传给我的这份企业责任，我怀着极高的敬意。
——艾米莉·鲍威尔（Emily Powell），鲍威尔书店的继承人，CEO，成功地将家族企业发展壮大

创业微言录

其实早就因其创新精神而闻名于业界。早在1994年，沃特就开始在网上卖书，当时亚马逊网站还没上市。如今，该书店有大约三成的销售量来自网络。该书店的电子报订阅者有大约50万名，甚至该公司还开始为作家制作影片，并通过其他独立书店销售。

艾米莉确实让这个家族企业烙下了自己的印记。在这家店销售的图书中，大约有一半是二手书，二手书的利润率也是最高的。于是艾米莉召集各分店的店长，要大家集思广益，看能不能整合二手书的生意，并建立标准化的流程。之前，各分店都自立山头，每一位店长有自己负责的二手书类别，分店与分店之间并没有太多交流或往来。"于是，我把店长们聚集起来，问他们谁知道哪种书卖得好？衡量的标准是什么？要如何整合这些信息？"艾米莉回忆道。最后，他们想出了一个办法：建立一个二手书零

售中心,将各分店的二手书业务整合起来,进货时批量采购,以创造规模经济,降低成本。此外,艾米莉还聘请了一位主管,负责二手书的生意。该制度推行至今已经满一年了,结果公司二手书的销量,不但呈现两位数的增长,利润也明显提高。

艾米莉说:"**我对公司的贡献,主要在激励员工的创意方面。我父亲是个爱书人,我自己也在书店里长大,但我不是我父亲,我更爱的是人。我把自己的角色定位为带领一群员工激发出创意的管理者。**"换句话说,她正在打造一个具有典型网络一代风格的公司(见第7章)。倘若艾米莉能持续不断从公司的550位员工身上汲取集体智慧,激发他们各自的创意,集思广益,来提高公司的赢利能力和持续发展能力,那么,艾米莉不仅是在为鲍威尔书店,同时也是在为自己创造一份珍贵的遗产。

"少当家"勇当"创二代"

跟艾米莉一样,凯西·维格(Kathy Vegh)也要为她的家族企业做出自己的贡献。她父亲的公司,维格台球之家(Vegh's Billiards and Home),在克里夫兰地区可以说是无人不晓。32岁的凯西开始接掌这个家族企业时,该公司已经成名45年多了。凯西说:"我24岁进公司,那时候就开始当家做主了。"关于这一点,她父亲丹尼(Danny)可能会提出异议。丹尼以前是匈牙利人,1956年匈牙利发生内乱时,他经由奥地利辗转来到美国的克里夫兰。当时的他不仅身无分文,连英语也不会说。还好,他非常热爱乒乓球,而且球技高超:到美国的50年间,他拿到了州冠军、全国冠军乃至世界冠军。因此他成了克里夫兰地区的名人,还成功地开创了自己的事业:开了一家乒乓球俱乐部、一个台球厅及一家销售乒乓球和台球用

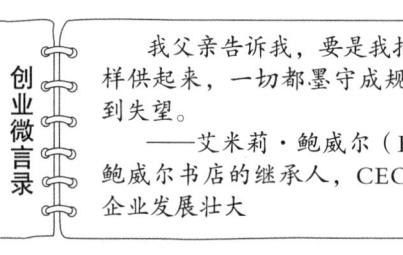

创业微言录

我父亲告诉我,要是我把这家店像神坛一样供起来,一切都墨守成规,他才真的会感到失望。
——艾米莉·鲍威尔(Emily Powell),鲍威尔书店的继承人,CEO,成功地将家族企业发展壮大

品的公司。

最后的这家公司,就是维格台球之家的前身。跟七年前相比,也就是凯西刚进去工作时,公司简直有着天壤之别。当时,公司展示间乱七八糟,台球桌一张张叠在一起。"有两年的时间,除了整理和打扫,我没有做其他任何事情。"凯西说。尽管她拥有MBA学位,还在法学院读了一年,父亲给她的头衔却是"公关经理"。**他完全低估了我的实力,但我知道,我会把这个行业提升到全新的境界。"凯西说。**

默默地工作两年后,凯西告诉父亲她的名片用完了,想要印制一些新的,但是她坚持自己的职务改为"营运副总"。父亲看到了女儿想彻底改造整个公司的雄心壮志,深受感动,最后终于点头答应。2003年,该公司的家庭客户数量越来越多。为了让消费者觉得更加亲切,凯西重新装修了店面,此外,还对业务员进行专业培训,并增加更多零售产品。同年,凯西还说服父亲支持她在克里夫兰南边开设分店。对凯西而言,这家店就好比自己的孩子,因为她的精心经营,分店才开张两个月就已经开始赚钱。两年后,凯西在克里夫兰东边又开了另一家分店。如今,凯西已经当上公司的CEO,并持有49%的股份。

精力充沛的凯西,在业界素有"甜心女郎"的称号。但你可千万不要被这个称号给骗了,对于经营这个家族企业,凯西的态度可是非常严肃的。经过她的巧手改造,这家稳健的公司,如今有了年轻一代的烙印。一方面,凯西没有忘记充分利用并尊重父亲丰厚的历史财富;另一方面,她也注意到人口地理环境的变迁,及零售业大环境竞争日益激烈的事实,并提出许多应对策略。本书与第1章所介绍的几位创业家一样,她明白团队作战的重要性,因此开始寻找其他企业结盟,以便提供更多价值给客户,并且在服务品位上超越规模更大的竞争对手。

该公司最新成立的分店,装饰着两层楼高的玻璃墙面、霓虹灯、形状似台球杆的柱子、外形像台球桌的展示间,以及让人联想起台球的灯光设计——极具现代风格。店里有八间主题式游戏间,装修风格各个不同,有50年代的复古风,有田园风,也有现代风格。此外,凯西也和建筑师、灯光设计公司等企业合作，如此一来，该公司所提供的产品就不再只是台球而已，而是一整套的台球主题家庭娱乐设施。其中，有些个性化的服务甚至不是大型企业所能够提供的。凯西说："要是客户真的不晓得如何设计家里的娱乐空间，我们会派设计师到客户家里走一趟，跟他们聊一聊，了解他们喜爱的风格，再根据他们的预算帮他们设计。这项服务不收费，我们也不会对客户强行推销。"

凯西的商业模式具有网络一代创业家共同的特点：她开始建立起一些关键的战略联盟。例如，三年前她和NBA的球队克里夫兰骑士队签订了一个赞助合同，让该队球员在中场休息时间使用该公司的桌球桌或台球桌娱乐消遣，并邀请队员和教练到店内参加活动。此外，凯西还争取到一项独家权利，就是，可以在广告中打出：我们是"克里夫兰骑士队最爱用的游戏间"。不仅如此，通过这段合作关系，该球队有不少球员也找凯西的公司帮忙设计游戏间，让该公司赚得了不少丰厚利润。"这项合作关系的名人效应十分惊人，"凯西说，"而且，它也带给我许多乐趣。"

正是由于擅长建立这一类的合作关系，公司的年收入在过去几年就成长了两倍（但凯西不愿意透露确切的数字，只表示在500万美元到1000万美元之间。）凯西说："七年来，同行业中跟我们一样属于小型家族企业

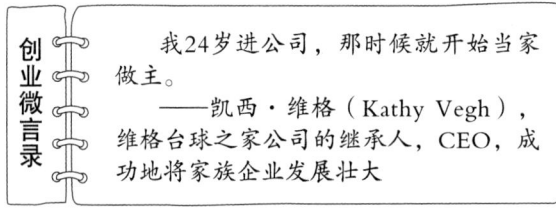

> 我24岁进公司，那时候就开始当家做主。
> ——凯西·维格（Kathy Vegh），维格台球之家公司的继承人，CEO，成功地将家族企业发展壮大

的，大多不是已经关门大吉就是正在垂死边缘。而大型的公司呢，因为经营上缺乏灵活度，没办法像我们一样为客户提供一些个性化的服务。"

尽管凯西承认，经济衰退的大环境确实对该公司有影响，2009年，公司的营业额成长势头减缓，但她认为这一波经济衰退，其实也为该公司的成长提供了大好机会。凯西说："最近，全国各地有许多专卖零售商纷纷倒闭，于是我开始加强网络营销，好扩大这块市场。"

"高科技+个性化"商业模式

美国传统产业里的家族企业，正深受经济衰退的冲击，其面临的竞争对手也越来越多，且其中有许多还是规模庞大、资源丰富的企业。要想存活下去并且持续发展，唯一的方法是改变游戏规则，让自己变得与众不同。凯西做到了这一点，她将很老式的零售商，转变成提供整套家庭娱乐设施的供货商。相对地，Brighton Cromwell公司的CEO，现年29岁的罗伯特·范·艾腾（Robert Van Etten），则运用先进的技术系统和互联网，为既有的客户提供更好的服务，并涉足其他市场。Brighton Cromwell是一家国防承包商，总部在新泽西州的伦道夫（Randolph）。公司于2008年创下了1600万美元的年收入，整合供应链是它的专长。

2004年1月罗伯特与伯父约翰和父亲比尔一起创办了这家公司。当时，罗伯特才23岁而已。他父亲比尔，有多年的国防工业从业经验，是罗伯特眼中"最佳的榜样和最要好的朋友"。有过多次创业经验的比尔，原本拥有一家国防工程咨询与采购公司，但是在20世纪80年代末期，他收购了一家濒临倒闭的制造公司，结果耗尽了他的资金。由于债台高筑，老艾腾先生面临着一个艰难的抉择。"记得在我小时候，有一天爸爸坐下来告诉我们，他虽然可以申请破产，但这样会害苦很多人，包括我们一家人在内。于是他卖掉我们在新泽西州纳特利（Nutley）的大房子，全家人搬到了波克诺斯（Poconos），在那里待了两年。那段时间我们过得很辛苦，但父亲努力把债务全都给还清了。"罗伯特说。

这个教训，罗伯特铭记在心。他说，因为这个教训，他度过了人生最糟糕的那几年。

Brighton Cromwell公司成立刚10个月，罗伯特的伯父约翰因为胃癌与世长辞；两个月后，也就是2005年1月，父亲则因为肺高压撒手人寰。罗伯特回忆道："葬礼上，每个人都认为我一定会失败，但我想向他们每个人证明，他们错了。"他从母亲那里借了钱，买回了婶婶和另一位姑姑手中持有的公司的股份，而且他还将自己原本就不高的年薪从两万减半成一万美元。此外，他还找弟弟葛兰（Glenn）和他最要好的朋友丹·约克（Dan Youker）一起帮忙经营公司。当时，公司一年就亏损100万美元。还好，父亲生前最要好的朋友，弗兰·斯科瑞可（Fran Scricco）给了他许多宝贵的建议。斯科瑞可在通用电气和波士顿咨询公司服务过多年，也曾经在艾睿电子公司（Arrow Electronics）担任CEO，当时是亚美亚公司（Avaya）的高管。在他的帮助下，罗伯特开始厉行节约，2005年年底，公司终于扭亏为盈。

到了2007年，该公司公布的营业额为880万美元，此时许多大公司也纷至沓来找他合作，如西科斯基、波音和霍尼韦尔。**但财政上懂得量入为出，并非该公司得以成长的唯一要素，供应链整合才是他的杀手锏**。身为供应链的整合者，该公司的主要任务是协助客户，以更容易也更有效率的方式采购国防设备。而该公司的客户除了国防工程承包商，还包括美国国防部。一开始，该公司是帮美国国防部进行售后零部件的组装工作，也就是说它可能需要采购多达50种不同的零部件（用于维修军用交通工具），再全都组装到一个箱子里头。"我们刚开始这么做的时候，很多人都以为我们疯了。"罗伯特说。其实，这样的概念在航空产业里相当普遍，只是还没有人用这种方式将陆路交通工具卖给国防部而已。"但当时，我们正在进行一场'陆战'。"罗伯特指的是美国攻打伊拉克。

于是，罗伯特的公司便承包下一部分这类的工程，而该公司在政府工程承包这个领域，也逐渐建立起可靠、创新的美誉。能做到这样，部分得归功于罗伯特投资并开发的专利软件，它让系统能够以自动化的方式，为每一样零部件找到价格最实惠的供货商。例如，假设有客户需要400种零部件，而且希望把它们组合到一起，这时候，Brighton Cromwell的这套软件系统，便会自动进入数据库里寻找符合条件的厂商。整个过程，都是计算机自动化完成。"说到科技，我父亲一向走在时代前沿。有很多国防工业同行都是在美国冷战时期入行的，我们打算用先进科技把他们给轰出去。我们的竞争对手虽然规模庞大，但他们正在萎缩，而我们正在成长，彼消此涨，我们不怕。"罗伯特说。

2008年夏天，也就是罗伯特28岁时，有两家大公司与他接触，表示愿意以超过500万美元的价格收购他们。经过一番接触，他居然有点动心了——还好，他打电话给斯科瑞可征询意见。"你疯了吗？"斯科瑞可质问他说："你父亲从来不喜欢受制于人，我想你也一样。让我告诉你，你要怎么做才能让你的公司更上一层楼……"在斯科瑞可的建议下，罗伯特从父亲此前的公司里挖了一个高管，并聘请一位专家来管理事业开发部。他还给自己订下了

> 我们的竞争对手虽然规模庞大，但他们正在萎缩，而我们正在成长。
> ——罗伯特·范·艾腾（Robert Van Etten），29岁创业，Brighton Cromwell公司的CEO，2008年创下了1600万美元的年收入

创业微言录

一个目标：他要通过两种方式让公司的规模成长到2500万美元。第一，与设备制造商直接签订合同；第二，开始多元化经营，将经营范围拓展到国防工业以外的领域。关于后者，罗伯特最近成立了一家网络公司，叫BCL Hardware（BCL硬件）——这是个B2B的网站，主要是针对住宅施工人员或仪器生产商之类的公司销售大型商用硬件。此外，他也在研发一项能协助企业节水的环保产品。

想当初，许多人都认为罗伯特还是个毛头小子，年轻无经验，没有能力经营他父亲留下来的公司，但罗伯特一次又一次地证明了他们的看法是错误的。如今，罗伯特拥有一个1.4万平方英尺的工厂和32名员工，而且，他目前手头正在做一个1000万美元的项目。现在，他不再需要向任何人证明什么了。

"网络一代"企业家游戏规则三：
改变游戏规则

1.找机会打破现状

萨斯维尔，一个年仅22岁的年轻人，就能够把自己制作的夜间脱口秀推到各大电视台，并且获得大公司的赞助，收视率在部分地区甚至超过其主打节目。这无不证明，要想在竞争中获得成功，你必须不断改变，并勇于打破游戏规则。

2. 随时注意正在变化的客户他们的需求

Unigo的创始人戈德曼深刻地感受到，现在的大学入学竞争如此激烈，整个大环境却没有提供充分的信息给高中生报考参考。再者，现在的学生花在网络上的时间越来越多，但那些"值得信赖"的资源，也就是一本本厚重又昂贵的大学入学指南，却没有在网络上与学生互动。戈德曼于是创办了Unigo，为学生提供免费的在线资源，并借助大学生自己的力量，让他们直接向高中生提供自己学校相关的信息、测评和视频短片。而传统出版商因为怕危及自己的核心事业，所以大多不敢采取这样的策略。

3. 审视现有的供应链是否有不足

有时候，最有效的创新之举，重点并不在于产品或服务本身，而在于你是用什么方式去提供产品或服务。玛莎奇知道，大企业在饭店举办活动时，饭店必须向外界招揽合作商来提供诸如乐队演奏、花饰、交通等各种服务。玛莎奇从中看到商机，于是成立了EvedServices公司，通过严格的筛选机制，将符合标准的合作商输入数据库，并建立起一个先进的网络平台，帮饭店扛下挑选和管理合作商这个庞杂的行政负担，也替他们解决活动安排等各种问题。换言之，该公司改变了饭店业的游戏规则。

4. 带领传统产业迈向专业化

目前，市面上有许多产业的服务质量都叫人不敢恭维，因此若能够提高服务质量，带给消费者惊喜，你就有机会脱颖而出。大块头垃圾清运公司的两位创始人办到了：他们建立起标准作业流程，雇用干净整齐的大学生来帮忙打扫，强调环保概念，并通过垃圾车和制服上一致的商标创造出鲜明的品牌形象。结果，在这个一向由传统店面经营主导的行业，他们却建立起一个价值350万美元的连锁体系，甚至吸引到全球知名脱口秀主持人奥普拉的注意，和她合办了一场名为"把你脏乱的家打扫干净"的巡回宣传活动。

5. 发掘出未被满足的小众市场

First Global Xpress公司CEO贾斯丁·布朗，一开始为黑胶唱片经销商提供国际空运快递服务，进而在业界建立了良好的声誉。这块市场利润虽然不错，但由于非常小众，因此业界那些巨头不屑一顾。借由在这个小众市场中建立起来的声誉，该公司进而能进入主流市场，与DHL或联邦快递等大企业比个高低。该公司采取的另一个改变游戏规则的策略，是与商用客机公司合作，通过其直航班机将客户的包裹于隔日送达。因此，相比于同行，他们不但速度较快，也免除了自己经营快递航班所带来的沉重负担。

6. 跳脱惯性思维

在凯西加入父亲开设的维格台球之家以前，这不过是一家销售台球桌和乒乓球桌的普通商店而已。如今，这家店销售的却是整套的家庭娱乐解决方案。凯西不但重新装修总店，新开设两家分店，和建筑师及灯光公司建立策略联盟，甚至还和克里夫兰骑士队签订了一份诱人的促销方案。在大环境对零售业相当不利时，维格台球之家还是经营得有声有色，凯西甚至开始在网络上拓展事业版图，以抢占那些在克里夫兰以外地区倒闭的公司的市场占有率。

第4章
疯狂地向同龄人营销

假设有那么一个群体，人数众多又财力雄厚：总人数将近8000万，总年收入则高达2000亿元，而且对金钱、音乐、时尚、教育、食物和其他几乎每一样事情，看法都有那么点别出心裁，甚至连麦当劳和百事可乐这样的大企业，都得雇用专家来协助他们打进这个市场。再假设你对这个群体有某种特殊的洞察，凭直觉就知道如何打动他们，那么你是不是具备了很强大的竞争优势呢？当然，而且，**这正是网络一代创业家的写照：他们拥有一种本能，知道什么样的产品和服务可以引起同龄人的共鸣。**

大学生市场是网络一代一个新兴的创业区域，而有些人正试图以创新的方式，提供合适的产品和服务来抢占这块市场。College Boxes（大学箱子）和DormAid（宿舍帮手）的创始人都知道，网络一代在乎的不是一家公司如何宣传自家的产品，而是自己的朋友怎么说，因此这些企业会雇用学生来帮忙营销。而且，本章要介绍的网络一代老板，跟第2章介绍过的几位创业家一样（如Loopt和Aviary），也懂得在现有的基础上，将既有的产品或服务进行修改或调整，以便更符合使用者的需求。例如，Mint.com网是一个专为网络一代设计、操作简便的在线理财工具；Ignighter.com网提供的是具有网络一代特色的网络交友服务；Indochino.com网则诉诸网络一代对定制化的喜好，锁定年轻的企业主管，制作价格合理的定做西装。

The Hundreds T恤公司的两位创始人巴比·金姆（Bobby Kim）和班·薛纳萨法（Ben Shenassafar），则迎合网络一代对独立品牌的喜好，推出了一系列反映"各种文化"的T恤。不过最叫人叹为观止的，或许是有越来越多的网络一代创业家，似乎是以教导其他人（多半是大企业）如何抓住网络一代的"胃口"，来作为谋生之道。这或许已经成了营销传播业中的一个新兴专业，而且正在快速成长：BuzzMarketing和Undercurrent（暗潮）公司就是其中的佼佼者。

网络一代创业家不仅知道同龄人想要什么，还晓得如何通过另类的广告或营销手法来俘获他们的心。这一点很重要吗？为什么？因为研究显示，传统的信息通常很难引起网络一代的共鸣。BuzzMarketing公司CEO（该公司针对人进行营销），28岁的蒂娜·韦尔斯（Tina Wells）表示："年轻人很清楚营销和广告是怎么一回事，你忽悠不了他们。而且当广告内容反映的是一般人对网络一代的既有成见时，他们反而会觉得反感。"网络一代不喜欢人家告诉他们"你应该买什么"，痛恨强迫推销，更无法忍受他们觉得虚情假意的东西。

没错，这是个难以取悦的群体，但与他们同龄的创业家正在努力。这些创业家知道网络一代有某些需求不同于前几个世代（一个很明显的例子是30岁以上的人，多半不会在乎手机有没有卫星定位功能，好得知自己的朋友此刻身在何处）。但他们也知道在网络一代身上，最好也能用比较有创意的方法来满足他们。

学生市场的大蛋糕

艾洛伊媒体营销（Alloy Media+Marketing）和哈里斯市场调查公司（Harris Interactive）于2008年所做的"艾洛伊大学生市场研究"表明，美国的大学生市场人数达到1360万，年消费能力超过2370亿美元。没错，这是块超大的蛋糕，是非常有利可图的市场，但要拿下这个市场，可能没有你想象中那么容易。艾洛伊媒体营销的子公司，AMP的消费者洞察部门副总爱莉森·马许（Allison Marsh）表示："这个市场的消费者很清楚自己具备什么价值、该怎样'被利用'，但他们希望知道你可以为他们做什么。你必须引起他们的共鸣，提供渠道让他们得到有价值的东西，并进行公开的对话。"**网络一代的创业家们知道，重要的不只是产品或服务本身，厂商所采取的营销手段和提供的服务质量，和他们所卖的东西一样重要。**

对总部位于波士顿的College Boxes公司来说，他们必须双管齐下。公司除了雇用大学生向同龄人推销搬家和仓储服务，也需建立一个稳固的科技平台来提供网络服务和沟通。该公司创始人之一科维特表示（另一位创始人是纽伯格，见第1章）："许多搬家公司都还停留在'石器时代'，我们却把新科技带进这个传统行业，这是我们成功的原因之一。"在该公司的网络平台，学生可以在线开设账户、订购包装工具、打印送货标签、安排收送货时间。每逢暑假也可以把私人用品交给该公司代为保管，而不用把东西全部搬回家。此外，为顾及顾客的舒适与方便，该公司的技术接口都设计得非常简单，也大大简化了整个流程。

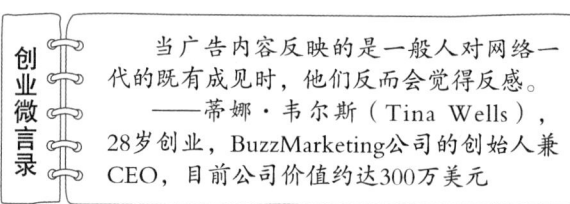

当广告内容反映的是一般人对网络一代的既有成见时，他们反而会觉得反感。
——蒂娜·韦尔斯（Tina Wells），28岁创业，BuzzMarketing公司的创始人兼CEO，目前公司价值约达300万美元

这家公司创建在位于圣路易斯的华盛顿大学，当时科维特拥有一家迷你冰箱租赁公司，纽伯格则拥有一家搬家和仓储公司。两人在校友会认识后，决定将两家公司合并。一如大块头垃圾清运公司（见第3章），College Boxes也将这个分散的行业变得更专业化。它将不同客户对仓储服务的需求整合起来，再寻求当地厂商的合作，以便为客户争取最优惠的价格。合作前，他们会先对厂商进行质量筛选，让学生和家长不必为了寻找可靠的公司而大费周章，也帮他们节省了许多时间。科维特说："仓储业经营了30年，模式却几乎没有任何改变：某某人开着货车出现在你家门前，你把东西丢上车，三个月后他再把东西载回去给你。"但College Boxes的学生客户，只要有需求，任何时间都可以拿到自己的东西，而且

还可以在线清点每一样东西,并在开学前安排好送货的时间。运送的部分,该公司是和UPS快递合作,将同一所大学学生的东西整合在一起运送到学校。

科维特说:"很多大学也乐意与我们配合,因为我们一辆卡车就可以运送40个人的东西,因此能大大改善校园内的交通。"此外,向学生推荐College Boxes,学校可以得到额外的提成,学生也有机会得到该公司的雇用,帮忙在校园内营销,推广该公司的服务。此外,通过学生的口耳相传,公司客户也越来越多,这不但是聪明之举,而且经济实惠。

"艾洛伊大学生市场研究"对1500多名大学生进行了调查,其中有64%的人都表示,"口碑"是他们在做消费决策时的关键因素。当然,每个人都重视亲朋好友的推荐,但由于网络一代的社交天性,又喜欢在社交网络上交流使用产品和服务的体验,这使得他们比前辈更容易被同龄人的营销所打动。因此,诚如AMP的爱莉森·马许所说,**要想把东西卖给他们,"一定要用他们的语言跟他们沟通"。要做到这一点,最好的办法就是雇用年轻人当你的业务员。**

College Boxes公司就把这个策略运用得淋漓尽致。2008年1月,当它被此前合作过的公司"送货到家"(Door to Store)收购时,年收入已经介于300到500万美

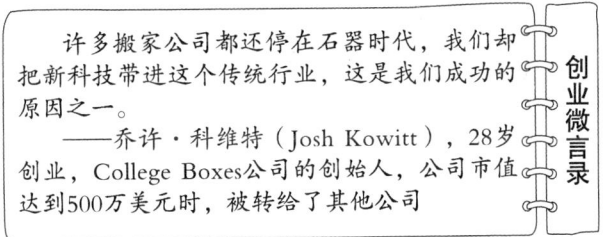

> 许多搬家公司都还停在石器时代,我们却把新科技带进这个传统行业,这是我们成功的原因之一。
> ——乔许·科维特(Josh Kowitt),28岁创业,College Boxes公司的创始人,公司市值达到500万美元时,被转给了其他公司

创业微言录

元之间,是同行里规模最大的。该公司被收购后,科维特决定离职,纽伯格则继续担任董事长。目前,仍有44所大学院校与该公司保持合作。

家政服务市场

DormAid公司的创始人、24岁的迈克尔·科普克(Michael Kopko),就看中了大学生市场这块肥肉,尽管他的创业过程颇具争议,但他小试牛

刀就获得了成功。DormAid是一家专为大学生提供宿舍清洁服务的公司，于2003年创建于哈佛大学。当时，身为该校新生的科普克在思考一个问题：如何让宿舍房间常保干净，又不自己动手呢？有一天他灵光一闪，想到其他学生也可能有类似的困扰，他看到了商机。马上，他便在当地雇用了一群专业的家政清洁人员，给哈佛的大一新生提供打扫房间服务。科普克提供的这项服务，受到了半数大一新生的青睐，也赚了不少。

第二年，他决定扩大规模，向大一和大二学生积极推销这项服务。他在普林斯顿大学念大一的弟弟马修（Matthew），也成立了类似的公司。两人决定共同搭建网站，并将公司命名为"Dormaid（宿舍女佣——注意DorMaid强调的是：女佣）。后来，哈佛大学校方知道了这件事。学校认为没有得到校方许可就擅自经营，是不合校规的做法，要求他停业。但科普克没有放弃，他锲而不舍地拿出各种文件向校方提出申请。数个月后，学校终于答应让他在校园内继续从事这项事业，只是他必须把公司名称从"宿舍女佣"变更为"DormAid"，因为校方认为"女佣"一词有歧视女性之嫌。

不过，在哈佛大学校园内，并不是每个人都欣赏科普克的创业热情。该校最有名望的学生报纸《哈佛深红报》（Harvard Crimson），就指责该公司是精英主义的偏见。2005年3月，该报在一篇文章中写道："宿舍女佣这家公司，制造了富人跟穷人之间的对立，因此对本校学生团结是一大威胁。"该报甚至呼吁学生要联合抵制。本文吸引了主流媒体的注意，也让科普克在短短时间内就学习到**公关营销最重要的一课：不管黑猫白猫，捉到老鼠就是好猫**。果不其然，包括美联社、路透社、《华盛顿邮报》和《纽约时报》等媒体，都陆续报道了这一校园争议。甚至连美国著名的脱口秀节目主持人拉许·林博（Rush Limbaugh）都跳出来指控《哈佛深红报》的工作人员是"新闻界的老左"，还建议科普克应该在大学里当教授，因为大多数商学院能教的东西，他都已经学会了。当然，不少人的观点相反，例如主要针对政治或社会时事进行嘲讽的知名深夜脱口秀《每日脱口秀》（The Daily Show），有一次就找来美国知名喜剧演员罗伯·柯德瑞（Rob Corddry），针对此事发表评论。在五分钟的"访问"中，柯德瑞和一群年轻的来宾，把科普克狠狠地修理了一顿。但结果如何？DormAid吸引了更多生意上门，科普克还打算将业务拓展到其他校园呢。

同年夏天，科普克和弟弟马修，以及罗伯·赛考特（Rob Cecot）、乔治·艾维列斯（Jorge Aviles）和克里斯·艾克顿马勒（Chris Acton-Maher）三位合伙人，一起回到父母在佛罗里达州罗德岱堡（Fort Lauderale）的家里。后来，每年暑假，他们会在这里制定公司年度策略规划，并成了惯例。比如，他们为秋季学期订出的计划，是要找当地的洗衣店合作，开始为学生提供洗衣服务；还要将服务范围拓展到波士顿大学、巴布森学院、普林斯顿大学和迪金森学院。在每所学校，公司都会花钱雇用一名学生担任该地区的主管，负责管理事项，和当地厂商搞好关系，在校园内推广业务等。这样的策略和College Boxes公司采取的做法，基本上相同，都是靠学生的力量向同龄人营销。科普克说："我们雇用的学生，都会把公司看成自己的一样。"

科普克的目标是要让DormAid公司在全美范围内进行推广。显然，他正在朝这个目标迈进：目前，他们已经拿下了65所大专院校。只不过，他的经营模式有了些变化。他不再雇用个体户来帮忙打扫，而是把打扫的活外包给当地的清洁公司，这样的改变虽然提高了服务成本，却降低了行政负担。此外，该公司还扩大服务内容，包括送水、家电用品或寝具的租赁、在线计算机文件备份、职业培训、家教服务等。"数学和科学课程是我们强项中的强项。"科普克说："我们找了一批远在印度的博士生，通过网络白板对客户进行在线教学。"每项服务，科普克都会找到特别好的商家，将策略联盟的精神发挥得淋漓尽致，因此，他也非常符合本书第一章所介绍的创业家特征：富有合作精神。

在2007到2008这个学年，DormAid创下了大约60万美元的年收益，科普克因此学会了经营公司。目前，科普克至少还有两个创业灵感正在酝酿，其中一个叫做GradeFund基金：这是套网络教育软件，它让学生可以用好成绩来换取家人的经济支持。这套软件的介绍是这么写的："本软件鼓励学生拿出跑马拉松的精神，在学业上不断追求进步，以争取亲朋好友的学费赞助。本软件会收集学生的成绩，将其寄给学生的费用赞助人，再收集赞助的学费汇给学校。"该公司会在收集的赞助费中提取5%作为服务费。用好成绩来赚取学费？这听起来又是一个跟DormAid一样会引发争议的服务。"但愿如此。"科普克说。截至2008年1月，该网站已经吸引到1600名注册会员。

年轻人的个人理财

就算不能用好成绩来赚取学费，网络一代的年收入依然十分可观——总共将近2000亿美元。不过他们虽然有钱，花钱也很凶（每年的消费金额在1720亿美元左右）。未来，他们应该还可以从爷爷、奶奶甚至父母手中，继承到更多遗产。可是，他们晓得要如何管理这些钱吗？又有谁真的懂得如何教他们理财呢？28岁的阿伦·帕兹尔（Alan Patzer）显然不这么认为，于是他干脆自己成立个人理财网站，叫做Mint网。如今该网站已有超过100万名的注册会员，而且其中有半数还不到30岁。

帕兹尔说："富达投资和花旗银行等公司都大吃一惊，我们居然能够让20出头的年轻人对理财产生兴趣。"在Mint网上，使用者可以整合自己的银行账户、信用卡、股票投资账户等财务信息，而该网站也会帮会员将消费

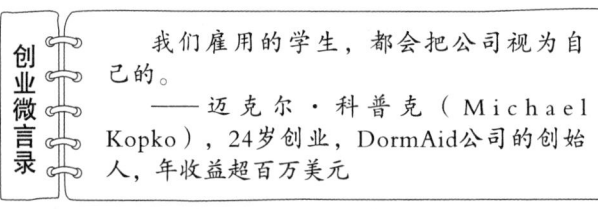

创业微言录：我们雇用的学生，都会把公司视为自己的。
——迈克尔·科普克（Michael Kopko），24岁创业，DormAid公司的创始人，年收益超百万美元

状况加以分类，再给提供他们一些省钱的诀窍，例如将高利率信用卡换成低利率信用卡，将现金放在某个能够生利息的账户里头等等。**该网站之所以能做到这一点，是因为它找了7500家不同的银行和股票经纪商合作，只要该网站会员在这些银行或股票经纪商那里开设账户，Mint网就能得到提成。**"Mint网上的所有广告，都能够帮你节省起码50美元，而且使用者完

全不用付费。"帕兹尔说："只有帮客户省钱，我们才能够赚到钱。"这是该网站成功的关键要素。帕兹尔说，去年秋天，美国经济正在严重衰退时，该网站的注册率增加了三倍。甚至，PCMag.com网站还曾推选Mint网为度过经济萧条的十大网络工具之一。

但是，一个才28岁的年轻人，要如何说服100万人，心甘情愿将自己在银行的账户名和密码，全都输入一家全新的没有任何历史纪录的公司的数据库里呢？2006年，当帕兹尔四处募集创业资金时，许多风投家心中也有

> 创业微言录
>
> 富达投资和花旗银行等公司都大吃一惊，我们居然能够让20出头的年轻人对理财产生兴趣。
> ——阿伦·帕兹尔（Alan Patzer），25岁创业，Mint网的创始人兼CEO，2010年，被Intuit公司以1.7亿美金收购

同样的疑惑。帕兹尔说："大多数风投家都告诉我，你这家公司一定会倒，因为没有人会放心把自己的财务信息交给一家新公司。"还好，并不是所有的风投家都这么想。过去两年，帕兹尔已经向硅谷的几位财力雄厚的资本家募集到了1700万美元的风投资金，这些投资者包括Intuit、Google和Yahoo的前高管，以及几家赫赫有名的风投公司，如Benchmark CapitalBenchmark Capital、Shasta VenturesShasta Ventures和First Round Capital。这些可都个个是人精，是经验丰富的风投家，要得到他们的资金帮助和支持，可不是一件容易的事。

Mint网的构想源于帕兹尔对既有个人理财工具的失望，例如，微软理财软件（Microsoft Money）和Quicken软件。在印第安纳州长大的帕兹尔，向来就很有科技方面的天赋。8岁时，他就自学了DOS编程，16岁时则成立了自己的网页设计公司，也为自己赚足了大学学费。在杜克大学，他一共拿了三个学位，领域涵盖计算机科学、计算机工程和电机工程。后来，他在普林斯顿大学取得电机工程硕士学位后，进入IBM公司。然而，如果一直在IBM工作，"你大概要40岁以后才有机会做一些有意思的事。"帕兹尔说。

创业却不太在乎你几岁,而在乎的是你的创意和拼劲。于是,帕兹尔辞去在IBM的工作,到奥斯汀一家小型的高科技公司工作。由于表现优异,不出几个月,他就被派到圣荷西开设分公司。在圣荷西五个月的时间里,他每周工作80个小时,却忽略了个人的财务管理。2005年秋的某一天,他使用微软理财和Quicken软件时,惊讶地发现这两套软件"如此枯燥乏味"!此外,这两套软件所运用的消费分类模式,也让他相当不满:他要的只是一张简单的圆饼图,告诉他怎么消费就好了。"Quicken软件无法满足我的基本需求。"帕兹尔讲得很直白。**一如许多创业家都经历过的,帕兹尔有了当下的领悟:一定有更好的模式才对。**

Mint网的构想就这样诞生了。帕兹尔辞去了工作,开始动手研发软件。在长达7个月里,他靠着以前赚来的积蓄过活,每周工作7天,每天工作14个小时。**"我当时的想法是,如果我尽全力投注在这上面却失败了,我可以接受,但要是为了保住一份全职的工作而半途而废,我一定会后悔的。"** 帕兹尔回忆道。尽管如此,这段时间对帕兹尔而言非常难熬,他的心情经常好比过山车,在极度的自信和极度的自我怀疑之间来回动荡。"我有时候会想,我才25岁耶,要如何跟微软或美国知名财务软件开发商、商务软件巨头Intuit那样的大企业对抗?况且,如果这个构想真的好,应该早就有人想到了才对。"

还好,帕兹尔的努力没有白费。2006年秋,Mint网的测试版大功告成,他开始在硅谷的各大场合中进行推销。有一次,他吸引到乔许·科博曼(Josh Kopelman)的注意,科博曼是Half.com的创始人,也是First Round Capital的合伙人之一。帕兹尔把科博曼带到一旁,从后备车厢里拿出一个靠汽车电瓶带动的服务器,马上让他当场演示。科博曼要求他做出一份商业计划书。一个星期后,帕兹尔就募集到75万美元的种子资金。投资者除了First Round Capital,还包括几位天使投资人,如Google的早期投资人朗·康威(Ron Conway)、帮Google研发出g-mail的保罗·布赫海特(Paul Buchheit),及曾经在Intuit担任高管的赛·法希米(Sy Fahimi)和马克·郭尼斯(Mark Goines)。6个月后,帕兹尔又募集到470万美元。有了这两批资金的帮助,帕兹尔终于有能力聘请一群经验丰富的管理者来担任主管,并在2007年9月推出Mint网的公开测试版。曾在Intuit公司担任高管,负责管理其Turbo Tax报税软件和Quicken软件的天使投资人郭尼斯表示:"阿伦拥有人人羡慕的聪明才智,而且他确实掌握了市场的商机。"

在这群投资人的帮助下,帕兹尔的Mint网不但在市场上打响了知名度,也在金融机构的心目中建立起公信力。后者尤其重要,因为如果没有金融机构的合作与信任,这家公司绝对无法生存下去。Mint网才刚上市,就吸引了大量人气。网站的使用者一开始有大约5万人,通过Facebook的粉丝页面、twitter微博和博客上的文章,迅速口耳相传。但帕兹尔最要好的朋友应该算是主流媒体。

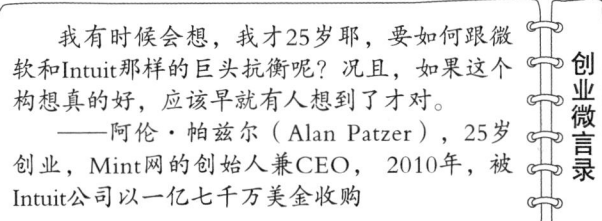

创业微言录

我有时候会想,我才25岁耶,要如何跟微软和Intuit那样的巨头抗衡呢?况且,如果这个构想真的好,应该早就有人想到了才对。
——阿伦·帕兹尔(Alan Patzer),25岁创业,Mint网的创始人兼CEO,2010年,被Intuit公司以一亿七千万美金收购

帕兹尔说:"我们没有打广告,却很快就登上《早安美国》《纽约时报》《福布斯》《财富》《华尔街日报》和《公司》杂志等各大媒体。"2007年9月,TechCrunch40将它评选为网页设计最精美的网站。此外像GigaOm、网络银行家(NetBanker)、生活黑客(Lifehacker)等网站,以及《PC世界》(PCWord)《时代杂志》《商业周刊》等刊物,对于该网站也都有相当高的评价。据帕兹尔说,截至目前,已经有大约6000篇博客文章提到过这家公司。

当然,这个网站绝非十全十美,却非常符合网络一代的需求,例如:这个网站6分钟就可以注册完成,完全免费,具有教育功能(可以从中学会如何转换退休金账户或购置新车),网页设计得简洁又美观。此外,当你的支票账户余额太低,信用卡缴费期限快到了,或某项消费超出预算时,该网站都会寄发电子邮件提醒你。

尽管帕兹尔不愿意透露实际数字,但他表示,过去一年该公司的年营业额每一季就上涨一倍。他预期,到2009年年底,该公司就能够达到收支

平衡。而且，光在2009年1月，"注册用户就增加了17.5万人，于是当月就创下了相当于2008年收益一半的营业额"。2008年春，Benchmark Capital又投资1210万美元，这表示将有更多人来分享该网站的利益，但帕兹尔似乎不怎么担心。此外，2007年12月，Intuit公司也发行了一套网络版的Quicken软件，但帕兹尔说Mint网的规模仍然比它大上五倍，而且成长也更快速。如今在Mint网担任董事的郭尼斯（Goines）则表示，相比于这些大型竞争对手，Mint网具备了某些战略优势。他说："Mint网不但免费提供产品，还给使用者提供明确的理财建议。这一点，Intuit做不到，以后也不可能这么做，因为这样做将损及它在专利软件方面的生意。"此外，包括Intuit和微软在内，都很难说服消费者改变其往来的金融机构，毕竟他们的许多大客户，正是Mint网建议消费者不要合作的对象。"但Mint网就没有这些束缚了。"郭尼斯说。

至于帕兹尔，他目前正致力于下列目标：他希望在2009年年底，该网站的会员人数能够成长一倍，增加为200万人。记得我上一次跟他联络时，该公司才刚刚推出一套可以在iPhone上使用的应用软件，让该网站的使用者在网上就可以评估自己的预算，做出适当的购买决策。该软件推出后不到24个小时，就成为iPhone理财应用软件排行榜上的第一名。帕兹尔说："有了这个软件，你只要问它你该不该买某样东西，它就会回答你，好、不好，或，最好不要。"换句话说，这套软件可以像父母一样叮咛你，却不会那么唠叨。诸如此类的应用软件，应该能继续吸引更多不到30岁的年轻人，毕竟，该公司能否持续成长，这个群体扮演着关键性的角色。

独立品牌[①]的强大吸引力

帕兹尔的梦想，是让自己的品牌得到网络一代消费者的普遍认同，但

---

① 独立品牌（Indie Brand），是指上市两年以内、门店在25家以内的小众或新兴品牌。

是，对现年29岁的金姆（Bobby kim）和谢纳萨法(Ben Shenassafar)而言，他们想尽一切办法去获得消费者认同的经历，就像一场噩梦，可他们还是坚持下来了。两人对自己创造出来的名为"The Hundreds"的街头服饰品牌秉持始终如一的信念，要做到这一点，可不太容易。品牌的知名度已经相当高的时候，你很可能会想把它变成大众化商品，因为那样，你可以迅速地获得大笔利润。但到目前为止，金姆和谢纳萨法一直没有屈服于类似这样的诱惑。他们的商标便充分表露了他们的决心：那是一颗小小的原子弹，脸上略带惊恐的神情。谢纳萨法说："这颗原子弹永远不会爆炸，就好比我们的品牌那样。我们的品牌永远不会爆炸；永远不会成为市场的主流。"

金姆和谢纳萨法是在洛杉矶洛约拉法学院（Loyola Law School）认识的。第一学年学期末，两个人都意识到："我们都痛恨法律这一行，也不想当律师。"于是，在准备期末考试期间，当两人想到，从暑假开始就要到律师事务所当实习生，过着麻木不仁的生活时，他们脑海里不约而同地冒出了一个主意：开一家T恤公司吧。金姆说："朋友都劝我们：你们在干嘛？市面上已经有数不清的T恤公司了。但我们不在乎，我们这样做只是为了好玩。"新公司成立后，金姆负责设计工作，谢纳萨法则扮演业务员的角色。

金姆坦言："说实在的，我们做这件事，从来就不只是为了卖T恤或服装，而是为了追求一种生活方式。"金姆口中的生活方式，指的是洛杉矶的街头文化。对两位合伙人而言，洛杉矶的街头文化包括：玩滑板、嘻哈、流行音乐，以及在背后推动这些玩意儿的设计师和艺术家。谢纳萨法说："我们刚起步时，只有纽约和东京才有所谓的街头品牌，因此这对男性服饰业而言，是个小小的空白市场，面向的客户群十分有限。"但两位创始人决定为这个市场注入洛杉矶风格，而且一开始就采

> 说实在的，我们做这件事，从来就不只是为了卖T恤或服装，而是为了追求一种生活方式。
> ——巴比·金姆（Bobby Kim）The Hundreds T恤

创业微言录

取逆潮流的方式。"贸易展会上,很多人都会问我们,这个牌子卖的是嘻哈装还是滑板,我们的回答是:都卖。"金姆回忆道:"从商业的角度看,我们这样做是很蠢的,要是没有找到特殊的定位,我们的东西同样卖不出去。但我们从头到尾都忠于品牌的精神,那就是:这是'混合的亚文化'"。

除了T恤本身,The Hundreds公司的网站和博客,也同样体现着品牌的定位。两位创始人把公司的网站和博客设计成电子杂志,时不时安排人物专访,采访对象大多是认同洛杉矶街头文化的设计师和艺术家,因为他们希望让世界其他地方的人看到洛杉矶正在流行什么,把重点放在产品背后的灵感来源,也就是那些具有代表性的人物身上,借此建立起品牌信誉。目前,公司网站每月的浏览人数逾百万。

这两位创始人从来就不指望这个品牌变得很流行。金姆说:"公司刚成立时,我们在一块白板上写下50家我们希望建立合作的商家的名字。"其中一家叫做弗雷德西格街,是家很时尚的精品店,地点在圣塔莫尼卡。但该店的员工对The Hundreds这个牌子似乎不怎么感冒。谢纳萨法说:"该店的采购员已经拒绝我们多次。有一天我们心血来潮,趁他们老板托尼·约翰逊(Tony Johnson)离开店里时一路跟过去,还带了一箱我们做的衣服。老实说,那些T恤的质量都挺烂的。"尽管如此,约翰逊还是对他们的T恤相当感兴趣,答应给他们下订单,于是这个牌子逐渐在洛杉矶的街头文化里建立起相当高的知名度。

就这样,没有制订正式的营销计划,也没有开展正式的广告宣传,只有消费者的口耳相传和公司的网站,The Hundreds品牌T恤就上市了。网站上有金姆执笔的文章、YouTube短片,还有艺术家或设计师的访谈视频。粉丝们可以在这里下载印有该品牌商标的图案、传单和壁纸,再贴到MySpace上。此外,该公司也很乐意将数以千计的贴画寄送给小朋友,让他们随意贴在自己喜欢的地方。可以说,这个品牌其实是粉丝们合力创建的。2007年,两位创始人终于在洛杉矶开设了第一家自营零售店。不仅如此,两位创始人接受的零售商,也从原本的50家激增为100家。这些销售点遍布美国各地，产品外销到海外十个国家。此外，除了T恤，他们也开始销售帽子和带帽子的休闲装。

如今，他们在旧金山开设了第二家零售店，产品也出口到国外400家服饰店里。但两位创始人很清楚，他们绝不会把自己的产品推到大众化的销售渠道里，因为这样做会玷污这个品牌。金姆说："我们一直在拒绝许多店家。街头服饰近几年变得非常流行，很多人看到这其中有利可图，所以想趁机捞一把。但他们根本不了解街头服饰背后的历史渊源，过不了几年，他们一定会转而做别的。"因此，要他们把产品交给一个不懂街头文化的商家来做，他们当然无法接受。而且，这样做即意味着The Hundreds品牌T恤即将进入主流市场，这尽管可以为公司的营业额带来惊人的增长，却也意味着品牌将变得大众化、通俗化。

既然如此，两位创始人为什么会同意跟迪斯尼合作呢？迪斯尼不是最最主流的企业吗？金姆表示，他一向是"迷失的男孩"（Lost Boys）的粉丝。迷失的男孩，就是小飞侠的梦幻岛上那群不守规矩、我行我素的孤儿。金姆说："我一直觉得我们的品牌精神、我们创造这个品牌的方式，跟'迷失的男孩'是吻合的，那就是永远不要长大，永远都调皮捣蛋。"事实上，金姆也的确制作了几件以迷失的男孩为灵感来源的T恤。他说："我只用了人物的剪影，因为我可不想被迪斯尼告上法庭。"但迪斯尼一向不遗余力地维护品牌的权益，所以一直在密切注意The Hundreds品牌T恤的动向。然而，当迪斯尼意识到该品牌是服装界刚刚升起的一颗耀眼新星后，决定向两位创始人提出令人实在难以抗拒的提议。迪斯尼表示，该公司美术小组正打算为迷失的男孩重新造型，让他们穿上都市化的服饰，比如将他们打扮成滑轮高手、重金属乐手、涂鸦艺家等等，而且，公司打算授权给The Hundreds品牌T恤，让他们将各种新造型放在T恤和棒球帽上。未来，只要是结合两家品牌的产品，收入将由两家公司共同分享，而且，产品的销售渠道将限制在The Hundreds公司的零售店和美国其他几家特定的专营门店。那迪斯尼自己的店面呢？两位创始人表示，门儿都没有。毕竟，当迷失的男孩换上新潮的造型后，要是摆在米老鼠、布鲁托和高飞狗旁边，应该很不协调吧。更何况，金姆和谢纳萨法都心知肚明，该品牌的网络一代忠诚爱好者，都正在密切注意这次新的合伙关系的发展动向。

为年轻人做定制化服务

The Hundreds品牌T恤和Threadless（见第1章），主打产品都是年轻人的非正式服装：T恤。但随着越来越多网络一代年轻人进入职场，便意味着每个人偶尔都需要"打扮得像大人一样"。所以，衣橱里最好有一套得体的西装。但问题来了，质量好的西装往往贵得要死，而便宜的西装看起来大多非常廉价。设计师，黑卡尔·甘尼（Heikal Gani）就曾面临这个困扰，而那也是他创办Indochino.com网的动机之一。

甘尼的好友兼共同创始人，24岁的凯乐·乌科（Kyle Vucko）表示："他想要的西装要不是太贵，要不就是不合他的品位。"甘尼和乌科是英属哥伦比亚维多利亚大学的同学，他们经常谈到要一起创业。于是，他们开始针对甘尼的问题想解决办法。两人觉得，找不到裁剪合身又与年轻人经济能力相适应的西装，应该是很多年轻人都有的困扰。于是他们想出了一个自认为很有创意的解决方案，并据此撰写了一份商业计划书：他们要开一家网上缝纫公司，客户在自己量完尺寸或请当地裁缝师量好尺寸后，再到他们的网站上选择样式和布料，下单后两周内就可以收到西装。这些西装将委托中国的缝纫师傅来做。价格方面，如果包含运费和修改在内，平均在200到400美元之间。该公司的最后成品，不但质优价廉、出货快速，而且可以量身定做。这不恰好是完美的网络一代品牌吗？

你也许会觉得纳闷，天底下有哪个傻瓜会上网去定做西装呢？如果那样，想想蓝色尼罗河网站（Blue Nile.com）吧，它的商业模式一开始也遭到众人质疑，但由于该公司致力于教消费者辨别钻石、选购钻石，并提供良好的售后服务，所以逐渐赢得客户的信赖，如今已成为认证钻石的最大网络零售商。对甘尼和乌科两人而言，蓝色尼罗河网站的成功，证明了让消费者放心地在网上购买价格昂贵的高档产品，并非不可能完成的任务。

而且，经验告诉他们，很多年轻人都渴望拥有高质量的定做的西服，但没有足够的财力去购买传统的香港缝纫师缝制的产品，因此，这种商机的确是存在的。于是，两位创始人将目标客户锁定为年龄在28到35岁之间、基层主管，或需要穿西装去参加高中或大学毕业典礼的年轻人，以及去参加婚礼的人。甘尼和乌科将拟好的商业计划书送到维多利亚大学举办的企业经营竞赛中参赛，只可惜未能得到评委们的青睐。乌科回忆道："我们进入了总决赛，但未能争取到资金赞助。"幸好，两人的创业热情并没有被浇熄。

之后，甘尼前往上海与姐姐同住，顺便了解当地市场，乌科则留在温哥华筹集资金。通过校方的引荐，乌科认识了很多位前辈，包括艾伯网络书店（AbeBooks.com）的CEO汉尼斯·布鲁姆。布鲁姆十分欣赏两人的创意，于是找了三位天使投资人，和他们共同出资4万美元，作为乌科的种子资金。乌科回忆说："当时那笔钱，只够我们对这个创意进行验证用。"一开始，公司并没有上网运作，而是由留在维多利亚的乌科负责。他除了拓展业务，帮客人量尺寸，还要为这家新公司从事公关活动。此外，他也不时会飞去上海，和甘尼一起寻找愿意一次只做一件西装、并与之建立长期合作关系的缝纫师。乌科说："在走访了100位裁缝师之后，我们终于找到愿意配合的人，而且，他在一个成员之间相互联系紧密的缝纫师群体中，因此，我们现在有50多位缝纫师作我们的后盾。"其中，甚至有两位缝纫师单是处理该公司的订单，就已经忙不过来了。这一点乌科尤其引以为傲。

2007年9月，该公司的网站Indochino.com终于上线；第二年1月，在布鲁姆的引荐下，该公司又筹措到25万美元资金，出资者是一家位于德国慕尼黑的风投公司，名叫博达数字风投。消费者向Indochino.com网订购西装，不满意可以退货。原本，乌科和甘尼将退货率订为10%，但几个月营运下来，退货率一直维持在3%左右，这让两人又惊又喜。此外，该公司只有在客户需要时，才会向布料行进货，而且买的都是剩下来的布（这类布料的平均成本相对较低），因此原料和存货成本都可以压得很低。"我们有一个很大的优势，就是存货量为零，这是传统服饰店没法比的。"

2008年年底，乌科也搬到上海，跟甘尼在中国成立了一家子公司，并持有完整的股份（现在的甘尼，终于不需要再为寻找合身的西装而伤脑筋了）。当时，该公司虽然只有八名全职员工和50位缝纫师，但已经开始赚钱。此后销售量和网站的平均订货量也一直在稳定成长。乌科说："没想到，整体经济的萧条，对我们反而是一件好事。因为大家开始意识到价值的重要，而那些原本只对高价西装感兴趣的人，在用过我们的产品之后，也都喜出望外，觉得我们的西装物有所值。"

2009年3月，两位创始人又得到了一笔投资，虽然只有55000美元，但投资人是Yahoo的前总裁兼首席运营官杰夫瑞·马利特（Jeffrey Mallet）。马利特持有的股份不多，但他是董事会的成员。乌科说："未来，他将持续帮助我们寻找顶尖的人才，并提醒我以正确的心态带领公司追求成长。"乌科预计，该公司在2009年应该可以创下1500万美元的年营业额。

Web 2.0网络交友

网络交友，虽然不像定做西装那么老套，但对美国网络一代而言，仍然有点过时了。不管是什么样的交友网站，都是十多年前就已成立的公司，如今仍在上这些网站的网友，多半是为了寻找爱情和结婚对象。专门对网站浏览者追踪分析的Quantcast在调查后发现，美国两大交友网站的访问者，约65%都超过35岁。关

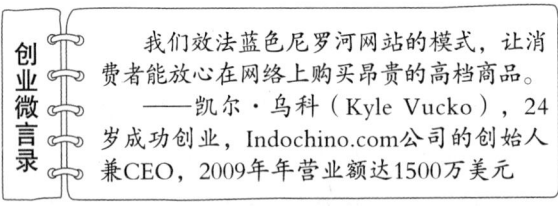

创业微言录　我们效法蓝色尼罗河网站的模式，让消费者能放心在网络上购买昂贵的高档商品。
——凯尔·乌科（Kyle Vucko），24岁成功创业，Indochino.com公司的创始人兼CEO，2009年年营业额达1500万美元

于这一点，Ignighter.com网站（一个具有网络一代特色的网络交友网站）的三位创始人，26岁的亚当·萨克斯（Adam sachs）、27岁的丹尼尔·奥赛特(Daniel Osit)和25岁的凯文·欧沃基(Kevin Owocki)，觉得他们知道为什么那两大网站的大多数浏览者是35岁以上的成年人。萨克斯说："美国

两大交友网站的模式,是15年的老玩意儿了,不是为我们这一代人量身定做的。这类网站需要改变模式来适应我们的需求。"网络一代最基本的社交需求,通常带有团体性质,因此,盲目地约会交友的做法,对网络一代而言,'不但别扭、不自然,而且还有潜在的危险'"。

因此,2007年6月,相识于西北大学的萨克斯和奥赛特共同想出了一个创意,就是成立一个在线交友网站,但使用者必须以团体的形式注册,他们在网上可以认识那些与他们有共同兴趣爱好的团体,然后相约在线下见面,

> 美国两大交友网站的模式,是15年的老玩意儿了,不是为我们这一代人量身定做的。这类网站需要改变模式来适应我们的需求。
> ——亚当·萨克斯(Adam Sachs),26岁创业,Ignighter.com网站的创始人之一。该网站目前是美国知名的相亲网站,备受风投青睐

创业微言录

比方说酒吧或公园。萨克斯和奥赛特的想法是,如果有朋友做伴,认识新朋友就不会显得那么别扭了。2008年1月,他们将这个构想放到了Facebook上,并通过了应用软件测试,但他们很快意识到,另外建设网站会比较妥当。于是,他们签下欧沃基当研发主管,同年夏天,他们还进入TechStars的孵化中心接受训练。夏秋之交时,萨克斯和奥塞特已经建好了一个功能良好的网站,并且募集到120万美元,出资者包括某私募股权基金和一群天使投资人。

在我写作本书时,Ignighter.com网站在全世界已有15000个团体注册,团体人数平均为3-5人。会员可以在网站上张贴自己的照片和个人资料,并且和其他看起来"相匹配"的团体联络、网站会对团体间的"约会"提出建议:当然,酒吧是不错的选择,但会员们也可以考虑一起去玩激光仿真枪战、当志愿者,或到公园里玩。萨克斯说,为了吸引更多人注册,该网站打算在美国各大城市轮流进行推销。例如,2008年8月,该公司在纽约市为奥巴马和克林顿的支持者举办了一场派对,邀请到了一位特别来宾:安珀·李·埃廷格,也就是那个以《狂恋奥巴马》(Crush on Obama)这部短片而走红的"奥巴马女孩"。因为这场活动,该公司隔天就登上了《华尔街日报》。

目前，该网站面临的最大难题是怎样赚钱。广告商的赞助当然是赚钱的好办法，但你首先必须得到广告主的青睐才行；此外，萨克斯表示，网站目前虽然免费，但并不排除以后向会员收取会费。他胸有成竹地表示，只要会员人数够多，其实赢利的模式有好几种。此外，对他来说，目前的经济形势或许还是有利的。他说："经济不景气时，有一种行业反而可以异军突起，就是帮助人们好好玩乐、享受生活的行业。当然，价格不能太高。"

读懂"网络一代"

在线交友网站如果想以网络一代的年轻人为服务对象和客户，或许可以在现有的网站上增加"团体"这个选项，或者针对年纪较轻的使用者推出同类姐妹网站。当然，这听起来也许容易，但做起来难。想占领网络一代市场的商家，常常在两方面遭遇到困难：一是营销内容，二是传递营销内容的媒介。尤其值得一提的是，很多公司不知道如何利用社交网络来打动年轻人的心。曾参与合著畅销书《公众风潮：互联网海啸》（Groundswell:Winning in a word Transformed by Social Technologies）一书的作者，目前在企管咨询公司奥特米特集团担任CEO的李夏琳（Charlene Li）表示："很多公司虽然很感兴趣，却又战战兢兢。而且大多不知所措，甚至错误连连。"

或许沃尔玛是最好的例子。为了打动年轻消费者，沃尔玛在社交网络方面做过多次的尝试。2006年7月，该公司推出一个名叫Hub的社交网站，这是个开放的网站，但网站上的内容都遭到严密的监控与过滤。该网站推出后没多久，就受到许多网友的恶评，有人甚至指出，网站上的很多留言，都疑似是官方的营销手段。结果，该网站才推出10个月就搞不下去了，最后被迫关闭。同年9月，沃尔玛及其公关公司推出了一个名为"走遍美国见证沃尔玛"的博客，打算在博客中讲述一对走遍美国的夫妇，每到一处都把他们的休闲车停在沃尔玛停车场的故事。他们的博客记录了这对夫妇的整个行程。

然而，这对所谓的"夫妇"，并不是真正喜欢休闲旅游的"两个人"。他们是公关公司一位员工的妹妹及男友，男友在美国东海岸一家有名的报社担任职业摄影师。当博客帖子不断推出时，沃尔玛和公关公司实际上已经在利用博客这种营销工具来欺骗公众。这个故事也成了营销学上的负面教材：企业在网络上的一举一动，如果没有完全透明化，迟早会被网友发现，反而会带来极为不利的影响。

尽管如此，沃尔玛并没有放弃社交网络这个营销平台。2007年8月，该公司花了10万美元在Facebook上成立了"室友装修风格比一比"的群组，让有意同住的朋友可以通过在线测验，看出彼此在居家装修风格上的异同。该公司之所以这么做，是想赢得大一学生的青睐：根据美国零售商基金会所做的调查，美国大一学生在室内装修方面的平均花费为1113美元。不料，有学生却通过这个群组发表了对沃尔玛极为不利的评论，比如，沃尔玛对工会一向很不友好，会对当地群体造成负面的影响，等等。后来，沃尔玛又推出了一个叫"结账"（Check Out）的博客，由一群相对年轻的顾客上传博文，文章中会谈及"沃尔玛最新推出的用品、蔬菜、肉类等"，而且显然没有官方干预其中。这一次沃尔玛能一举成功吗？且让我们拭目以待。

求援"网络一代"

其实，不单只有沃尔玛搞不懂怎样才能引起网络一代的共鸣，否则的话，市场上怎么有越来越多营销咨询公司打着要帮助企业进军年轻消费群体的名号呢？而且，这些公司有许多还是网络一代创办的。就这一点，读者应该不会感到有什么惊奇的吧。

本章前面提过的蒂娜·韦尔斯，就是创办这类营销咨询公司的佼佼者，而且，她很早就进入了这个新兴的专业市场。28岁的韦尔斯是BuzzMarketing公司的CEO。BuzzMarketing公司总部位于新泽西州的佛西斯，目前市值约300万美元，曾帮助过美国之鹰、Esprit、硬糖公司等客户进军青少年市场。1996年6月，年仅16岁的韦尔斯已经开始为《新女郎时代》杂志撰写产品测评了。很多企业很赏识她的评论风格和内容，于是纷纷跟她联络。韦尔斯回忆说："也就是在那一年的秋天，我恍然大悟，原来我已经有一份属于自己的事业了"。于是，她着手成立BuzzMarketing，开始为想进军青少年市场的企业筹办营销活动、进行市场调研和研究等等。

后来，韦尔斯进入胡德学院念书，在该校企业管理系主任安妮塔·约瑟（Anita Jose）的帮助下，她开始思索如何进一步发展事业。韦尔斯说："我们每周五会见面讨论3小时。然后我开始撰写商业计划书，研究营销方案。我创办公司时，网络公司正在蓬勃发展，但约瑟博士告诉我，网络公司的构想虽然很棒，但我还是应该开设一家实体性的公司。"韦尔斯听了约瑟博士的忠告，大学四年期间持续为企业提供咨询，也曾经帮威瑞森无线通和戴姆勒克赖斯勒等公司组织年轻人对产品的焦点小组访谈。一路下来，她累积了人脉：一群250人左右的年轻人，韦尔斯称他们为"口碑观察员"。受到客户委托时，韦尔斯会代客户向这群人征集意见和建议。通常，口碑观察员每参与一份市场调研，都会获得一些免费的赠品和少许物质奖励。

韦尔斯说："2000年，在《都市女孩》杂志刊出了"口碑观察员"的相关报道后，人们都想成为口碑观察员。最后，我们收到了15000封求职信。"韦尔斯召集25名原有的观察员，请他们针对这些应征者进行筛选。如今，该公司旗下已经有多达9000名口碑观察员，他们是年龄介于16到24岁之间的男生女生。韦尔斯借助这些人进行市场研究、产品概念构建、观察潮流动向、从事网络营销和小组访谈等。韦尔斯说："这些成员不但遍布美国各州、全球20个国家，还参与每一次的营销活动，可谓公司的中流砥柱。"例如，前不久有一家化妆品公司委托该公司帮忙推销他们的系列新产品，每样新产品都定价1美元。韦尔斯说："于是我们召集了100名口碑观察员，请他们到该公司的网站上，为自己和朋友各挑选五样产品。"这类企业不但可以从这个为数众多、意见清晰的群体中汲取集体智慧，也更容易在这群人身上建立对品牌的忠诚度。"让他们参与其中，会让他们觉得拥有了什么，正好，网络一代喜欢'拥有'的感觉。"

娱乐你，吸引你

网络一代，也喜欢惊喜、欢快和娱乐。谁不喜欢呢？只不过，网络一代在这方面的标准比较高，现代企业如果想刺激年轻人的购买欲，光靠办派对、赠送免费的小礼物，或制作很酷的电视广告，已经不够了，他们要做的努力还很多很多。现年25岁，从博客达人转变为数字市场专家的约什·斯皮尔（Josh Spear）说："**我们这一代是在数字世界里长大的，因此，对于品牌的数字化营销方式，身为消费者的我们，有着特别的期待。**"斯皮尔是Undercurrent公司（总部位于曼哈顿）的创始人之一，包括百事可乐、维珍航空和麦当劳等大企业，都曾经出高价向他请教如何占领网络一代年轻人的市场。2008年，Undercurrent公司的年收入为200万美元，斯皮尔预计到2009年，应该会激增到500万美元。

斯皮尔18岁时就已开始对青少年市场和潮流感兴趣，但他从未想过要把这个兴趣发展成事业。后来，他遇见了父亲的朋友，也就是《一千亿零花钱：如何从青少年市场分得一杯羹》（The 100 Billion Dollar Allowance: How to Get Your Share of the Global Teen Market）一书的作者伊莉莎·摩西斯（Elissa Moses）。斯皮尔回忆说："伊莉莎告诉我，我对潮流的感觉很敏锐，而且善于策

> 当时，我的客户们并不晓得我才16岁。他们以为我是个很了解青少年的大人，却不知道我还是个毛头小子。
> ——蒂娜·韦尔斯（Tina Wells），28岁创业，BuzzMarketing公司的创始人兼CEO，目前公司价值约达300万美元

创业微言录

划。但如果我希望得到别人的重视，就得开始将我的发现与洞察进行逻辑整理。"一年后，在科罗拉多大学一门叫"新手入门"的课堂上，坐在教室后面的斯皮尔因为感到无聊透顶，干脆提笔写起博客来，内容包括他喜欢哪些产品，以及他在观察年轻人的流行文化时发现的一些有趣现象。不

到6个月,他的个人网页上开始出现奥迪汽车的广告,而许多大企业也开始付钱向他征询意见。

后来,斯皮尔找了两名"合作伙伴",他们是阿伦·迪南(Aaron Dignan)和罗伯·舒翰(Rob schuham),三人一起创办了Undercurrent公司。如今,虽然他的博客红得发紫,但里头的内容,已经改由他从世界各地聘请来的写手帮忙撰写,因为他本人还要去实现更远大的抱负。现在的他,是全世界公认的最年轻的营销策略专家之一。他曾在谷歌公司的"时代精神大会"上发表演讲,甚至被全球经济论坛提名为"全球青年领袖"。2007年,在谷歌的"时代精神大会"上,他发表了一段18分钟的演讲,他以虚拟人物少女艾利为例,向现场听众讲解怎样针对网络一代年轻人做产品营销。"无论你是要传递销售信息或卖东西给艾利,或是其他年轻网友,关键不是要找到他们,当然也不是要干扰他们。这一点我们老早就已经知道。**关键在于你要创造出一个他们会乐于主动去寻找、使用,甚至天天与之互动的内容或功能。**"由此可见,斯皮尔为大企业所提供的指导,其核心精神就是:如何不使用传统广告,而能在互联网里打动年轻人的心。但要做到这一点,有时候你得很有创意才行。

Undercurrent公司去年参与了一项令传统营销人员百思不得其解的数字营销活动。宝马和它的广告代理商GSD&M,制作了一部名为《坡道》(The Ramp)的"伪纪录片"(mockumentary)这部影片只有上网才能看得到,片长35分钟,内容主要记录某"坡道工程"的进展。坡道工程是一位名叫弗兰兹·布伦德尔(这个人实际上并不存在)的营销天才构思和策划出来的,他为了把宝马1系(这款车子倒是真的)从一个叫欧伯法佛巴亨的巴伐利亚小镇(这个小镇也是虚拟的)推销到大西洋对岸的美国,打造了一座横跨大西洋的超大木制坡道(通过数字技术模拟出来的)。

这部搞笑的短片,旨在把宝马1系这款相对经济实惠的车,介绍给网络一代的年轻人,构想来自GSD&M的两位年轻的工作人员斯科特·布鲁尔(Scott Brewer)和雷恩·卡罗尔(Ryan Carroll)。为了替宝马1系上市前制造市场预热效果,Undercurrent公司为该影片的"导演"杰夫·舒尔兹（他其实是个演员）创建了一个博客。之后又陆续在YouTube上发表该影片的精彩片段，还在Facebook上成立了"坡道工程"的粉丝网页。上市活动不久前，GSD&M还帮影片中的几个角色和背景（比如那传说中的小镇：欧伯法佛巴亨）建立了微型网站，为布伦德尔在Facebook上创建个人页面，甚至在Café Press这个购物网站上卖起了纪念品。结果，产品上市后两个星期，就已经有120万人接触过这些营销信息。值得注意的是，宝马这个名字，一直到影片播出后大约六七分钟才会出现。

  这项营销活动，关键不在于产品本身，而在于如何将特定的信息传递给网络一代年轻人。我们知道什么样的东西会勾起他们的注意力，所以要把信息置入经常被他们观看和使用的内容之中，放一些好玩的东西，让他们在网上观看、分享，而且要创造持续的对话：与一般30秒钟的电视广告相比，你参与对话的时间不但更长，程度也更深（但制作成本却比电视广告便宜得多）。问题是，这样做真的能使宝马的车子销量大增吗？宝马北美区营销副总杰克·皮特尼（Jack Pitney）在接受采访时表示，该影片极为成功，它不但创造了1000万人次的观看记录，也让宝马1系在上市前就已经被预订了2/3。

"网络一代"创业家游戏规则四：
打入网络一代年轻群体攻略

1.从学生入手

每年，全美国1360万名大学生消费金额达到2370亿美元，但他们是一群挑剔的消费者，讨厌传统的广告或营销信息，由于热衷社交，他们对口碑营销的接受度很高——其他形式的营销手段，几乎都比不上亲朋好友的推荐。因此，你应该像一些成功的面向大学生市场的公司那样，聘请学生来帮你推销，这样就有很大的机会打入这块市场。

2.研究现有的产品

看一看现有的产品，有没有哪些地方是特别让网络一代讨厌的。阿伦·帕兹尔会成立Mint网站，是因为他对现有的个人理财软件感到失望，如Quicken软件或微软理财软件等。他认为这些软件既难操作，在消费者的细分方面也不精确。懂得精打细算的人，自然不希望花太多时间在个人理财上，帕兹尔于是开发出一套软件让理财变得更快速、更简单也更有趣。至于Ignighter.com网站，可说是交友网站的Web 2.0版本，它采用组团约会的模式，比较吻合网络一代所习惯的社交方式。

3.强调量身定做，而不是大批量制造

网络一代多半很有个性，因此对任何大批量制造的产品往往觉得反感。相反，能让他们依照自己的意思量身订做或表达个性的产品或服务，

则通常能够在他们中流行起来。这一点，看看Loopt和Threadless的成功就知道了（见第2章）。Loopt所生产的iPhone应用软件，让使用者有权决定要如何使用自己的移动通信工具；Threadless则运用群体的创意来设计T恤，而且他们的产品绝不会大量生产。同样的，The Hundreds品牌T恤的两位创始人都很清楚，这个独立品牌之所以有吸引力，是因为体现了青少年的亚文化，所以，他们做了一个明智的决定，绝不把产品交给大型零售商销售。尽管如此，他们仍然能通过战略联盟以及特定的经销渠道来打响品牌的知名度。

4.到网上卖产品

网络一代经常流连在网络世界，因此想卖东西给他们，自然也应该上网。乌科和甘尼成立西服定做公司时，决定摒弃传统的模式，改为网络销售。通过网络，他们教消费者如何量自己的尺寸，再把西装交给他们制作。由于固定成本很低，懂得用较低廉的价格购买原料，并且和上海的缝纫师傅们建立起了良好的合作关系，所以，该公司能够以实惠的价格将产品销售给目标群体，也就是网络一代年轻人。

5.打入消费者内部营销

BuzzMarketing公司拥有一群经过千挑万选、年纪轻轻的"口碑观察员"，帮助客户开展产品测试和市场调查。于是，厂商可以从目标市场的消费者身上得到直接的反馈，而这些消费者也因为亲身参与其中，对这些产品感到特别亲切，因此更容易培养出对该品牌的忠诚度。The Hundreds品牌T恤的网站上，有一个叫"炸弹旅"（Bombsquad）的群体，由该品牌的粉丝组成。该网站同时也是一份电子杂志，消费者可以在这里下载有该品牌商标的网页桌面、图案或传单，可以顺便帮忙传递该品牌的广告信息。此外，该公司有两家零售店则提供了网络视频摄像头，让客人在买衣服的同时，还可以顺便照几张相，再上传到该网站的"照相亭"里。

6. 提供有趣好玩的服务

网络一代虽然痛恨强制推销,但如果是好玩、有吸引力的信息,他们倒是乐意接受。宝马为了在美国推销宝马1系列,制作了一部伪纪录片(其制作成本远低于一般30秒的电视广告),成功吸引了1000万人上网观看。吸引这些人的除了影片本身,还包括相关的网站、Facebook网页,以及该公司在购物网站上开设的在线商店。种种做法,让影片中一个个古怪的人物和虚构的小镇变得栩栩如生。结果,其宣传效果远胜过传统的广告攻势。

第5章
品牌是"对话",而不是"独白"

近几年,网络一代创业家创造出了全世界一些最重要、最具创新精神的品牌,如Facebook、YouTube、Flickr、Digg、Yelp、Threadless和Etsy等。这些品牌背后的理念,和品牌本身一样,都具有原创性。但如果你以为,"网络"是这些品牌最重要的共同点,那就搞错重点了。对这些公司以及其他非网络平台创业的网络一代企业而言,网络最多只是个促进群体凝聚、分享信息以及娱乐的工具而已。凭借这个渠道,企业可以向消费者传递始终如一的、有意义的品牌定位信息。换句话说,它就像一条运送货物的高速铁路,它再怎么重要,也比不上列车上运载的货物,因为那是人类宝贵的资产。诚如赛斯·高汀(Seth Godin)在《部落:一呼百应的力量》一书中所说:"部落的真正力量,跟网络没有半点关系,却跟人密不可分。"

尽管如此,互联网和不断发展的信息通信技术,的确在根本上改变了企业树立品牌的过程。第2章曾引述过德勤公司的爱德·莫伦说过的一段话,很有必要在这里重复一遍,他说:"品牌的树立,已经不是企业可以一手掌控的事情。一项产品或服务,只要有人喜欢,客户自然会聚集在一起,但他们对产品的认同,远远高于对企业的认同。他们能制造很好的口碑。"互联网正是掀起流行风暴的重要工具。

而网络一代对这一点可以说再熟悉不过了。他们知道如何协同作战、培养消费群体，不会对新科技感到害怕，而且会根据自己在评判他人品牌时所采用的标准，为自己的公司塑造品牌形象。《买单：我们到底消费的是什么》（Buying in: The Secret Dialogue Between What We Buy and Who We Are）一书的作者罗布·沃克尔（Rob Walker）说："**网络一代的年轻人非常明白，品牌有文化的力量，还可以让你通过它来表达思想。一般人总认为，年轻一代拒绝主流品牌，其实，背后的真正原因在于，他们宁愿自己创造品牌。**"

那么，网络一代品牌究竟具备哪些特色呢？首先，网络一代的老板知道，品牌这东西不是呆板僵化的，而是企业和客户之间的持续互动和对话，绝不是老板一个人喃喃自语。这类对话通常发生在网上，但聪明的网络一代创业家都知道，品牌的建立是需要花时间的，比如本章要介绍的保姆城网站（Sittercity.com）、Etsy，以及第4章介绍过的Ignighter.com网站，都懂得这个道理。而尤其需要实际互动的品牌，比如Meathead搬家公司和儿童体操中心连锁公司（JW Tumbles）等，则会通过建立客户群体，让自己有别于竞争对手。从事消费品业务的，如幸福婴儿食品和菲德燕麦卷（Feed Granola），虽然大打"有机食品"的旗号，但他们知道，业内的竞争异常激烈，只强调这一点根本无法生存下去。于是他们运用年轻人的力量、品牌背后的故事和街头营销，来建立客户对品牌的忠诚度。

此外，**当整个经济大环境不好时，有时候创业者必须很有创意，才能够打响品牌的知名度。**人力车饺子馆的老板刘凯，在这方面就是个高手。

最后，网络一代老板经常会赋予品牌更伟大的意义，这一点在第6章会有更深入的探讨。但是，读者在本章可以首先看到，Etsy公司的创始人罗伯·凯林（Rob Kalin），是如何把"网络手工艺品市场"当成是促进小企业持续发展的催化剂的。

"社区"就是品牌

现年31岁的吉纳维芙·蒂埃尔（Genevieve Thiers）从没想过要创办一个名声远扬、价值数百万、甚至有朝一日还入选《公司》杂志前500强企业的品牌。**她原来的想法很简单：只是想用一种简单的方法，让焦急的家长能够找到值得信赖的保姆。**于是蒂埃尔成立了保姆城网站，让保姆和家长可以通过它的在线数据库彼此联络。她先从父亲那儿借来120美元买下了Sittercity.com（保姆城）这个域名，然后就是自己多做脏活、体力活来降低开销。她在波士顿街头步行分发了两万份传单，在超级市场里面追着妈妈们宣传自己的公司，还在大学校园里招募保姆。随着生意越做越大，她把利润都投入到了公司，并将生意拓展到照料宠物和看管房子这些业务上。

> **创业微言录**
> 品牌的树立，已经不是企业可以一手掌控的事情。一项产品或服务，只要有人喜欢，客户自然会聚集在一起，但他们对产品的认同，远远高于对企业的认同。他们能制造很好的口碑。
> ——爱德·莫伦（Ed Moran），德勤公司新产品开发部门主管

2007年，保姆城创下260万美元的年营业额，在《公司》杂志前500强企业名单上名列第287位。至于2008年的营业额，蒂埃尔不肯透露确切数字，只表示该公司正以每年翻三番的速度稳定发展。你一定觉得奇怪，怎么会有人上网去找保姆带小孩呢？如果那样，你肯定没有这方面的经历：住你家附近的某某某，原本说好了要在星期六晚上帮你带小孩，却在最后一刻临时取消。但是，要创造一个如此成功、品牌形象如此专业的网络社区，可绝对不是那么简单就能做到的。

蒂埃尔是家里的老大，有五个兄弟姐妹。就读波士顿学院时，她一直靠当保姆赚学费，那个时候，当地有近30个家庭，在考虑找保姆时一定会先想到她。因此，蒂埃尔很清楚，照顾孩子这件事，对忙碌的父母来说，是一件多么重要的大事。2001年的某一天，她在学校里看到一个惊人的场景：一位挺着大肚子的孕妇，拿着一叠传单，正在一段共有193级的阶梯

上,一步一步艰难地往上爬。原来,她是要去张贴聘请保姆的传单。看到这个情形,蒂埃尔吓坏了,马上自告奋勇上前帮忙张贴传单。在行善的同时,蒂埃尔的生意头脑也开始转动,一定有什么更好的办法帮焦急的父母找到合适的保姆才对。虽然可以找中介公司帮忙,但通过中介公司找到的保姆,每个小时的价格通常在50美元以上,一般的父母哪负担得起?(要不然,那位怀着孕的准妈妈就不用那么辛苦地爬阶梯去贴传单了)。于是蒂埃尔决定要创办一家让家长和保姆可以直接联络彼此的公司。就这一点而言,蒂埃尔也算得上是所谓"勇于改变游戏规则"的创业家。

但蒂埃尔在寻找投资人时却四处碰壁。许多西装革履的投资人都冷笑说:"我们才不会投资什么保姆俱乐部呢!"最后她只好打电话给父亲,跟他借120美元注册网域名称。当时,蒂埃尔已经从波士顿学院毕业,在IBM工作,因此凑得出

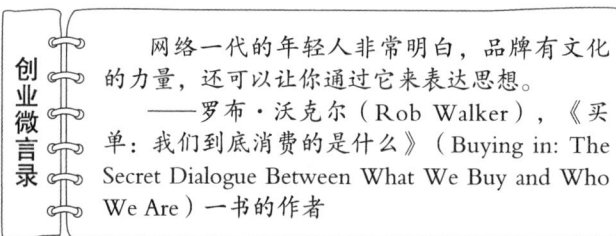

创业微言录　　网络一代的年轻人非常明白,品牌有文化的力量,还可以让你通过它来表达思想。
　　——罗布·沃克尔(Rob Walker),《买单:我们到底消费的是什么》(Buying in: The Secret Dialogue Between What We Buy and Who We Are)一书的作者

一点钱雇用两名大学生来帮忙建设网站。后来,她印制出两万份传单,在波士顿地区的400栋房屋附近张贴。她当时的想法是,她可以复制在线交友网站的模式(如婚恋网站),开发出一个平台,让从事保姆工作的人可以在此注册,而家长也可以通过网络浏览这些人的简历,再直接与他们联系。2001年9月,波士顿地区已经有600位保姆在该网站上注册。而蒂埃尔以前帮助过的那30个家庭,也同意在此注册,并缴纳39.99美元的入会费和每个月9.99美元的月费。至于保姆,他们注册是免费的。许多家长对该网站提供的服务都非常满意,蒂埃尔回忆说,"我们刚刚开业两个星期,就已经有家长送蛋糕和饼干向我们道谢。"换句话说,这家公司才开张没多久就开始赚钱。

当然,一个很容易想到的问题便是:"那保姆城网站怎样履行义

务？"（这也是蒂埃尔的母亲在得知女儿创业后最大的担忧。）还好，对保姆城网站来说，这不是个大问题，因为该网站不像实体的中介公司一样必须聘请保姆，因此，承担的义务很少。蒂埃尔说："我们为网站使用者提供筛选工具，但他们必须自己进行筛选，而不是我们筛选。而且，每一位使用者在注册时都必须签订使用协议。"在网站上，家长可以针对保姆的表现公开评分（最低一颗星，最高五颗星），而该网站也鼓励保姆亲自去核实客户的背景（通常是通过这个网站来核实）。有没有进行核实，保姆的个人数据上都会加以显示。由于该网站是通过一个软件来处理所有保姆的信息，因此，当客户在搜索保姆时，最适合的人选往往会最先出现在名单上。但如果保姆没有核实客户的家庭背景，"排名就会下滑"。此外，该网站也鼓励保姆们对服务过的家庭给出评价，以便其他保姆能事先得到参考信息。比如，有些父母可能经常迟到，有些孩子老爱调皮捣蛋等等。这套系统在设计上很强调透明化与责任感，而这也成了保姆城品牌很重要的特色。

尽管保姆城网站并没做多少营销宣传，其名声却很快传开了，其他城市的家长和保姆也纷纷上该网站注册。甚至，蒂埃尔有时候会收到电子邮件，告诉她说，某个城市的保姆人数好像特别少。这似乎在提醒她坐飞机到其他城市的学校宿舍发放传单，好比她此前在波士顿地区所做的一样。到2002年，保姆城网站的服务，在旧金山、克里夫兰、纽约、芝加哥、达拉斯等大城市都变得炙手可热、极受欢迎。同年，蒂埃尔干脆将公司总部迁移到芝加哥，以方便日后到东西海岸出差。此外，热爱歌剧的她，也决定一圆个人梦想，进入了西北大学音乐学院硕士班就读。

尽管保姆城的市场和客户人数是以自发的方式自然增长的，但蒂埃尔在经营事业时，却不放过任何一个细节。说到品牌宣传，她表现得相当专业。首先，她在妈妈团体里将自己定位成保姆专家，接着再吸引美国全国各大媒体的注意。2004年，她先是在iVillage.com网站扮演保姆专家的角色。后来，美国国家广播公司买下了该网站，她又数度出现在《今日秀》节目中。不久后，像《艾伦爱说笑》《观点》《晨间秀》和《早安美国》等数百个节目，也陆续邀她上节目接受采访。此外，保姆城网站也获得了超过12项商业奖项，其中包括小企业管理局（SBA）2006年在白宫颁发的"年度冠军奖"。**在营销上，尽管蒂埃尔大量运用网络营销、要付费的引擎搜索和电子邮件广告，但她在品牌宣传上最有效的手段，还是那些传统的公关方法、活动，以及在电视节目上的宣传。**甚至，她还时不时大展歌喉，将自己塑造成歌剧版"玛丽阿姨"[①]的形象。蒂埃尔说："这样可以在观众心目中留下难忘的印象。品牌一定要有吸引力，才能够大红大紫。"为了营造品牌的吸引力，蒂埃尔真是不遗余力，除了前面种种努力，她还写了一本叫《倾情当保姆》的书，并录制了一张名为《听保姆城唱歌》的童谣CD。

如今，蒂埃尔已成为保姆城的品牌保证，而且成了真正的育儿专家。这一点非常重要，因为，并不是每个父母都能够放心从网站上挑选保姆。为了让潜在客户有更多机会跟这家网站面对面地接触，蒂埃尔还成立了一个新的部门，专门筹办"快捷保姆服务"活动。

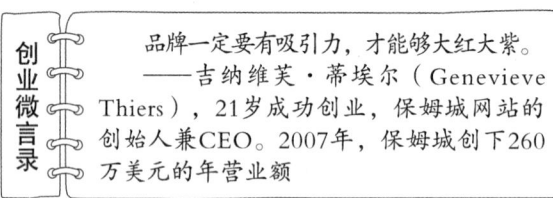

蒂埃尔说："这活动有点类似于'闪电配对'。我们邀请50位家长和50位保姆参加，让他们面对面聊几分钟。这样做不但有宣传的效果，还可以让民众了解我们是什么样的公司，进而提高品牌的知名度。"这个做法，跟Ignighter.com网站在特定城市举办的组团约会有点类似，目的也是吸引更多人上网注册（见第4章）。而且，这类活动的确能够在地方上形成口碑。

由于保姆城已经确立了相当高的知名度，成为市场上既受欢迎又值得信赖的品牌，蒂埃尔也开始向企业的人力资源部门推销这一服务。如

---

① 玛丽阿姨：著名美剧《欢乐满人间》中，倍受欢迎的保姆形象。

今，该网站已经与必能宝、雅芳、万事达卡等企业签约，以相对优惠的收费，为这些公司的员工代寻保姆。此外，保姆城也正在跟PetCo宠物店、iVillage网站、发现健康频道和哈门那保险公司洽谈合作方案，以便进军宠物看管与老人护理这两个领域。

蒂埃尔坦言，由于她的网站经营得十分成功，如今市面上已冒出不少效仿者，但她也做好了迎战的准备。蒂埃尔说："一个产业刚兴起时，经营者的努力目标只有一个，就是让消费者知道有这样的产业存在。一旦占有了相当的市场占有率，市场老大们就会开始保护自己的地盘。我们已经开始采取防守策略了。"2008年年底，该公司以股权融资方式向Point Judith风投和顶点风投等公司筹措到了750万美元。蒂埃尔说："那时候我们才体会到，原来我们公司已经有这么大的知名度了。""严重的经济危机正在发生，但我们公司却比从前更令人瞩目。由此可见，**经济衰退是企业追求发展的最好时机，因为很多东西的价格都变得更加便宜，人力市场上也会涌现大量的人才，任你挑选。**"

> **创业微言录**
>
> 一旦占有了相当的市场占有率，市场老大们就会开始保护自己的地盘，我们便采取防守策略。
>
> ——吉纳维芙·蒂埃尔（Genevieve Thiers），21岁成功创业，保姆城网站的创始人兼CEO。2007年，保姆城创下260万美元的年营业额

蒂埃尔不愿详细阐述公司的长远规划，只表示："不管在国内还是在国外，保姆城都拥有很大的市场"。她非常自信地认为，该公司打造出来的品牌吸引力，加上与她合作的风投伙伴的帮助，必将帮助这家公司以惊人的速度持续发展壮大。

打造差异化品牌

蒂埃尔之所以能成功地造就保姆城这个品牌，是因为她为保姆和家长

这两个相互需要、但缺乏有效且低成本直接沟通方式的群体，提供了互动交流的平台。通过网络，家长和保姆有可能相互选择对方。这是个很新的构想，因此蒂埃尔面临了一些特殊的挑战：她必须教会使用者怎么做、建立客户对他们品牌的信任、打开公司在市场上的知名度，并让公司频频出现在它服务的群体之中。相对地，一家公司要是属于成熟的产业，它在建立品牌时会面临不同的挑战，比如：怎样让自己与竞争对手有所区别？如何让消费者产生深刻的印象？它的产品，如何避免被看成是"大路货"商品？

在上述几个方面，史提德家两兄弟就认为自己做得很好。1997年，史提德家的两兄弟，26岁的伊凡（Evan Steed）和28岁的艾伦（Aaron），在加利福尼亚州圣路易斯欧比斯成立了Meathead搬家公司。他们回忆说："在一般人的印象中，搬家工人都是些头脑简单、四肢发达的家伙，但我们想颠覆这种看法，让大家看到，这一行也可以高质量地经营，同时尊重客户的需求。"史提德兄弟在高中时都是学校运动队的成员（艾伦是摔跤选手，伊凡则是橄榄球运动员），他们成立搬家公司，是为了赚点外快；况且对他们来说，搬家也算是很好的"运动"。当工作量太大时，他们会找学校的其他运动员来帮忙。很快，他们就赢得了不错的名声。该公司的员工，个个都是干干净净、勤快努力、诚实懂礼的年轻人。没多久，两兄弟开始全身心投入公司的经营，因为他们认识到，自己掌握了很宝贵的机会，他们可以抓住自身员工的特点来塑造品牌形象。

Meathead搬家公司的这两兄弟，也和大块头垃圾清运公司的两位创始人一样，重新审视了一下业界的标准，认为他们可以比大多数同行做得更好，从而脱颖而出。原本，两人雇用大学运动员来帮忙只是出于方便，但后来，这却成了该公司最重要的差异化优势。该公司网站上有一个"排队区"，里头贴出了公司90名员工的照片和简介，让客户可以亲自挑选搬家工人。如今，Meathead搬家公司的营业额在300万到500万美元之间，拥有30到40名全职员工，还有约120名兼职员工。

两兄弟对员工的要求十分严格，因为他们要聘用的员工，不能只是空有一身力气就行。艾伦说："招聘员工时，我们还对其人格进行评分。

我们会事先告知他们，面试时要穿有领的衬衫，如果没有穿，就不会被录用，不守时的人也一样。"

公司一方面对员工要求严格，一方面又为员工提供不错的福利。除了健身房娱乐，公司还提供免费的按摩服务。两位创始人说："如果员工很诚实，他对我们说身体不舒服，我们会派他去做一些比较轻松的工作，比如打扫仓库或清洗卡车。"这两位老板知道，如果员工的体力无法胜任重体力活，受伤的可能性就会增大，要不就是为了避免被扣薪水而充当"南郭先生"，出勤不出力。如果公司连续四个月都没有员工受伤，就会举办一场盛大的派对。每年，Meathead搬家公司平均花5万美元在这些派对上。艾伦说："如果我们能创造出特有的文化，让许多年轻、有活力的学生运动员都渴望来这里工作，我们就能成为搬家界的老大。"从这点来看，艾伦或许也属于那种"着力革新工作环境"的创业家（见第7章）。

此外，Meathead搬家公司还懂得通过改变游戏规则来树立自身的特色。大多数搬家公司，都希望将不同客户的货物尽量塞到同一部货车里，但这家公司却采取"一辆车只服务一位顾客"的政策，让客户觉得很受尊重。此外，他们会为客户安排一位"四分卫"——他的角色好比前台接待员，可以为刚搬到新环境的客户提供景观设计、保姆服务、法律服务或家政清洁服务等方面的建议。值得一提的是，这项服务是免费的，搬家公司不会从中收取任何费用。尽管两位创始人承认，他们的公司在同行中所收取的费用较高（以时薪计费），但他们也指出，该公司的员工比一般搬家工人手脚更快，因此通常可以在较短时间内完成任务。此外，该公司有一项政策可以说是它的特色：工人手上没有搬东西时，一定要用跑的，这样做除了节省时间，还可以带给顾客一

> **创业微言录**
>
> 在一般人的印象中，搬家工人都是些头脑简单、四肢发达的家伙。但我们想颠覆这种看法，让大家看到，这一行也可以高质量地经营，同时尊重客户的需求。
> ——艾伦·史提德（Aaron Steed），28岁
> 和弟第一起成功创业，Meathead搬家公司的创始人兼CEO。目前公司年营业额在300~500万美元

些戏剧性的娱乐效果。史提德说："我们做的每一件事，都是要让客户对我们留下深刻的印象。我们要让客户震撼，让他们发出由衷的赞叹。"例如，搬家工人在卸货以前，会先带客户进屋里参观一趟，再献上一张有杯座的折叠椅（这是该公司的贵宾椅），请客户上座，再请客户发号施令，告诉工人什么东西该摆在哪里等。史提德说："经过客户身边时，我们会跑得特别快。工作完成后，我们会献上一份礼物，通常是盆栽和一副纸牌。而且，我们最后收取的价格，往往比客户原来预料的还要低。很多客户都特别喜欢我们。"

的确，该公司的网站就证明了公司的特点，即：对年轻且充满活力的学生运动员有着强烈的吸引力。2008年，该公司在圣路易斯欧比斯、圣塔芭芭拉、文杜拉等郡，都被提名为"最佳搬家公司"；在洛杉矶到旧金山这一带，他们的规模也是最大的。

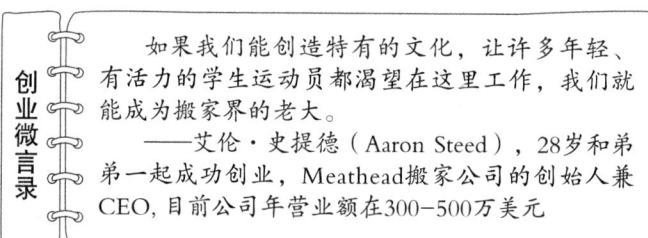

创业微言录

如果我们能创造特有的文化，让许多年轻、有活力的学生运动员都渴望在这里工作，我们就能成为搬家界的老大。
——艾伦·史提德（Aaron Steed），28岁和弟弟一起成功创业，Meathead搬家公司的创始人兼CEO，目前公司年营业额在300—500万美元

不过，对两位创始人而言，最佳比最大重要得多。尽管他们大可以开设连锁搬家公司或者向其他地区进军，但两兄弟一直没有这么做。艾伦说："我们一向注重服务质量，而且经营态度非常保守。如果我们的服务质量下滑，我们就无法再向客户收取现在这样的费用，整个商业模式也就毁了，更别说品牌形象了。"如今，太多公司为了追求眼前的利益而忽略了长期的持续发展，扩张得太快、太急，导致品牌形象受损，让品牌变成了"大路货"，但史提德家的两兄弟认为，他们的品牌太重要了，不值得冒这个险。

在经济萧条时重新定位品牌

2007年6月，28岁的艾希莉·罗宾逊（Ashley Robinson）买下了总部设在

圣地亚哥的儿童体操中心，这是一家连锁儿童健身中心，当时正处在发展的阵痛当中，而那种阵痛，正是史提德两兄弟努力避免的。尽管如此，艾希莉知道该公司市场很大，而且正在稳定发展。美国人口普查局预计，目前，美国10岁以下的儿童约有4000万，其中相当大的比例很可能患有与肥胖相关的疾病，如II型糖尿病。此外，根据美国疾病控制和预防中心提供的统计数据，30年来，两到5岁儿童的肥胖率增长了两倍以上；6到11岁儿童的肥胖率则增长为原来的三倍。从这些数据来看，的确值得投资建设一家以促进儿童健康与福祉为宗旨的公司。

一开始，罗宾逊是在儿童体操中心担任兼职会计，当时是2003年，该公司不过是一个拥有6家分店的地区性连锁店。后来，罗宾逊在工作上承担了更多责任，帮公司拓展了17家新连锁店。由于罗宾逊的父亲是个创业家，她从小耳濡目染，因此当儿童体操中心的老板伍兹夫妇考虑将公司转手让人时，罗宾逊决定接手这家公司。尽管该公司因为发展步伐迈得太大而遭遇许多重大危机，但罗宾逊对这个品牌有信心。她开始寻找投资人（其中一位是该公司原先的加盟者），并拿出自己的一些积蓄，在2007年6月买下了这家公司。

罗宾逊回忆说："当时，所有加盟店的状况都很不好。"她刚接手当CEO就发现问题重重。南加利福尼亚州的房价已经开始下跌，预告着经济衰退即将来临。罗宾逊说："我们不能只是把自己定位于温馨、好玩的层次，而要成为家长心目中的生活必需品，让他们觉得离不开我们。也就是说，我们必须成为某种生活资源中心。"于是，罗宾逊将公司商标旁的标语做了点小小的改动，将它从原来的"儿童健身房"改为"寓教于乐的游乐场"，以此拓展客户。甚至，她还跟当地一家公司签约，请他们帮加盟店设计一些适合幼儿的美术课程。因为，她希望将公司变成客户生活中很重要的小区资源中心及聚会场所。

罗宾逊在重新定位品牌时，其策略中最重要的部分，就是开始寻找一些可以互补的机构，以建立合作关系，目的是为孩子和家长提供更有价值的服务。所以说，罗宾逊也是个极富合作精神的创业家。例如，她曾经邀

请圣地亚哥州立营养计划的公共卫生专家,到该公司的健身房与家长进行座谈、解答家长们的疑惑;也曾经与青少年糖尿病研究基金会合作,负责主办基金会每年号召的5000英尺慢跑暨快走活动,并赞助基金会为糖尿病儿童及其家属所举办的家庭联欢聚会。为了和青少年糖尿病研究基金会以及其他地方性慈善团体建立合作关系,每年就要花费2.5到5万美元。不过罗宾逊认为这些钱花得很值,因为这样做有助于儿童体操中心树立"小区型企业"的形象。此外,该公司也正在和宝宝训练营洽谈合作方案,这个训练营专门为正在学步的婴儿提供运动课程。两家公司的合作方案要是谈成了,也是众多妈妈们的福气,因为她们可以让年龄稍长的孩子在其他教室里上课,自己则推着婴儿车跟宝宝一起做运动。

尽管罗宾逊在品牌重新定位上的努力取得了成功,但过程却是曲折的。从2007年11月到2008年12月,她关掉了8家绩效不佳的连锁店。好消息是,她同时又成立了13家新的连锁店,而且其中的5位店主,原来就和儿童体操中心合作过。他们在罗宾逊的帮助下,将经营据点扩展到第二家、第三家甚至第四家。

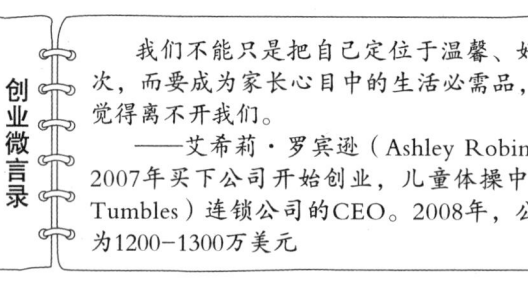

> 我们不能只是把自己定位于温馨、好玩的层次,而要成为家长心目中的生活必需品,让他们觉得离不开我们。
> ——艾希莉·罗宾逊(Ashley Robinson),2007年买下公司开始创业,儿童体操中心(JW Tumbles)连锁公司的CEO。2008年,公司收入为1200-1300万美元

讽刺的是,这样的发展,部分是得益于经济不景气,因为店面的租金降低了,使得这些连锁店的店主在扩张时,不至于缺少资金。如今,儿童体操中心在美国有36家分店,分布在12个州,还在新加坡开设了4家分店。香港有两家,墨西哥有两家。目前也正在中国大陆筹划开办连锁店,且营运点多达50家。2008年,整个连锁体系创造了大约1200万到1300万美元的年收入,其中,总公司的年收入为190万美元,比2007年多出70万美元。

罗宾逊为扩张公司规模所做的努力,后来竟带来意想不到的收获。去年9月,她希望旗下的连锁店能为儿童提供音乐课程,于是开始寻找战略合

作伙伴，最后找到了一个很合适的合作对象：总部位于曼哈顿的"儿童村"（Kidville）。儿童村是一家上市公司，2008年的前9个月就创造了830万美元的营业额。该公司的CEO安德鲁·史坦茨勒（Andrew Stenzler），也是Cosi餐厅的创始人。经过大约一个月的洽谈后，双方都清楚地意识到，如果儿童村与儿童体操中心能够合并，对双方来说是一种双赢。于是，儿童村最后以55万美元的现金和250万的股权为代价，收购了儿童体操中心，并聘请罗宾逊担任儿童村的连锁部门主管。罗宾逊说："这次交易对双方而言都很有利，也证明了我们有能力力挽狂澜。儿童体操中心的确是个很有价值的品牌。"

培养品牌的忠实消费者

罗宾逊通过战略结盟，为客户创造出了更有价值的服务，进而确立了品牌的价值。她知道消费者非常善变，如果他们认为某项产品或服务不是生活中的必需品，很可能会在经济不景气的时候从家庭预算中砍掉。因此，罗宾逊想出了许多有创意的点子来培养顾客对品牌的忠诚度。

总部设在布鲁克林的幸福婴儿食品公司有两位合伙创始人，32岁的夏姬·卫斯兰（Shazi Visram）和34岁的杰茜卡·拉尔芙（Jessica Rolph）。他们同样也想出很多创意来培养客户的忠诚度，只不过他们的产业属于冷冻有机婴儿食品。这意味着他们不仅要创造出有别于竞争对手的新产品，还得培养出一群忠诚的爱好者来制造口碑、代为宣传。

有机食品及软饮料业是一个价值高达200亿美元的新兴产业，但由于竞争激烈，能不能快速且有效地提高品牌的知名度，就显得非常重要。首先，你的创意也许很快就会被剽窃；第二，当你的产品在零售店创下不俗的销售业绩后，零售业者很快就会推出类似的自主品牌。如果不能迅速建立起客户对品牌的忠诚度，消费者很快就会移情别恋，转而购买其他更便宜的自主品牌。

目前总价值达210万美元的幸福婴儿食品公司，生产的是冷冻婴儿食品，尽管开业才三年，销售渠道已遍布全美4500家零售店了。有过多次创业经验的卫斯兰，之所以会成立这家公司，是因为听到一位朋友感慨说，她虽然很想亲自动手来做婴儿食品，但实在是没有时间。卫斯兰小时候都是吃母亲亲手做的食物，因此感触良多。她认为，市场上除了那些保质期通常长达三年的罐装婴儿食品外，还应当有一些别的食品供妈妈们选择。于是，她找上曾在SPINS（这是家提供绿色产品相关信息的公司）担任业务经理的拉尔芙来当创业伙伴，研发一系列能够将食物的色泽和味道真正保存下来的新鲜冷冻有机食品，例如薄荷口味的"真棒豌豆"（Yes Peas）和"谢谢你红萝卜"（Thank You Carrots），以及从印度料理中找到灵感来源的"宝宝豆泥"（Baby Dahl）——这道菜是用有机的红扁豆、马铃薯和肉桂做成的，正是卫斯兰童年时喜欢吃的食品。

　　后来，卫斯兰和拉尔芙从天使投资人那里累计筹集到了上百万美元：这些投资人包括Honest Tea茶楼的创始人赛斯·高德曼（Seth Goldman）、裸熊牌格兰诺拉燕麦卷（BearNaked Granola）的创始人之一凯利·弗莱特利（Kelly Flatley）等。目前，这两位都是幸福婴儿食品公司的董事。2006年母亲节那天，幸福婴儿食品公司的产品正式上市，经销商包括提供送货服务的网络超市"新鲜送到家"（Fresh Direct）、美食车库（Gourmet Garage）以及全食超市（Whole Foods Market）的少数几家分店。原本，两位创始人希望放慢脚步，刚开始一个批次只生产40磅重的产品，但由于产品推出后大获好评，不出一年，该公司一个批次产品的重量已达4000磅，并委托中西部一家工厂代为生产。不久，该公司的产品已经遍及全美1400家商店。2007年，该公司推出冲泡式麦片粥时，经销商更是激增到3500家。

　　有调查表明，幸福婴儿食品公司能够成功，也是两大潮流所造就的。根据全球信息及媒体公司尼尔森所做的调查，2006年，有机婴儿食品的销售量提高了16.9%，金额为1.94亿美元。相比之下，所有婴儿食品的总销售量只增长了2.1%。接下来两年，这样的势头仍未减弱，到2008年，有机婴儿食品的销量甚至高居1.727亿美元。尼尔森公司表示，从2005到2008年，有机婴儿食品的销量增长了84.7%，但所有婴儿食品的总销量，在这段期间只增加了6.9%。一方面是由于消费者对有机食品越来越感兴趣，另一方面是因为全美国有更多的婴儿正嗷嗷待哺。根据美国国家卫生统计中心发表的报告，2006年，美国的生育率创下了1971年以来的新高，平均每1000名妇女，就孕育了2101个婴儿。

对刚刚当上妈妈的女性来说，可选择的婴儿食品种类固然不少，但像幸福婴儿食品这样的，却是绝无仅有。此外，零售商也非常愿意推荐幸福婴儿食品，因为传统的罐装婴儿食品利润很低，几乎是所有商品中最不赚钱的。因此，有了这个新颖又创新的产品，不但能吸引客户，也能为店家带来更可观的利润。卫斯兰说："就有机冷冻婴儿食品而言，我们的确算得上探路者。"但这既是一种优势，也是一种挑战，因为一般的妈妈们并不习惯到冷冻食品区去购买婴儿食品。还好，卫斯兰和拉尔芙有一个秘密武器，用在网络一代年轻人身上特别有效。

为了使消费者知晓幸福婴儿食品，两位创始人雇用了一群"小区营销专家"在店内进行示范。这些小区营销专家，本身也都是刚刚生完小孩的妈妈，当她们想重新回到职场从事全职工作时，幸福婴儿食品公司刚好提供了一种另类的工作机会，就是将她们自己非常信赖的产品推介给同龄的网络一代。于是，这些妈妈们就成了该公司营销策略中非常重要的一点。除了超市，这些妈妈们也会到儿科诊所或妈妈培训学校推销，发放产品的折扣券——她们不但大力宣传有机食品的好处，甚至还教其他妈妈自己动手做婴儿食品。卫斯兰说："我们真的会公开我们的食品配方。这也是我们这个品牌让人觉得真诚的原因之一。而且，我们的确希望大家可以花点时间动手做菜，并且乐在其中。"

我记得上一次和卫斯兰联系时，该公司正派出45名小区营销专家在全国各地推销一项新产品，即一种特别为幼儿设计的有机奶油松饼。听说这种产品在市场上极为热销。卫斯兰预计，该公司在2009年应该可以创造550万美元的年收入。她说：**"这些营销专家会带自己的孩子到店里去品尝，真正成为品牌的支持者。"**这样的营销方式之所以对网络一代特别有效，一开始是因为他们关心身体健康，想尝试有机食品，后来，其品牌背后的故事以及通过人与人的互动所营造出来的信任，才是该品牌赢得顾客忠诚度的最重要因素。

品牌背后的故事具有强大吸引力

品牌背后的故事到底有多么强大的力量,大概没有什么人比那两位"做燕麦卷的帅哥"更清楚的了。做燕麦卷的帅哥,指的是现年30岁的杰森·莱特(Jason Wright)和31岁的杰森·奥斯本(Jason Osborn)。2003年,两人在曼哈顿创办了"菲德燕麦卷"公司。当时,两人还是威尔汉明纳模特儿经纪公司旗下的模特儿。平时喜欢弄小吃的奥斯本,为了让自己尝尝不同品味的小吃,在网上找了一份格兰诺拉燕麦卷的食谱,再加以改良。改良后的燕麦卷不但味道更可口、更营养,而且还是有机食品!许多朋友尝过后都赞不绝口,还认为可以拿出去卖。没过多久,奥斯本的室友还真的把他做的燕麦卷卖给当地的餐馆(当时他们住在曼哈顿的西村)。**在厨房不经意间做出来的小吃,原来也可以变成商品——这个故事就是个典型的例子。**

不过,这个产品背后的故事却一点儿都不经典。故事的两位男主角,长相俊美帅气,却过着"双重生活"。在外,他们是国际服装模特儿;回到家里,兄弟两人却戴起头套和塑料手套,烘焙出一盘又一盘的燕麦卷,再包好放到袋子里。没过多久,他们就成了许多人口中耳熟能详的"燕麦卷伙计"。面对裸熊牌格兰诺拉燕麦卷这个规模庞大且知名度极高的竞争对手,他们似乎有种"初生牛犊不怕虎"的狠劲儿,根本不知道害怕。2007年,裸熊牌燕麦卷被家乐氏公司(Kellogg's)收购。

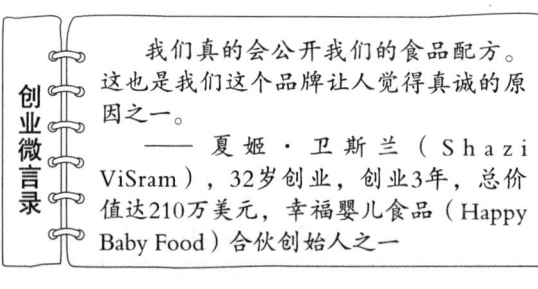

> 我们真的会公开我们的食品配方。这也是我们这个品牌让人觉得真诚的原因之一。
> ——夏姬·卫斯兰(Shazi ViSram),32岁创业,创业3年,总价值达210万美元,幸福婴儿食品(Happy Baby Food)合伙创始人之一

尽管拥有动人的品牌故事和不错的营销渠道,但裸熊牌燕麦卷并不是有机的,更何况,其经营者不是那种为了待在家里烘焙糕饼,而宁愿放弃光鲜亮丽的生活的大帅哥。

由于市场需求日益增大，赖特和奥斯本两位创始人换了好几家餐饮店，不断地寻找规模更大也更专业的制作伙伴。后来，他们向小企业管理局（SBA）申请到了一笔7500元的贷款，也从退休经理人服务团（SCORE）那边获得了很好的建议（这是个专门指导小企业主的非营利组织，与小企业管理局（SBA）有合作关系）。2006年10月，赖特和奥斯本正式注册登记成立公司。从此以后，做模特儿成了副业，因为他们准备要迎接更大的挑战。

接着，赖特和奥斯本前往巴尔的摩，在美国东部地区天然食品贸易展览上向同行介绍自己的产品。当时的有机食品业，尽管规模不断在扩大，但竞争也非常激烈。奥斯本坦承，在这个产业，他和赖特是地地道道的菜鸟。奥斯本说："我们到那儿是要观摩学习的。我们不认识任何中介商或经销商，但我们的产品却产生了惊人的反响。"优质的产品，创始人的特殊经历，在会场上造成很大的轰动。最后，该公司产品不但荣获"最佳包装"奖的提名，还进入"新产品展示区"陈列。这样的殊荣，是所有创业者都十分"羡慕嫉妒恨"的。在该次的展览上，他们还遇到一位对他们的产品极感兴趣的销售商，并当场表示要安排他们跟"全食超市"的管理层碰面。奥斯本说："这样一来，我们一下子就取到了东北部的代理权。"一开始，该公司产品先是在曼哈顿东村一家新开幕的"全食超市"试售，由于销售成绩不错，不久后，在东北部的每一家"全食超市"都可以买到。尽管这意味着生产量必须从每个月1500磅猛增到2400磅，但两位创始人办到了，而没有让它成为噩梦一场。

高质量的有机食品，加上品牌背后叫人难以抗拒的有趣故事，让赖特和奥斯本一下子成为媒体的宠儿。2007年9月，唐尼·多伊奇（Donny Deutch）首先在CNBC电视网的《大创意》节目中对他们进行专题报道，接着，到了2008年10月，又在一个名为《创业家》的新节目中做了更大篇幅的报道。美食节目主持人蕾切尔·蕾甚至宣称，菲德燕麦卷是她最喜爱的零食。此外，在《男性健美》杂志评选出的"美国最健美的25位男士"中，赖特和奥斯本也榜上有名。甚至，菲德燕麦卷还出现在蒂娜·菲

（Tina Fey）的电影《代孕妈妈》一剧中。

这样一来，菲德燕麦卷公司在2008年就创下了180万美元的年营业额，并且，除了在"全食超市"以外，还进驻到许多全国性连锁店。如，公共超市、购物乐、新鲜超市和维他命小铺等知名连锁店。奥斯本说：**"我觉得我们很幸运。我们比很多竞争对手早一步进军市场，还获得媒体的厚爱，所以能脱颖而出。"** 但奥斯本知道，"在零售店里站稳脚跟"才是目前的当务之急。跟幸福婴儿食品的卫斯兰和拉尔芙一样，奥斯本跟赖特也花了很多时间在零售店里。目前，赖特仍待在东海岸，住在新泽西州的荷波肯；奥斯本则搬到了西海岸，住在加利福尼亚州的圣塔莫尼卡；而新加入的合伙人，也就是负责销售和营运业务的布兰特·乔奇（Brent Church），则住在芝加哥。在近十名兼职员工的帮助下，他们会定期造访几个全国性的大客户。奥斯本说："这一点对品牌而言很重要：你一定要跟消费者互动，递上产品，跟他们握手，让他们知道我们的产品好在哪里。"总之，这个品牌很清楚地传递了这样的信息：我们是健康的、年轻的，我们的品牌背后还有一个很奇特的故事。

拓展品牌

只要你的品牌在市场上已经有了相当高的知名度，你就应该思考：是不是该开始考虑怎么拓展品牌了。要做到这一点，方法很多，如：艾希莉·罗宾逊和"大块头垃圾清运"的创始人通过建立连锁店、幸福婴儿食品通过增加产品拓展了品牌。但是对于今年32岁的刘凯来说，有一天能建立起一个小小的饺子王国，就是他的梦想了。

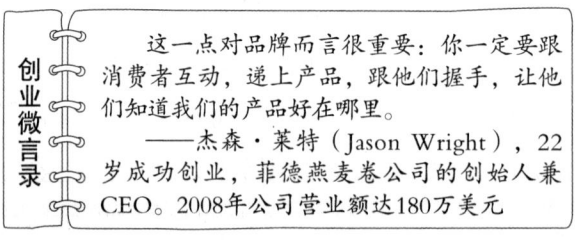

创业微言录

这一点对品牌而言很重要：你一定要跟消费者互动，递上产品，跟他们握手，让他们知道我们的产品好在哪里。
——杰森·莱特（Jason Wright），22岁成功创业，菲德燕麦卷公司的创始人兼CEO。2008年公司营业额达180万美元

在纽约，亚洲菜餐厅的数目多如牛毛，也许和时代广场的游客一样，多得数都数不清。但这并没让刘凯放弃开餐馆的梦想。刘凯说："我童年

最美好的回忆之一，就是整晚和母亲一起包饺子，再下到锅里去煮。"刘凯在波士顿的金融中心短暂地工作后，就跳槽来到纽约，想办法进入了万种餐饮集团（Myriad Restaurant Group）工作。该集团旗下的Nobu餐厅和翠贝卡餐厅，是曼哈顿地区最时尚的餐厅。在Nobu餐厅，刘凯负责的工作是推餐车、接客户的订座电话；在翠贝卡餐厅，则帮客人拿大衣、递外套。经过较长时间的努力，他终于在该集团的咨询事业部谋得一个新职位。

2002年，刘凯决定去纽约大学斯特恩商学院攻读企业管理硕士学位。他说："开饺子馆的念头，一直在我脑海里挥之不去。"他思索了一阵子，也曾向斯特恩的校友，也就是著名的Cosi餐厅创始人史坦茨勒（stenzler）请教过。2004年春，他终于采取行动了。为完成学校的一门课程作业，他和同学大卫·韦伯（David Weber）共同完成了一份"人力车饺子馆"商业计划书，又参加了学校举办的"最高曝光度企业经营计划竞赛"。该计划书的目标是开设一家休闲的亚洲菜餐厅，专门卖饺子，而且上菜速度极快，跟冲泡一杯拿铁咖啡差不多，平均每顿饺子9美元。韦伯做过企管顾问，而他本人则很熟悉餐饮业，跟不少资深大厨都有交情，比如，知名餐厅安妮莎的老板罗慕娟就是其中一位。她曾在电视烹饪比赛《铁人料理》中指导名厨马利欧·巴塔利。后来，罗慕娟决定投资，成为人力车饺子馆的合伙人。尽管她没有亲自下厨，但她在馅料和菜单方面的建议，以及在细节上的独到眼光，都成了该饺子馆的质量保证。

这样的品牌，在曼哈顿这个地方，可以说再完美不过了：首先，它很有民族风味；其次，它有明星的加盟；还有，刘凯本人那青春洋溢、活力四射，甚至是有点特立独行的气质，都在此展露无遗。企业经营计划竞赛的评委们似乎也持同样的看法，把冠军奖杯和一大笔奖金颁发给了刘凯和韦伯。2005年2月，人力车饺子馆正式开张。刘凯回忆说："开张后的四五个月，现金流就已经正常了，一年左右，就实现了收支平衡。"

后来，刘凯和几位合伙人在纽约市立大学附近的格林威治村开了第二家分店。原本他们还计划2008年再在曼哈顿市中心开一家分店，但经济不景气和昂贵的租金让他们打消了这个念头。在曼哈顿市中心，商用店面的年租金高达每平方英尺300-400美元，也就是说，要租下足够的空间来开餐厅，光租金每年大概就得花三四十万美元。还好，韦伯想出了一个妙计。他说，与其租个店面，还不如买一辆车来沿街叫卖，每天在不同的地点营业。于是，他们买了一辆破旧的邮车，将车身涂成红色，再加装一个流动厨房，并装饰成复古的样子。2008年9月，他们就这样正式上路营业了。要是你在华尔街工作，也许有机会在某个忙碌的日子里看到他们餐车外的黑板上写着："收工后，来顿饺子吧！"

曼哈顿地区租金昂贵，这说不定对刘凯和韦伯来说，还是件好事。毕竟，当经济萧条时，承租一个昂贵的店面，有可能令他们的饺子馆资金无法周转。**而原本为了省钱的餐车，如今却成了宣传工具，靠着它，人力车饺子馆可以在曼哈顿地区四处走到，打响自己的名号**。于是，它不仅仅是一部卖饺子的餐车，更是一个流动的广告。住在曼哈顿的朋友们，肚子饿的时候，如果想吃吃他们家的饺子，有两个方式可以查到他们的餐车位置：一是到他们的官网上点进"饺子车"（Dumpling Truck），二是在微博上关注"人力车"（RickshawTruck）的去向。用流动餐车卖饺子，还有一个意想不到的好处：原本，刘凯每周至少要轮班一次，如今有了这部餐车，他反而可以试着看看，菜色的数目和厨房的空间究竟可以精简到什么程度。刘凯说："因为有了这样的流动餐车，我学会了怎样有效配置资源和设备，以后在开设新店时，我会知道怎么做更有效率。"如今，趁着租金下跌，刘凯等人已经在筹划一家新的分店，地点就在曼哈顿市中心。

支撑品牌的力量

品牌的支撑力量，会成为消费者判断你品牌的依据。

当幸福婴儿食品和菲德燕麦卷进驻全食超市的经销店时，这等于在告诉消费者，他们的产品通过了一项严格的质量检验标准。如果你认识名厨罗慕娟、信任罗慕娟、知道她对餐食抱着一丝不苟的态度，而且，只要你还同时又知道罗慕娟投资了刘凯的人力车饺子馆，那么，自然会上门去吃饺子。同样的道理，假如你拥有一家体育方面的媒体公司，而且客户主要锁定在12到24岁的年轻人，那么，能认识篮球明星勒布朗·詹姆斯、橄榄球明星特雷尔·欧文斯或雷吉·布什，那就是一件再好不过的事情。再者，要是这几位体育界的超级巨星能帮你吸引来一群年轻的粉丝成为你的消费主力，那么，你也许发现，你跟耐克、佳得乐饮料、Under Armour运动品牌这一类的大公司，居然在同一个市场上竞争了。对这些大公司而言，要创造稳定的业绩，必须靠不断增加这样的粉丝，而且要有极具品牌意识的消费群体。

现年27岁的查德·齐玛曼（Chad Zimmerman）和28岁的尼克·帕拉佐（Nick Palazzo）就是用这样的方式在经营"斯塔克媒体"公司。目前总价值在300–500万美元之间的斯塔克媒体，专门针对热爱运动的学生发行了一份《斯塔克》杂志，还创建了一个网站，内容是以运动技能的训练和表演为主。

齐玛曼和帕拉佐是高中同学，毕业后两人分别进入卡耐基梅隆大学和哈佛大学就读，并且都参加了学校的运动队。2004年，两人携手合作，组队参加哈佛大学和克里夫兰小企业指导委员会所举办的企业经营竞赛，结果在两项比赛中都获得冠军。后来，两人便创办了斯塔克媒体公司。两人用在比赛中赢得的15000美元，出版了一份针对高中运动员的杂志。为了充实杂志内容，他们还联系了好几位体育教练和专业运动员的营养师，结果他们发现，这些幕后英雄非常乐意将自己的经验传承给年轻的运动员。这份杂志的创刊号，是以勒布朗·詹姆斯和他的教练为主题的，尽管报道内容主要都来自教练口中，但詹姆斯也答应让该杂志引述一些他从未公开发表的内容。齐玛曼说："对运动员而言，畅谈训练过程和成果是最开心的事，但大多数媒体，似乎只在乎他们在比赛中得了多少分，或者是挖空心思去揭露他们的隐私或丑闻。"

包括耐克、锐步、罗林斯等好几家公司的广告，都出现在《斯塔克》杂志的创刊号里——这一点不难想象，因为对这些厂商而言，大约每隔几个月就穿坏一双球鞋的年轻人，自然是非常重要的消费主力军。相反，这些厂商的赞助，则可以加深斯塔克媒体在年轻群体心目中的分量，尤其是在高中的体育组组长心中的分量。该杂志若想提高发行量，这群人有着举足轻重的影响力。齐玛曼和帕拉佐当时的想法是,**如果能通过学校里的体育组长向学生推销,一次性就可以接触到数以百计的读者**(这跟巴拉斯媒体为了锁定想获得理财建议的年轻朋友,找上金融机构进行战略联盟的做法很像)。齐玛曼说:"于是我们买了一份数据库名单,再将我们的创刊号杂志连同一份推荐信寄给了6000位体育组长。没想到,反响十分强烈,搞得我们不得不暂时停止营销。"不到三个星期,该杂志已经有3200位体育组长订阅(他们订阅这些刊物是免费的);假设每所学校平均招揽到100位读者订阅,那么,到2004年底,该杂志的发行量就可以突破30万份了。

体育界的一些突发事件,对公司的飞速发展起到了很大的推动作用。近几年,美国专业体育选手使用类固醇的新闻不时见诸报端,许多偶像级的体育明星,都因为违法使用禁药,纷纷被揭露出来,从而名誉扫地。2004年10月,布什总统签署合成类固醇管制法案,使得原本的禁药名单又增添了26项。其后不久,前职业棒球明星何塞·坎塞科出版了揭秘性书籍《"药补":棒球如何做大》,更让这个话题喧腾一时。齐玛曼说:"我们一向反对使用类固醇。由于我们坚持这样的立场,使得我们更容易进入校园,因为我们是在教育运动员,什么样的能量补充食品可以吃,什么不可以吃。"

《斯塔克》杂志不仅培养了一群忠实的读者,也吸引了一批稳定的广告赞助商,因而非常有助于树立品牌形象。但齐玛曼说:"这并不是我们成功的最重要因素。"那是什么因素,让这家公司变得如此炙手可热呢?是该公司的网站。斯塔克媒体的网站上,有一个叫"斯塔克电视"的平台,里头共有20多个频道和数千部原创影片,内容都跟体育训练、营养供给和人员聘用有关。例如,你可以在该平台上看到凤凰城太阳队教练埃里克·菲力普斯如何训练控球后卫史蒂夫·纳什用药球[①]投过顶传球,也可

　　[①] 药球,通常也可称为重力球、健身球,其标准尺寸大致14英寸。对于男子,其重量通常为3千克;女子则为2千克。常用于辅助病人的损伤恢复、康复治疗和力量训练。它在运动医疗领域有十分重要的作用。如今,在全世界,药球运动的受欢迎程度与日俱增,在中国也是如此。

以看到克里夫兰布朗队的乔·托马斯示范敏捷度训练，或者看到运动医学方面的专业医生解释什么是脑震荡症候群。齐玛曼说："我们没有给任何运动员付过一分钱，但却请到了某些最大牌的体育明星。因为我们不会拐弯抹角地问一些带陷阱的话题，所以，他们的公关公司反而会主动找上门来。"

由于内容丰富多元，网站流量不断增加，这都让斯塔克媒体更有本钱和其他公司谈条件。2008年，该公司和运动用品网站Footlocker.com、EastBay.com、iHigh.com、Varsity.com等多家网络零售商，以及一家名为BeRecruited.com的人力资源网站签订了优惠的媒体经销合同，将自制的影音内容通过这些网站播送，并且将广告版面卖给这些网站，从中提成。这些合作，使得斯塔克网站的独立访客人数在2008年12月突破了490万人次，

> **创业微言录**
> 我们没有给任何运动员付过一分钱，但却请到了某些最大牌的体育明星。
> ——查德·齐玛曼（Chad Zimmerman），22岁成功创业，斯塔克媒体（Stack Media）公司的创始人之一，目前公司价值为300—500万美元

也让它在网站流量监测机构comScore Media Metrix所统计出来的体育类网站排行榜上排名第九。至于《斯塔克》杂志（目前的发行量在80万份左右，在美国9000所高中校园里热卖），尽管对高中运动员仍深具影响力，但斯塔克媒体的网络内容，使得杂志的影响范围进一步拓宽，很多12到24岁、喜欢运动的大男孩或小男生，都能够通过他们的网站从顶尖的运动员和教练身上，得到真正的权威性建议。

齐玛曼和帕拉佐在创建斯塔克媒体这个品牌时，充分表现了他们立意高远、高瞻远瞩的一面。**他们先以办杂志打头阵，等到该品牌在市场上已建立起不错的声誉，吸引到足够多的广告主之后，才着手创建网络内容。**此外，该公司除了将目标群体拓展到年纪稍长的男性，还开始向另一个颇有分量的战略伙伴招手，那就是美国军方。要知道，为吸引年轻人应征入伍，美国军方一直在想办法用各种有创意的方式来招兵。如今，美国陆军已经成了斯塔克媒体的广告赞助商。斯塔克媒体在美国陆

军位于乔治亚州本宁堡的训练基地拍摄了60个广告短片,并在斯塔克电视平台上特地增设了一个"强大的陆军"频道,除了播放这些广告短片,还介绍大兵们在军队里如何受训,以及从军的相关信息等等。如今,该频道已成为美国陆军最重要的征兵渠道之一。

目前,斯塔克媒体拥有20名员工,其中一半在曼哈顿和帕拉佐一起从事广告和销售业务,另一半则在克里夫兰和齐玛曼一起努力充实杂志和网站的内容。不仅如此,该公司还接下了新的业务,包括出一本新书和制作一档以美式足球联盟的顶尖选手为主题的全国联播实景节目。齐玛曼说:"我们创造的不只是一家媒体公司,而是一个品牌。"

确立品牌的使命

通过参与公益事业来树品牌,在商界已经不是什么新鲜事,这么多年来,不少企业已经和非营利组织或有意义的小区工程开展过合作了。毕竟,这样做不但可以提高员工士气,营造出有社会责任感的企业形象,幸运的话,甚至可以改变消费者的购买意愿,让他们乐于掏钱买企业的产品。但网络一代的做法,似乎跟上一代有着根本上的差异。这一点我会在第6章里更深入地探讨,在这里只强调一点:网络一代创业家,除了对创业抱有强烈的社会使命感外,还会在公司根本还没有开始赢利,或者还没有达到可观的规模时,就开始实践其社会使命。有些创业家甚至会针对特定的使命来建立整个组织或品牌呢。Etsy公司的创始人、28岁的罗伯特·凯林(Rob Kalin),就是个绝好的例子。

Etsy网上商店,是一个由37.5万名独立手工艺人所组成的网络群体,在这里几乎买得到任何手工制品,例如给体质特别敏感的人使用的洗衣皂,手工制作的钻戒,以及各种各样的工艺品(比如用松鼠脚标本做成的项链与耳环)。在这个网站上卖东西,需要收取20美分的展出费,每完成一笔交易,网站收取3.5%的中介费。但是对凯林而言,最重要的其实并不是交易的商品本身，而是交易所带来的影响力。凯林说："这个渠道让数十万、数百万人即使不进入大企业工作，也可以在这里把自己的小企业经营得有声有色。"加入这个网站，你就能拥有一家自己的网络商店，只不过你必须保证展出的商品一定是手工制作的，或者一定是用手工方式进行过很大程度的改造，或具有陈年古董的价值。总之，你不能把别人做好的成品拿到这里转手卖出。

凯林说，已经有大约1.5万名卖家在Etsy上卖出超过100件商品，并且有550多名卖家从这里赚得了3万美元以上的收入。Etsy这个品牌，最重要的精神在于它的群体性。关于这一点，凯林经常以李欧·李奥尼所著的经典儿童绘本《小黑鱼》来举例说明。小黑鱼的体积很小，但海洋里存在了许多庞大又恐怖的掠食者，为了让自己能无忧无惧地在这样的环境里存活下去，小黑鱼于是结伴而行，召集了许多体型同样微小的伙伴，排列成一只大鱼的队形，结伴游泳，小黑鱼自己则担任整个队伍的眼睛。

去年，凯林在博

> 在我看来，Etsy本身就是一件精美的手工艺品。
> ——罗伯特·凯林（Rob Kalin），24岁成功创业，世界最大的手工制品在线交易市场Etsy公司的创始人兼CEO，公司年总收入超过1200万美元

创业微言录

客里发表文章写道："我们期待Etsy成为这颗眼睛，而不希望它变成一条大鱼。因为大鱼正是我们这些小企业联合起来要对付的那些大企业，它们是网络问世以前的过时产物。"

凯林所说的"联合起来"，并非只是提供一个网络空间让手工艺创作者出售自己的作品而已。Etsy的网站上有好几个论坛，会员可以在其中相互交流，或者相互分享规避州营业税的窍门。此外，会员们也可以根据自己所在的位置或工艺类别，组成所谓的"街团"（street team），将虚拟关系延伸到现实世界当中，进而拓展人脉、相互支持，或帮助推销彼此的产品。这些团队为Etsy在虚拟世界里创造的口碑，对拒绝传统广告营销手法的凯林来说非常重要。此外，这里还有所谓虚拟实验室，也

就是网络培训课程，比如教网友如何自制天然染料，如何将塑料袋熔合成工艺品等等。此外，Etsy还跟一家同样也位于布鲁克林区的名叫"三号教室"的网站来合办手工艺教育课程，并且每周一举办"工艺品之夜"。每个月第一个星期日，"手工艺教堂"则会在这里"做礼拜"（所谓的手工艺教堂，是一个支持手工艺创作者并鼓励进行信息交流的全国性组织）。Etsy所采取的种种建立群体性的方式，是eBay或Craigslist等其他网络平台办不到的。同时，也由于这家公司和人"手"有着如此密切的关联，Etsy才会如此成功和受欢迎。

"网络一代"创业家游戏规则五：打造响亮的品牌

1.在高科技品牌中注入人性化元素

吉纳维芙·蒂埃尔很清楚，在保姆这个行业，取得客户的信赖至关重要，正因为如此，人们无法见面的网络服务，很难在这个行业取得成功。于是，她把自己塑造成既能让别人看见又有娱乐效果的育儿专家，也就是网络一代版的"玛丽阿姨"，好让公司树立起人性化的形象。此外，她还不时举办"闪电保姆"活动，以进军新的市场。罗伯特·凯林所创办的Etsy，除了为独立的手工艺匠人提供网络交易市集，还在布鲁克林提供场地，供创作者相互认识、相互学习，并且这么做还可以让手工艺创作者和该公司建立起更密切的关系。

2.让客户主动帮你口口相传

幸福婴儿食品公司聘请了45名兼职的小区营销专家，帮该公司宣传其冷冻有机婴儿食品。关键是，这些营销专家一定都是该品牌的粉丝，而且都身为人母。她们除了访问小儿科诊所，在"妈咪与我"的课堂上发放产品折扣券外，还会在零售店里进行示范，将公司的婴儿食物制作方法与顾客分享，教大家如何自己动手做。该公司的CEO卫斯兰表示，这些担任小区营销专家的母亲们都因此而体验到要创造一项伟大的产品，需要付出多少时间和心血。

3.打造公司品牌文化

你的员工，也许就是你最宝贵的品牌资产。Meathead搬家公司雇用的都是干净整齐的大学运动员，员工的数据还会放在网站上，供客户自行挑选。该公司规定，手上没有搬重物时，搬家工人一定要跑上跑下，这样既能让客户悠闲地坐在"贵宾椅"上观赏这场"搬家秀"，也能为客户省钱（公司采取计时制收费）。此外，该公司还会将年轻帅气的搬家工人的行程表公布在网络上，并将相应的收入全部捐赠给慈善机构。

4.创造性地拓展品牌

时机不佳时，你可以选择休养生息，等待更好的时机来临，但也可以创造性地拓展品牌。人力车饺子馆的刘凯及其他几位合伙人，就选择了后者。他们放弃开设第三家分店的构想，反而买了一部餐车来卖饺子。这样做不仅省下大笔租金，也让许多消费者意识到这家饺子馆的存在。在儿童体操中心，罗宾逊发挥她独到的眼光，精挑细选合适的对象进行战略结盟，这样做不但提高了品牌的知名度，也让公司提供的服务成为许多孩子和家长生活中不可或缺的必需品，而非只是奢侈的享受。

5.慎选品牌支撑群体

针对年轻运动员发行杂志和建设网站的斯塔克媒体公司，通过与顶尖运动员及其教练合作，所以能很快建立公信力。刘凯刚刚开设人力车饺子馆时，三番两次拿着商业计划书拜访名厨罗慕娟，最后终于说服她同意合伙。这家餐厅之所以成功，罗慕娟的高知名度和她在菜单及配料方面的建议，的确功不可没。

6.确定品牌使命

每个人创业都是为了赚钱，但除了赚钱，如果还能够为你周围的小世界带来一点积极影响，岂不更好？Etsy的例子让我们看到，抱有社会使命感，确实有助于企业的发展和赢利。Etsy的创始人凯林，不仅为独立手工艺创作者提供了一个网络交易的环境，还开设工作坊和网络培训，帮这些人建立起能持续发展的小企业。此外他还创造机会让这些会员能相互认识，进而相互帮扶，提出建议。

第6章
资本赢利和社会使命：找到完美结合点

相信，你能你也应该改变世界：改变世界是年轻人永远的特性，但是有些世代改变世界的决心，似乎来得更强烈些。诚然，美国网络一代年轻人对于社会责任便抱着很严肃的态度，而且会真的去实践自己的信念。

在采访这批年轻创业家的两年当中，看到他们一个个将社会使命与自己的企业相结合，我总是感到无比的惊讶和钦佩。例如，罗伯特·凯林为协助独立的手工艺人建立起能持续发展的小企业，而创办了Etsy（见第5章）；汤姆·萨奇（Tom Szaky）为了改变大家对资源回收的看法，成立了土地资源回收公司TerraCycle；尼克·汤姆立（Nick Thomley）为了协助智障者独立生活，则创办了Pinnacle Services公司（顶尖服务）；OneHope红酒（一寸希望）的创始人杰克·科拉博丹兹（Jake Kloberdanz）等人，则将销售红酒的一半利润，慷慨捐赠给慈善机构。此外，就算没有把社会使命当作企业经营的重点，网络一代老板通常也能找出有创意的方式，将慈善与公司的营运结合起来。

那么，到底什么是公益创业（Social Entrepreneurship）呢？书面的定义是，公益创业指的是企业对整个社会或某边缘群体或弱势群体带来了价值的创业。例如，乡村银行的创始人穆罕默德·尤努斯（Muhammad Yunus），在全球几个最贫穷的国家，大力推行微型贷款，因而获得2006年度诺贝尔和平奖。已故的保罗·纽曼（Paul Newman）是公益创业家的另一典范，他将他的

Newman's Own公司（纽曼私房食品）的赢利，全部投入慢性病或绝症儿童的治疗。相比之下，商业创业（business entrepreneurship）则是以年营业额、利润、新市场或其他标准来定义价值。这两种商业模式似乎泾渭分明，但网络一代可不这么认为。

没错，就整个网络一代而言，的确有不少人属于传统定义下的社会创业家，但是，有更多网络一代属于另一种新的类型，他们把以赢利至上的资本主义及以价值至上的人道主义，巧妙地融合在一起。在他们看来，这两个角色并不矛盾。例如，幸福婴儿食品的创始人，会将一定比例的年营业额，捐赠给与他们公司相关的非营利组织；有些创业家则跟ESM的比利·唐宁（Billy Downing）一样，干脆自己成立基金。过去，这些做法在企业中虽然并不罕见，但是这样做的新公司却也不常见，毕竟，对大多数创业者而言，帮公司打好根基，扭亏为盈才是第一要务。至于"回馈社会"，等公司赚钱再说吧。

美国网络一代可就不是那么有耐心了，他们通常希望尽早能对社会产生影响。根据Cone公司在2008年针对动机营销①历史所做的一项调查报告显示，对这些新世代而言，当甲乙两种品牌的价格和质量差不多，而乙品牌经常参与公益活动时，有88%的人愿意改用乙品牌；而非网络一代的成人，才有79%的人这么做。此外，在所有已成年的受访者当中，有38%的人在过去一年内购买了有公益性质的产品，但是网络一代的比例则为51%。由德勤公司所做的另一项调查报告则显示，在美国网络一代的受访者当中，有62%的人会希望雇主提供机会让他们将自我特长贡献给非营利组织。由此看来，网络一代在自己创业时也抱着社会使命感，自然不足为奇。

公益创业

要是你认识尼克·汤姆立（Nick Thomley），你可能会说，他的基因

---

① 动机营销（cause marketing）：动机营销是以顾客消费的方式来支持某个社区或某项非营利活动。换句话说，动机营销其实是以公关之名行促销之实。动机营销可以为活动本身及它所支持的动机带来正面的宣传。

中有公益创业的种子。汤姆立的外婆、母亲和阿姨都是心理医生，而他的外公任职于明尼苏达州康复服务中心，还经常邀请身心残障的朋友到家里一起用餐。"这已经成了我们家的家族传统。"汤姆立说。现年29岁的汤姆立是Pinnacle Services公司的CEO。目前价值约900万美元的Pinnacle Services公司，总部位于明尼阿波里斯市，主要业务是为明尼苏达州的老人和残疾人提供就业辅导、安置和居家看护服务。汤姆立说："公司以社会使命为核心，深深影响到我们所做的每一件事。"

汤姆立16岁那年就在一家残疾人赡养机构打工。后来，他在圣保罗协和大学（Concordia University）就读大二时，便决定日后要为残疾人开一个团体之家。"我以为这很简单，却不晓得有很多法规要遵守，我当时才20岁，不了解整件事到底有多复杂。"他回忆道。2000年，他花了一整年的时间才通过注册登记，并拿下州政府的一个项目。不过，他并没有马上成立团体之家，而是决定先为残疾人提供居家看护、就业辅导和安置服务。美国政府的医疗补助计划是支付这些服务的主要经费来源，于是汤姆立开始着手研究这套系统的运作方式。

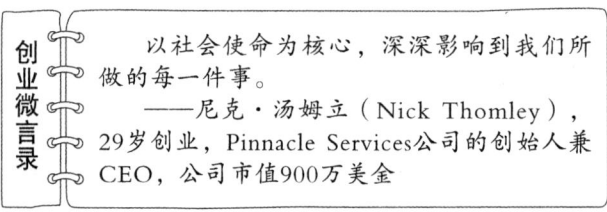

创业微言录

以社会使命为核心，深深影响到我们所做的每一件事。
——尼克·汤姆立（Nick Thomley），29岁创业，Pinnacle Services公司的创始人兼CEO，公司市值900万美金

他的努力没有白费，2000年底，亨内平县（Hennepin）公开招标，征求金融机构来帮忙管理医疗补助计划的费用申请和款项支付。"结果，我争取到了这个项目，还击败了许多有30年历史的公司。"汤姆立说："许多老公司的经营方式都有点落伍，但政府正在寻找成本更低的方式来提供社会服务，而这一点正是我的强项。"其他公司所提出的费率，都是根据服务的使用量来决定，但汤姆立的方案却是均一费率，也就是说，无论消费者用到了该公司多少项服务，每个月该付的费用都是一样的。"这并不是什么革命性的概念，却可以让我们在成本效益方面脱颖而出。"汤姆立说。汤姆立年轻、不拘泥于现状，而且也是个勇于改变游戏规则的人。

汤姆立公司的差异化优势除了提供创新的服务，还有其独具一格的营销方式。例如，该公司为残障者所设计的就业辅导制度，就很是与众不同。传统上，残疾人能得到的工作机会，多半是类似生产线作业员的工作，而且薪水常常低于最低工资标准。久而久之，这类工作环境往往会变成一个封闭系统：在就业指导员的指导下，一群残疾人聚在一起，从事某种单调的任务好几个小时。但汤姆立觉得，应该还有更好的工作才对。

汤姆立说："当我们决定创办就业辅导制度时，就抛弃了传统的观念，例如残疾人只能在封闭式的厂房里工作，或只能和同样是残疾人的人一起工作。我们希望和小区里的企业主合作，创造出有竞争力的工作。我们相信，每个人都享有最低工资标准待遇，并且残障人士可以和正常人共事。"如今，通过该公司找到工作的已经有30人，而其中最成功的案例是一名自闭症患者，在该公司的辅导下在某零售商店工作，之后获得升迁，如今还负责管理几名正常的同事。"这项服务，不仅对我们的辅导对象更有利，对整个小区更有利，在大多数情况下，政府要付出的成本也更低。"汤姆立说。

汤姆立所怀抱的社会使命，其核心信念是我们的社会应该提供残疾人足够的支持，让他们尽量能独立生活。如今，Pinnacle Services公司除了经营五个团体之家，还在两年前建立了一个很创新的制度，叫做"量身定做的居所"（customized living），服务对象则是精神疾病患者——这些人在居住方面，选择往往非常有限。为了实现理想，汤姆立费了好大的力气，在明尼阿波里斯市东北区买了一栋总共11个单位的公寓住宅，"好让那些刚刚从精神病院或其他类似机构离开的人，或某些无家可归的人，有地方可以住。但会不会有人来申请入住，或这套制度到底行不行得通，我们当时根本毫无把握。所以，我们真的是在冒险。"尽管如此，一年后，这栋公寓的住户已经满额，该公司也在这里安排了员工来洗衣、打扫、做饭、喂药等。汤姆立说："而且政府也很满意，因为它的成本比一般的养老院或居家看护中心还要低。"不过，对汤姆立而言，更重要的是，它满足了

小区的一项需求，就是为残疾人提供一种更独立的生活起居方式。

提供创新的服务是一回事，要把口碑给传出去却又是另一回事。碍于隐私权方面的法律规定，该公司不能直接向残疾人推销他们的服务，只能依赖当地政府的社工和护士将该公司推荐给潜在客户。"说到营销，业界大概没有人比得过我们。"汤姆立说。当明尼苏达州举行全州性的社会福利研讨会时，汤姆立会租下一个摊位，派公司员工打扮成动物，再将印有该公司商标的填充动物玩具丢给现场来宾。"仿佛我们是来参加体育活动，还有一个专属于我们队伍的吉祥物。"汤姆立说："很多人都抢着去捡我们发放的玩具。"此外，他们还在摊位里举行"吉他英雄"比赛，以吸引观众。今年，汤姆立则考虑要请人来表演街舞。"这些作法听起来好像太过头了。但是这样做很好玩，还可以令人留下深刻的印象，让他们在介绍时会想到我们公司。"

成立至今，该公司每年都有赢利，而且得到了不少赞誉。比如，2007和2008两年，该公司在《公司》杂志前5000大企业名单上都榜上有名；2006年，汤姆立则入围了《双子城商业期刊》（Minneapolis/Saint Paul Business Journal）的"40位不到40岁的顶尖企业家"、《公司》杂志的"30位不到30岁最酷的创业家"，及《赢在职场》（Winning Workplaces）的"最佳老板"名单。汤姆立说：**"创业是我这辈子以来做过的最棒的决定。我们不但赚取了合理的利润，也帮助别人赚到积极的人生。"**

公益营销 2.0

多年来，众多企业一直努力通过从事公益事业来宣传品牌。从麦当劳叔叔之家慈善基金会（Ronald McDonald House Charities）、苏珊柯曼乳癌基金会"为治愈乳腺癌而奔跑"活动（Susan G Komen's Race for the Cure）、再到艾滋病防治计划（Product Red），众多企业都知道要让消费者被感动，需要让消费者觉得他们既购买了产品，也做了善事。

早在2005年，OneHope红酒的CEO科拉博丹兹（Jake Kloberdanz）就注

意到这个现象。当时,他在盖洛葡萄酒公司(Gallo wine)工作,每天要花8小时将该公司的酒摆到零售店的货架上。今年才25岁的科拉博丹兹说:"那个时候,借助公益事业来做营销,**效果非常明显,而且和公益活动有关的产品,往往被商家摆在最显眼的位置**,如,走道尽头或店内大厅。而且,这类产品的销售额往往非常高,也就是说,大多数产品都真正销售出去了,不至于囤积在店里。但是,即使产品的销量会在公益活动开展期间出现明显的增长,但这类活动维持的时间却不长久。于是我想,既然这种与公益事业相关的产品如此热销,为什么不自己来打造一个品牌,整年都在进行慈善捐款,整年都在推广公益理念呢?"本来,有这个想法后他还犹豫不决,但2006年4月传来的一个消息,让他立刻下定决心:他的一位好友,刚刚23岁就被诊断出罹患了霍奇金淋巴瘤。科拉博丹兹说:"好朋友开始接受治疗那一天,我就去申请了'OneHope红酒'公司的注册登记。"最后,他还找了7位和他一同在盖洛葡萄酒公司担任经理和业务主管的同事共同创业。

科拉博丹兹说:"我们公司完美地平衡了赤裸裸的资本主义和民主社会主义。"总部在加利福尼亚州的OneHope红酒公司,会将其利润的一半捐赠给慈善机构。公司销售的五种葡萄酒,外包装上都贴有环形丝带,赞助的公益活动也各自不同:如乳腺癌、自闭症、艾滋病等的治疗,对美国殉职军人家属的抚恤,还有环境保护。

公司完成注册登记后,科拉博丹兹并没有马上离开盖洛葡萄酒公司,而是继续担任该公司的洛杉矶片区经理,同时着手新公司的创办。在亲朋好友和一群天使投资人[①]的帮助下,他募集到了近200万美元的创业资金。此外,他还聘请了两位专家,一位是负责采购品牌葡萄酒的中介商,另一位是索诺玛葡萄酒公司的资深酿酒师大卫·艾略特(David Elliott)。科拉博丹兹明白,酒类饮料一定要有自己的特色,才能吸引到一批忠实的粉

---

① 天使投资人又被称为投资天使(Business Angel)。天使投资是权益资本投资的一种形式,指具有一定净财富的个人或者机构,对具有巨大发展潜力的初创企业进行早期的直接投资,属于一种自发而又分散的民间投资方式。

丝。他说："对很多人来说，与其买一瓶质量低劣的葡萄酒，还不如将这笔钱捐给慈善机构。"于是他订下了这样的目标：他要制造质优价廉（单价不超过20美元）的葡萄酒，用推广公益事业的营销手法吸引顾客买去试喝。顾客试喝了以后，会因为它质量不错而成为回头客。2007年2月，该公司的首批产品正式上市，同年6月，科拉博丹兹对公司已经有了相当的信心，于是找来盖洛葡萄酒公司的7位前同事加入公司——他们所有人的年龄当时都不到30岁。如今，这7人全都拥有该公司的股份，但科拉博丹兹仍然是最大的股东。

一开始，这家公司的产品销路并不通畅。科拉博丹兹说，**"我们八个人就把酒放在汽车后备厢里，然后到各地的零售店、酒类专卖店，或者其他任何乐意听我们宣传的人进行直接的推销。"** 此外，该公司也联系了慈善机构并与之合作，为一些活动免费提供葡萄酒，以此提高"Onehope葡萄酒"的知名度：这种做法不仅在业内非常独特，而且经营者又恰好是八名年轻有魅力的帅哥美女，于是他们很快成了媒体宠儿。最棒的是，该公司的营销和公关预算都可以大幅压缩，因为这个品牌本身以及与之合作的慈善机构，都可以发挥强大的宣传功效。

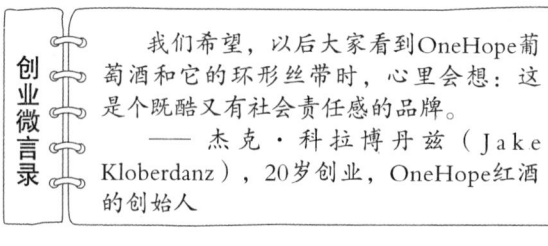

> 创业微言录
>
> 我们希望，以后大家看到OneHope葡萄酒和它的环形丝带时，心里会想：这是个既酷又有社会责任感的品牌。
> ——杰克·科拉博丹兹（Jake Kloberdanz），20岁创业，OneHope红酒的创始人

不过，科拉博丹兹带领的这个团队，在挑选非营利机构作为合作伙伴时，非常谨慎。该公司的各位董事，要么曾经创办过非营利性组织，要么曾在非营利组织担任过营销主管。去年，Onehope葡萄酒捐助的慈善活动共有20个，例如苏珊柯曼乳癌基金会、宣传艾滋病防治的单车骑行活动（AIDS Lifecycle）、今天就行动（Act Today，与治疗自闭症有关的非营利组织），以及雪球号特快（Snowball Express，其捐助对象是殉职军人家属）等。到目前为止，该公司已经为200场活动免费提供葡萄酒，而且科

拉博丹兹估计，他和几位合伙人在这些活动上担任志愿者的时间，已长达3400小时。去年，他们其中有五位参加了宣传艾滋病防治的单车骑行活动，从洛杉矶一路骑到旧金山，全程共计550英里，募集善款2万美元。目前，Onehope还处于亏损状态，而且，就算能够赢利，这些利润基本上也已经

> **创业微言录**
>
> 当然，我们开公司一定希望赚大钱。但除了有利润，我们还希望能够为他人做一点善事，回馈社会。
> ——夏姬·卫斯兰（Shazi ViSram），32岁创业，创业3年，总身价达210万美元，幸福婴儿食品（Happy Baby Food）合伙创始人之一

捐赠出去，但科拉博丹兹估计，一年内，公司应该就能扭亏为盈，创造300-500万美元的年营业额。目前，该公司客户已经超过500家，分布在美国10个州；2008年寒暑假期间，公司还通过网站将产品推销到全美27个州。前不久，科拉博丹兹还从一家大型酒厂聘请了两个高管，并且和杨氏销售公司签订了一份营销协议。科拉博丹兹表示，杨氏销售公司"是美国西海岸最出色的经销商之一"。

不过，有件事情或许更值得注意：2009年初，该公司将其葡萄酒的名字从"Hope红酒"改为"OneHope"。这样做，一方面是为了让产品名称变得更加顺口，另一方面是把着眼点向其他的产品延伸。"我们正努力成为第一个公益品牌。"科拉博丹兹说："一般人看到耐克的时候，就会想到，这个品牌很酷很活跃。我们希望，以后大家看到OneHope和它的环形丝带时，心中会想：这是个很酷很有社会责任感的品牌。"

双赢的志愿者服务

心怀社会责任感或者人道主义精神的企业家，不仅能有效地将企业的价值观传递给消费者，对于员工的士气和留下来工作的意愿也有很大的帮助。2003年，31岁的达伦·保罗（Darren Paul）、30岁的伊凡·沃格尔（Evan Vogel）和32岁的斯科特·科恩（Scott Cohn），在曼哈顿创办了"夜晚广告代理公司"，不过，当时他们三人绝对料想不到公司未来的

发展是怎样的情形。

　　三位创始人起初并不打算将自己宝贵的时间和职业技能奉献给公益活动，但在沃格尔认识了社会活动家蕾·布雷克（Leigh Blake）以后，他们的想法转了个180度的弯。布雷克是"全球艺人抗艾滋病基金会"的发起人，也是"拯救孩子"这个非营利组织的创始人之一。该组织着重为非洲感染艾滋的儿童及家属提供抗转录病毒药和医疗援助。2003年，布雷克还找上女艺人艾莉西亚·凯斯合作，共同为"拯救孩子"（Keep a Child Alive，简称KCA）进行宣传和募捐活动。保罗回忆说："一开始我们想，我们只有三个人，能力有限。但我们很喜欢布雷克，也希望帮她把信息传递出去"。一个还没有开始赚钱的创业公司，到底有没有必要为慈善组织免费提供创新的服务？三位合伙人对这个问题讨论过很多次，最后，他们决定做"正确的事"，也就是说，要和布雷克合作。事实证明，他们的决定不但正确，而且聪明。

　　但布雷克并非那种平常的软心肠慈善家。保罗说："KCA是很另类的非营利组织，敢于挑战传统。"该组织首次举办募捐活动时，居然使用了"谁想当'药'贩(Drug Dealer)？"的口号，当然，这里的Drug，指的是能够拯救艾滋病患者生命的抗转录病毒药物。为了宣传这个带有争议性的募捐活动，夜晚广告代理公司、KCA及另一家叫费伦的广告公司，联手创建了一个网站，成功制造出相当大的话题性。几年来，随着规模的增大，夜晚广告的客户关系也有所改变。如今，夜晚广告是一家总价值达700万美元的公司，有37名全职员工，客户则包括运动服饰公司Champion、休闲服饰品牌Hanes、美容保养及家庭清洁用品生产商Dial Corp，以及MTV频道等。总体而言，该公司员工每周会花上20小时左右的时间来研究KCA的广告方案，而且工作内容形形色色，如，设计活动邀请函、设计网页、帮助制作凯斯和摇滚乐队U2主唱波诺为募捐所合唱的歌曲MV等。对夜晚广告而言，这些工作对提高员工士气大有帮助。保罗说："你绝对想象不到，只要我们的员工有机会和布雷克一起坐下来，听布雷克对他们的工作大加赞赏，他们的那个兴奋劲！我们公司这群年轻人，一想到能改变社会，就变得异常积极热情。有些从来不肯加班干活，如今，居然肯为了KCA的广告策划而挑灯夜战。"

的确，年轻人对社会使命往往怀抱满腔热血，但要怎样运用更加系统化的方式来汲取这股力量呢？两年前，夜晚广告的三位创始人和KCA的几个工作人员，开始针对这个问题进行头脑风暴。对布雷克来说，要说服名人慷慨解囊，不是问题，但要针对年轻人这个群体推动一场草根运动，就完全是另一回事了。经过一番头脑风暴，一伙人想出了办法，就是成立一个KCA学院网站（KCACollege.com），在这个社交网站所提供的平台上，大学生和高中生可以创立属于自己学校的分会，以帮助筹集善款。于是，夜晚广告创建了这个网站，不久前还进行更新，并在Facebook上为它创建了一个粉丝页面。保罗表示，目前KCA已经有200多个分支机构，这些分支机构的学生会主席，将来都会收到参加KCA每年举办的募捐盛会的邀请函：年度募捐盛会门票昂贵、众星云集，去年由凯斯主持，她还在晚会上提到了"夜晚广告"的名字呢。

能听到别人的感谢之词固然不错，但能通过这种合作招来客户，就更好了。夜晚广告公司的一个客户，就是这么来的。STA旅行社是全世界规模最大的学生旅行社，它委托夜晚广告公司打理广告业务已近三年时间了，当然，这得感谢布雷克的引荐。尽管三位合伙人并没有在这方面精打细算，但是和KCA的合作，显然好处多多，包括树立良好的品牌形象、吸引更多客户、提升员工士气、有机会接触名人等等。这种种好处，也证明了三位创始人最初的决定是对的：即使刚刚起步，也可以开始回馈社会。

先付出后收获

动态网络服务公司位于新罕布什尔州曼彻斯特郡，每年，这个公司会在十个星期之久的时间里指派六名员工，每周花近20个小时的时间，到公司附近的西曼彻斯特高中，去指导学生设计机器人。每星期20个小时！会不会太多了点？不过，设计机器人，本来就很耗时。等到学生们的机器人作品完成后，动态网络服务公司会把它们送去参加一项全球性的机器人设计大赛。西曼彻斯特高中的机器人研发团队叫做动力骑士；而动态网络服务公司，不但出钱请员工到学校去指导学生，还在2007年9月为该高中设立了奖学金，每年提供1万美元赞助该校的机器人研发团队。

尽管如此，该公司这么做并非完全出于无私援助。公司CEO杰瑞米·希区柯克（Jeremy Hitchcock）表示，该公司从这项计划中获得两大收益：首先，公司可以借助这个渠道招募实习生或未来的员工；其次，现有员工可以借助这个机会培养其他技能。

希区柯克说："2005年，我们开始赞助这项计划，为学生提供一对一的辅导，今年已整整三年。"动态网络服务是一家提供网域和电子邮件服务的公司，年收入超过500万美元。为了让公司的科技水平走在时代前沿，为250万名客户提供专业服务，该公司对一流工程师的依赖度非常大。希区柯克说，这样一来，就面临一个问题。"近几年，美国大学生主修工程或数学的人数骤减，未来，我们可能会面临人才短缺的困境。所以，我们这么做，也是为了我们自己考虑。我们希望这些学生以后可以进入工程领域，再回来替我们工作。我们希望这变成一种自然而然的人才引进和培养的渠道。"确实，该公司会定期遴选一些表现突出的学生来实习或当暑期工读生，而且希区柯克希望，其中的部分学生，将来可以为公司工作。

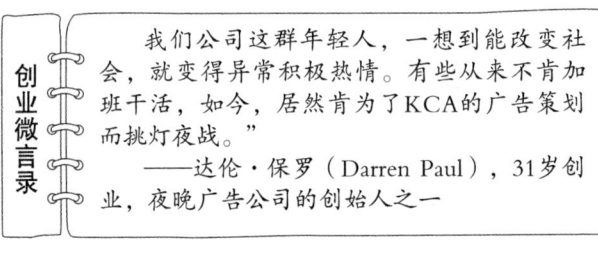

创业微言录

我们公司这群年轻人，一想到能改变社会，就变得异常积极热情。有些从来不肯加班干活，如今，居然肯为了KCA的广告策划而挑灯夜战。"
——达伦·保罗（Darren Paul），31岁创业，夜晚广告公司的创始人之一

其实，赞助这个计划，动态网络服务公司获得的收益还不止这些。通过参与机器人设计比赛，加入这项志愿服务的员工不但有机会锻炼自己的智力，接触专业以外的领域，其工作士气和效率也会大大提升。更

重要的是，这项计划可以让从事非管理工作的员工获得教学和辅导他人的经验，从中培养出一些他们平常在编程时很难有机会用到的"软技能"①。再加上，这项计划也让员工有机会走入各居民小区，从而提高了公司的知名度。这一点对公司格外重要，毕竟，这是一家和地方经济似乎没什么关联的网络公司。希区柯克说："但我们真的很希望跟小区建立关系"。

当营利碰上非营利

比利·唐宁（Billy Downing）坐拥两家公司，一家是位于加州北部的ESM集团，主要为年轻人提供运动和教育方面的服务；另一家是唐宁和他念高中时的辅导老师里克·辛格（Rick Singer）共同创办的大学生职业网（The Edge College Career and Network），专为高中生提供家教和升学辅导，其分支机构不但遍及美国60座城市，还包括东京、伦敦、香港和雅典等一些国外大城市。目前，这两家公司的年收入都超过200万美元，而且仍在继续增长中。

> 一个孩子只要家境富裕，想上大学是件很容易的事，但那些家境贫穷的孩子怎么办？
> ——比利·唐宁（Billy Downing）
> ——ESM集团的创始人
>
> 创业微言录

2009年，美国共计有320万名高中生毕业，是有史以来人数最多的一次。家境富裕、能负担昂贵家教费用的学生，在大学入学竞争上当然比别的学生更有优势，而这正是唐宁这两家公司实现经济效益的来源。可是，这一点似乎让唐宁有点过意不去。为了"削平"贫富家庭的不平等，他创办了一个叫做"现在就开始教育"（Education Now）的

---

① 软技能（soft skill）：是一个社会学术语，与一个人的情商、个性、社交礼仪、沟通、语言、个人习惯、与人为善和乐观等人际关系方面的特质相关。软技能与硬技能（属于人的智商的一部分）相对，后者是工作和其他许多活动的技术必需条件。

非营利组织,以帮助家庭贫困的弱势学生上大学。唐宁说:"一个孩子只要家境富裕,想上大学是件很容易的事,但那些家境贫穷的孩子怎么办?"

过去四年来,唐宁每年都将ESM年收入的1%捐给"现在就开始教育"组织。这些捐款,再加上私人的捐款及募捐活动筹来的款项,使得该组织每年可为12名学生提供约10万美元的奖学金。今年,唐宁决定扩大服务范围,于是又成立了一个非营利组织,叫做游戏规划学院(Game Plan Academy)。该机构的任务是为家境贫困的高中运动员提供免费的运动指导和学业辅导。其实,ESM和大学生职业网,也为客户提供这类服务,只不过要收费。美国国家美式足球联盟的两位老将:曾在纽约喷气机队和费城老鹰队效力过的阿莱克斯·范·戴克,以及旧金山49人队的前球员吉奥·卡马齐,都答应到该机构担任教练,而唐宁旗下公司的家教老师,也有五位表示愿意抽空参与。位于萨克拉门托的席朗约翰逊高中则慷慨提供场地。在为期九周的时间里,每个星期天,有40位学生来这所高中接受辅导和训练。后来,这些学生都获得了学校老师或辅导老师的表扬。

唐宁估计,这套为期九周的课程,每举办一次约花费65000美元,但是他有信心维持下去,至少,他应该通过募集捐款的方式,使这项计划持续下去。如今,他已经争取到好几个组织的赞助支持,包括萨克拉门托市长凯文·约翰逊在内的主要捐助人以及富国银行、积极教育法联盟和阿凡提解决方案等一些机构。此外,作者在写本书的时候,凯文·约翰逊市长也已答应出席该计划的结业仪式并致词。

一边行善一边赚钱

2006年,在布朗大学医学院刚刚读一年级的拉吉夫·库马尔便显示出极大的创业天赋,创办了一家非营利组织"塑身罗德岛"(见第2章),即在罗德岛州举办全州性的团队健身比赛。后来,他找来布朗大学的校友温伯格,共同创办一家与前者相似的营利机构"塑身美国",专门替Medtronic医疗产品公司和克里夫兰医学中心之类的大客户管理其员工健身运动计划。尽管如此,库马尔仍亲自参与"塑身罗德岛"的营运工作。

库马尔和温伯格共同研发了一套先进的软件,来管理企业型客户的健身计划,后来还将这套软件免费授权给"塑身罗德岛"使用。不仅如此,他们也帮助"塑身罗德岛"大大提高了组织效率。库马尔说:"**我们的学习,在全国范围内展开。而且,我们会把学到的东西传授给我们的非营利机构。**"比如,他们会将有效的营销宣传经验与"塑身罗德岛"分享,教后者如何将行政工作外包出去,并训练后者的员工使用SupportTrio这套软件来管理电子邮件,以及通过Salesforce.com来管理业务。然而,从客户的角度看,有一个潜在的问题是:"塑身罗德岛"的部分潜在客户可能会跑去参加"塑身美国"的计划,使得"塑身罗德岛"的收入因之

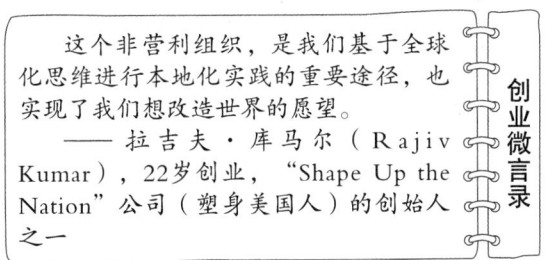

> 这个非营利组织,是我们基于全球化思维进行本地化实践的重要途径,也实现了我们想改造世界的愿望。
> ——拉吉夫·库马尔(Rajiv Kumar),22岁创业,"Shape Up the Nation"公司(塑身美国人)的创始人之一
>
> 创业微言录

减少。于是"塑身美国"决定,只要是来自罗德岛州居民的收入,悉数捐给"塑身罗德岛"。去年,这部分的捐赠金额共计2万美元。库马尔预计,到2009年,这部分金额应该增加到4万美元。

这样的合作关系也带给了"塑身美国"一些好处。2007年,库马尔和温伯格两位创始人,与布朗大学医学中心的体重控制与糖尿病研究中心主任温蕾娜一道,共同发表了一篇论文,对"塑身罗德岛"搜集到的数据进行分析。研究显示,"塑身罗德岛"的健身计划,帮助许多参与者有效地降低了他们的体重。这份研究报告预计将在今年发表在某医学期刊上,"顺便将这套计划的有效性给记录下来。"库马尔说:"**这个非营利组织是我们基于全球化思维进行本地化实践的重要途径,也实现了我们改造世界的愿望。**"

"绿色"革命

绿色革命,难道是网络一代的人权运动?环保运动的代表人物,如美国前副总统戈尔和畅销书作者及《纽约时报》专栏作家汤姆·弗里德曼,都倡导网络一代要担当"最绿色的世代"的角色,毕竟,前人在环保上留下来的烂摊子,可能要他们来收拾。有充分的证据显示,网络一代非常严肃地看待这份责任,只不过采取的行动跟前辈们有着本质不同。Max Gladwell是一个专门探讨绿色生活与社交科技集成的博客暨咨询公司,创始人罗伯特·里德(Rob Reed)表示:"环保主义有新旧两派。新环保主义具有创业精神,认为解决气候危机也可以是个商机,也就是说,我们愿意从利润的角度来看待这个议题。旧环保主义则是以非政府组织为导向,但已逐渐衰落。"近年来,全球的环保问题日益严重,未来要解决这些问题,绝对同时需要非营利机构和营利性企业的携手合作。里德有个看法非常有见地:网络一代是"新环保主义"的拥护者。

如果说有谁能称为新环保主义的典范,那肯定是汤姆·萨奇(Tom Szaky)无疑。今年27岁的萨奇是位于新泽西州特伦顿TerraCycle公司的创始人,该公司2006年10月被《公司》杂志的封面报道评为"美国最酷最新的小企业"。而萨奇自称该公司奉行"极端的环保主义",的确,他们卖的产品,几乎没有一样不是用垃圾做的。

TerraCycle公司的崛起,如今已成业界的创业传奇。2002年时,就读于普林斯顿大学的萨奇,看到朋友研发出一种能促进室内盆栽植物生长的自制肥料,且让植物结出好看的花苞,这让他兴趣盎然。你们想的没错,这种肥料是用红蚯蚓排出的粪便制成的,而那些红蚯蚓,则以残羹剩饭为食。而且,用了这种肥料后,植物和植物的主人似乎皆大欢喜。萨奇心想,他也许可以将这种肥料作为商业产品加以开发,然后出售给园艺爱好者。碰巧的是,他有一个名叫拜尔的大学校友,其父亲是位毒理生态学家,对蚯蚓之类的生物做过研究,所以,拜尔对相关知识也略知一二,萨奇便找他一起合作。

　　为了将给蚯蚓喂食残羹剩饭的流程自动化,他们委托一位佛罗里达州的发明家帮助制造机器,但对方要价两万美元,结果两位合伙人不但用光了信用卡和银行账户头里的钱,还不得不跟亲朋好友借钱。后来,普林斯顿大学答应将学校餐厅里的残羹剩饭送给他们,但由于连着碰到一些障碍,两人差点中途放弃。还好,当地一位创业家相当赏识他们的计划,决定出资赞助。2002年秋,萨奇和拜尔的创业计划在六场企业经营竞赛中脱颖而出,使得他们的创业之路能够继续走下去。2003年春,他们迎来了大好时机:他们的公司在风险投资①公司Carrot Capital举办的竞争激烈的企业经营竞赛中夺冠,赢得100万美元的奖金。只可惜这家风险投资公司认为萨奇的环保理念过于激进,希望他可以缓和一些。几位合伙人甚至明确表态,不欢迎萨奇雇用的几名管理者,希望萨奇可以炒掉他们。最后,萨奇婉拒了这笔百万美元的奖金,当时该公司银行账户里只剩下500美元。

　　回顾当初,那时的经济窘境对萨奇和拜尔的公司其实未必是坏事。由于资金不足,萨奇只得找来一批学生帮忙,在普林斯顿校园里翻找垃圾桶,从中寻找用过的容器来包装该公司生产的液态肥料。这样做在该校其实是违法的,但萨奇却从中获得了一点重要启示:要是可以将原本要送进资源回收厂的废弃塑料罐加以回收利用,那么他的公司不但可以开辟一番新天地,生产出完全用垃圾制成的产品,而且还可以省下大笔包装成本。片刻之间的顿悟,让萨奇把公司带上了阔步发展的大道,也使他后来成功地从一群天使投资人那里募集到120万美元的资金。

　　如今,萨奇的团队早已不再干"在月黑风高的夜晚翻遍垃圾筒"之类的事了。后来,该公司推出了一个"塑料罐回收计划",委托各学校和非营利组织帮忙回收;每收集一个罐子,他们就支付五美分。该公司会提供收集桶,

---

① 风险投资(venture capital),简称VC,在我国是一个约定俗成的具有特定内涵的概念,其实把它翻译成创业投资更为妥当。广义的风险投资泛指一切具有高风险、高潜在收益的投资;狭义的风险投资是指以高新技术为基础,生产与经营技术密集型产品的投资。根据美国全美风险投资协会的定义,风险投资是由职业金融家投入到新兴的、迅速发展的、具有巨大竞争潜力的企业中的一种权益资本。

并负责把这些罐子送回位于特伦顿的处理厂,再将"液态蚯蚓大便"装入罐中,把用黄绿色收缩胶膜做成的商标贴在外头。不仅如此,喷罐的喷头,也是其他公司制造时用剩的,而包装产品的箱子,则是其他厂商丢弃的瑕疵品。

TerraCycle公司的产品和企业经营模式,以及创始人对于推广环保理念的热情,被媒体写成了一个很动人的故事,也引起了家得宝公司等大型零售商的注意。这些大型零售商考虑到,现在的消费者环保意识越来越强,因此,TerraCycle公司的故事或许特别能引起消费者的共鸣。于是,家得宝决定在网上及其在加拿大和新泽西州的几家分店里试售该公司的产品。结果,产品推出后大受欢迎,甚至对业内的老牌厂商斯科特奇迹公司构成了威胁。斯科特奇迹公司是园艺产品行业的巨头,为了保护自己的市场份额,开始密切注意TerraCycle公司的一举一动。

2007年春,规模虽小,年收入也只有区区150万美元的TerraCycle公司,在市场上掀起了巨大的波澜。当时,总值高达21亿美元的斯科特奇迹公司对TerraCycle公司提起诉讼,指控后者剽窃了自家的商标设计,并指控后者发布虚假广告。TerraCycle公司则称,该公司的有机产品比斯科特奇迹公司制造的化学肥料更为优质。结果,萨奇采用了一个很具网络一代风格的方式来加以回应:他建立了一个叫做"被斯科特告上法院"(suedbyscotts.com)的博客,不时在网站上更新官司的发展进度,有时候还以幽默的口吻发表文章,并请求网友支援这场官司的费用。这样的场景,不禁让人想起2004年本杰瑞冰激凌公司(Ben & Jerry's)为了对抗必百瑞食品公司(Pillsbury)而发起的草根公关活动。据说,必百瑞食品曾以高压手段要求某经销商在销售冰激凌时,要优先推销必百瑞食品所生产的冰激凌,而不是本杰瑞公司生产的冰激凌。许多消费者在得知消息后,纷纷对当时还在初创阶段的本杰瑞公司表示声援,同样的情形也发生在TerraCycle公司身上。萨奇贴在博客上的文章,让许多网友看了之后感到义愤填膺,很多主流媒体也注意到了这个小虾米对抗大鲸鱼的故

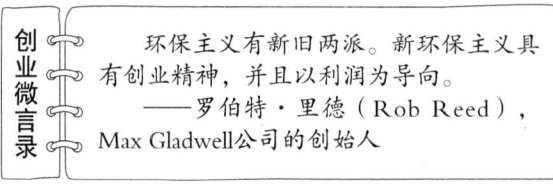

环保主义有新旧两派。新环保主义具有创业精神,并且以利润为导向。
——罗伯特·里德(Rob Reed),Max Gladwell公司的创始人

事，并借此大做文章：斯科特奇迹公司拥有59%的市场占有率，竟然会对一家规模甚小的对手感到恐慌，显然，这个对手的实力不容小视。这些媒体的报道，给TerraCycle公司带来了极大的好处。萨奇回忆说，他的公司在与斯科特奇迹公司打官司期间，销售业绩增长了120%，尽管如此，竞争对手毕竟规模太大，他的公司最后仍是不得不变更其产品包装方式，并答应不再宣称其有机产品比斯科特奇迹的产品更好或一样好。但输了这场官司，萨奇并不后悔。他说：**"我觉得这场官司其实是个天大的恩赐，它为我们带来了前所未有的知名度。"**

TerraCycle公司的发展脚步并没有就此打住，因为萨奇在环保方面的使命感实在太强了。去年，《公司》杂志500强企业在华盛顿近郊举行大会，这位终年披散着头发、甚至有点不修边幅的CEO，在这次会上发表了慷慨激昂的演说。他说，过去一年，该公司的业务内容已经转型，开始着力开发用垃圾制造而成的产品。萨奇大声宣告："各位今天消费的东西，大约99%会在半年后变成垃圾。因此，美国最大的输出品，其实是废料。"如今，萨奇正在竭尽全力将部分废料留在国内，于是雇用了更多的废弃物收集队来收集其他类型的垃圾，如果汁盒、饼干盒、包装纸、包装袋等等，再将它们制造成手提袋、雨伞、淋浴帘、铅笔盖等产品。为了做到这一点，他甚至与美国几家规模最大的消费者品牌和零售商合作。通过这些合作关系，2008年，该公司的年收入突破700万美元，还帮非营利组织募集到了10万美元的捐款。在第8章，我会更详细地介绍TerraCycle公司是如何一步步发展成"升级再造公司"的。

总统都重视的太阳能创业

现年29岁的艾伦·霍尔（Aaron Hall）是博雷戈能源公司（Borrego Power Systems）的CEO。1980年，当詹姆斯·雷卡德（James Rickard）创办这家公司时，霍尔还是个婴儿（雷卡德与霍尔两家是世交）。尽管如此，近30年后，该公司在霍尔的带领下迈向了新的高峰。2008年，该公司创下6000万美元的年收入，从2006年起，实现了年年翻番。如今，支持替代能源的奥巴马总统执政，霍尔认为，该公司接下来应该会实现更令人瞩目的发展。

公司的创始人雷卡德夫妇住在加利福尼亚州博雷戈斯普林斯（Borrego Springs）沙漠小镇上，原本经营太阳能加热及发电系统，生活过得挺滋润。但在20世纪90年代初，联邦政府不再实施许多减税措施，让博雷戈公司生意锐减，几年后不得不关门大吉。一直到多年以后，当就读于西北大学的艾伦·霍尔为了撰写一份商业计划书作为某门经济学课程的期末调查报告时，这家公司的命运才得以扭转。霍尔回忆说："有一天，我和父亲谈到，我不知道这份报告该写些什么。太阳能的想法，就在这时候诞生了"。当时是2001年，加利福尼亚州正陷于恐怖的能源危机当中，由于相关法令的松绑，造成电费飙涨，停电消息频传，许多民众对电力公司相当痛恨。在此之前，加利福尼亚州州政府为鼓励民众安装太阳能而推出了一项计划：只要装了太阳能，州政府就补助一半的经费。于是，霍尔和父亲便联络了雷卡德，并且在他的帮助下，构思出拯救博雷戈能源公司的计划。

霍尔的那份期末调查报告得到了A的高分。从西北大学毕业后，雷卡德问他想不想跟自己合伙，霍尔同意了，于是向父母借了两万美元，买下该公司一半的股份。

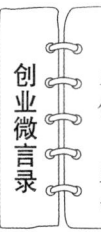

创业微言录

我们美国人八年来终于第一次选出了一位支持替代能源的总统，有了政治上的支持，我们的信心更足了。

——艾伦·霍尔（Aaron Hall），现年29岁，博雷戈能源系统公司的CEO。2008年，公司年收益达6000万美元

接着，他便和雷卡德着手做他们的第一笔生意——为霍尔家安装太阳能板。第二笔生意是帮他们家族的某位叔叔安装太阳能板，后来，这位叔叔的某位同事也找他们帮忙装设一套价格为8万美元的太阳能系统。他们的合伙关系非常融洽。霍尔说："詹姆斯教我物理、工程承包法规和太阳能科技，我把他当师父看待。第一年的时候，我每天要打五个电话给他。此外，因为我年纪太轻，他还会陪我去拜访客户。许多客户一听到他谈起20世纪60年代，就倍感亲切。而我，则负责把花销计算给客户听，很多生意就这样成交了。"

起初，霍尔在企业经营上采取顺其自然、任其发展的态度。他平常住在家里，早上如果有客户打电话来，他才会不情愿地从床上爬起来，穿着内裤，到楼上的办公室里接听电话。此外，他也将公司的联系名单输入电话簿里，偶尔则到扶轮社或国际同济会演讲，并雇用自己的哥哥来帮忙。一年半后，雷卡德决定退休，把股份全都卖给了霍尔。之后，霍尔又将部分的股份转让给哥哥和公司的某位员工，让他们也可以"分一杯羹"。

严格说来，博雷戈能源公司能顺利发展，其实得益于潮流的兴起。近几年，大家开始关注全球变暖、能源安全和恐怖主义等问题，对替代能源越来越感兴趣。通过美国前副总统戈尔的大力宣传，如今，民众都普遍意识到气候变化的问题。在加利福尼亚州，州政府更大力倡导民众使用替代能源。2006年美国通过加州太阳能计划，投资33亿美元补助一般家庭和企业商户装设太阳能系统。该计划的目标是，到2015年，全州安装太阳能板的用户达到100万户。

从2003到2007年，博雷戈公司的营业收入从230万美元猛增至3030万美元，营业网点也扩展到圣荷西、伯克利和索诺玛郡。2007年中旬，霍尔甚至做了一个大胆之举，在马萨诸塞州也设立了营业处，但他这样做并非没有道理。马萨诸塞州州长德瓦·派崔克也十分提倡使用太阳能。同年春天他就宣布，该州的太阳能板制造商——长青太阳能公司，决定耗资1.5亿美元扩大生产，这还得感谢州政府推出的4.4亿美元的促进方案。如今，长青公司是博雷戈公司在美国东北部的供货商，而这个地区所带来的收益，就占了博雷戈公司去年总收益的四分之一。

对博雷戈公司的规模能不能继续扩大，霍尔显得信心满满。2008年年底，他向国外一家上市公司募集到1400万美元的资金；2009年2月，他则将家用事业部出售给另一家太阳能公司。霍尔说："**将来，我们要把经营重心放在商用客户和公共机构上，因为这些市场潜力巨大，有助于我们实现企业的总目标，加快全国使用可再生能源的脚步。我们美国人八年来终于第一次选出了一位支持替代能源的总统，有了政治上的支持，我们的信心更足了。**"

"网络一代"创业家游戏规则六：
公益事业助力创业发展

1.选择与公司的目标相一致的公益事业

在考虑让公司加入公益事业时，最好将目标锁定在那些与公司核心事业相辅相成的机构或活动上。比如，幸福婴儿食品公司的创始人，选择的对象是花生酱工程——帮助马拉维儿童解决饥饿问题的计划。而Meathead搬家公司（见第5章），则选择和当地收容受暴妇女的"中途之家"合作。以上两例的合作关系都在传递一个信息给客户、员工和群体：我们公司所从事的善行义举，都是经过深思熟虑且真心诚意的。

2.鼓励客户一起参与公益事业

好伙伴公司，是一家实行会员制，向女性创业家出租共享的办公场所的公司，该公司创始人费薇斯和阿布拉姆斯选择的赞助对象主要是一些帮助妇女追求职业发展的非营利组织。不仅如此，她们在从事公益活动时，还会呼吁公司会员积极响应，比如共同捐款给微型贷款机构、假日为当地的女孩福利机构提供接送服务，或参与各种募捐活动。此外，该公司也经常将办公场所免费提供给非营利组织使用，并从该公司会员中招募适当的人去担任这些组织的董事。通过呼吁会员一同参与公益活动，这家公司在会员心目中建立起这样的形象：不只是只顾收房租的房东，同时也乐于回馈小区。

3.推出"公益产品"

OneHope红酒的创始人科拉博丹兹在创业前注意到了一件事：与公益事业有关联的产品，在美国超市里往往被摆在最显眼的货架上，而且销路很好，只可惜这类营销活动通常是有期限的。于是科拉博丹兹决定不但要推出公益产品，还要无限期地参与公益事业，让它成为品牌不可或缺的一部分。尽管这样的策略不一定适用于每一家公司，你还是可以考虑选择一项产品或服务，为公益事业做出长期贡献。

4.用志愿者服务来提升员工士气

夜晚广告是一家从事交互式广告营销的公司，其客户包括橘滋和耐克之类的知名品牌。对该公司37名员工来说，帮这些付费客户做好广告固然有趣，但该公司的CEO达伦·保罗表示，最能够鼓舞员工士气的，却是他们为一家名为"拯救艾滋儿童"的非营利组织所提供的志愿者服务，也就是为非洲的艾滋病童提供抗转录病毒药物。每个星期，这些员工会在这类志愿工作上要花上20个小时。保罗说："帮商业性品牌做广告固然有趣，但我们的员工一想到自己的才能可以用来救人性命，他就变得很积极投入。"

5.通过社区公益来招聘人才

位于新罕布什尔州曼彻斯特地区的动态网络服务公司，是一家提供网域和电子邮件服务的企业，客户人数约为250万。除了营利性的活动，该公司也积极参与社区公益，比如派员工到公司附近的某高中去指导学生，以参加国际上的机器人设计大赛。但该公司CEO希区柯克表示，他们这么做并非完全出于利他精神，因为，通过让公司的员工指导学生，可以激发学生对数学和工程的兴趣。该公司对这些人才的依赖度非常高，而且，近年来在这方面的人才流失严重。该公司可以挑选最优秀的学生到公司来实习，甚至在他们上大学以后继续保持联络。

6.优良的公益产品才有市场

将产品和慈善活动或环保概念扯上关系，尽管可以吸引消费者购买，但如果产品本身质量不好，消费者也许买过一次就不会再买第二次。有研究显示，即便是最具有社会使命感的消费者，也不愿去购买质量低劣或价格昂贵得没有道理的公益产品。OneHope红酒的创始人科拉博丹兹很懂这个理，于是便找了一位在索诺玛郡颇有声望的酿酒师来帮忙，以确保该公司的产品除了能让客人感受到公司的社会责任感，还能让他们啧啧称赞。要是产品质量很糟，消费者是不会花钱购买的，他们宁愿直接把这笔钱捐给慈善机构。

第7章
职场革新，打造高效的创业文化

网络一代企业家所要求的工作环境，对于传统的公司文化而言是无法接受的。很多网络一代年轻人都觉得，传统的公司文化僵化呆滞、没有弹性、毫无乐趣可言，而且还建立在愚蠢的层级架构上。这些年轻人或许在传统的企业里工作过，但很快就感到幻灭、无奈，或干脆敬而远之。但，这能够怪他们吗？一年多前，数字扫描公司的CEO斯科恩罗克（Schoenrock）告诉我："在雷曼兄弟公司工作时，看到那些40多岁的同事，我心想：'我可不想变得跟这些人一样。'他们在这里奉献了一生，却可能在下一秒就失去一切。"很遗憾地，他们的确失去了这一切。2008年9月，雷曼兄弟申请破产，许多大企业也相继倒闭，这让网络一代更加相信：将未来托付给那些传统的大企业，是多么危险的一件事。

根据美国中小企业发展署的统计数字，在过去两次经济衰退期间，也就是1990到1992年、2001到2003年这两个时间段，初创公司的数量都有所增长。而目前的这波经济衰退，应该也会带动这股潮流，甚至，初创公司

> 创业微言录
> 在雷曼兄弟公司工作时，看到那些40多岁的同事，我心想："我可不想变得跟这些人一样。"
> ——安德森·斯科恩罗克（Anderson Schoenrock），现年29岁，数字扫描（Scan Digital）公司的CEO

的数量会更多。**由于经济的不景气，许多网络一代年轻人因为找不到工作而纷纷投入创业行列，是相当合理的预期**。笔者认为，这一批新企业主所创造出来的工作环境与公司文化，应该会不同于他们的创业前辈。至于网络一代会用什么样的风格来领导和管理公司，只要听听其他人对网络一代员工的看法，也许就能看出端倪。

根据任什达集团美国分公司与哈里斯市场调查共同开展的"2008职场调查"："网络一代正在改变全球企业的面貌，而且这次的改变很可能是继二战期间女性大量进入职场后，变动最剧烈的一次。因为，网络一代年轻人，不会墨守成规。"那么，网络一代对他们的老板又有着什么样的期待呢？根据上述调查结果，网络一代期待老板能提供充分的在职训练，根据工作表现来决定是否升迁，与员工进行直接的沟通与诚实的反馈，增加绩效评估的次数，提供良好的激励机制，并创造一个流动、开放、重视知识共享的工作环境。

在传统企业里等待晋升，一步一步往上爬，既漫长又遥远，很多时候还会碰到"玻璃天花板"，碰得头破血流。这样的情形，对网络一代企业家而言，实在没有半点吸引力。因此，他们在创业时不但会扬弃主流，还会努力营造出这样的公司文化：员工的成就是通过他们的辛勤工作与优秀的创意来做到的，而不是一丝不苟地遵循公司的游戏规则来做到的。你们或许觉得这太理想化了，甚至有点不切实际，但是传统的指挥与控制观点，的确在网络一代的基因里找不到。这一点对企业或许是件好事。毕竟，当整个大环境竞争非常激烈、变化极为迅速时，企业要想胜出，一定要随时火力全开才行。而要做到这一点，还有什么比营造出一个鼓励、欣赏、奖励好点子、优秀创意以及创新的公司文化更有效的呢？

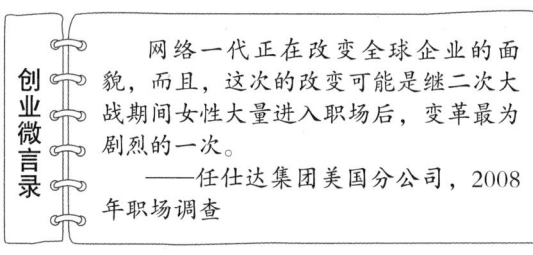

创业微言录

网络一代正在改变全球企业的面貌，而且，这次的改变可能是继二次大战期间女性大量进入职场后，变革最为剧烈的一次。

——任仕达集团美国分公司，2008年职场调查

如今，一小部分美国企业已经了解，要吸引或留住网络一代员工，企业的聘用模式一定要有所调整。举例来说，财富500强电子零售商百思买，为了迎合以年轻人为主力的员工群，就革新了它的公司文化。2006年，该公司在它位于明尼苏达州里奇菲尔德的总部推出了一项名为"以成果为导向的工作环境"计划，大大颠覆了传统的工作环境。这项计划是以员工的工作成绩，而不是他们留在办公室的时间长短，来评估工作绩效。只要如期将工作完成，而且做得

> **创业微言录**
> 我相信，网络一代的文化将成为未来的工作文化。
> ——唐·泰普斯科特（Don Tapscott），全球著名的新经济学家和商业策略大师，被誉为"数字经济之父"

很好，公司不会管他们在哪里工作，什么时候工作。不过，这一政策虽然很合年轻人的胃口，刚开始却也惹恼了一些较为年长的员工。但结果显示，该计划的推行十分成功，公司的产能至少提高了35%。于是该公司后来还成立了一个从事企管顾问业务的新部门，叫做RX文化（Culture RX），目的是将该公司的这项计划推销给《财富》前500强企业。不过，对百思买而言，它获得的最大好处，应该是在企业界建立起对网络一代友好的稳固声誉。

这样的地位，许多企业都"羡慕嫉妒恨"。如今，有许多企业也正全力加入这个行列。例如，德勤公司就十分积极地在掌握网络一代年轻人的脉动。根据该公司所做的一份调查，公司18岁到26岁的员工里头，约80%的人都说自己有当志愿者的意愿；更有高达97%的人表示，公司应该主动为员工提供志愿意愿者工作机会。德勤公司决定善加利用这份研究结果，在2008年，公司和联合劝募协会共同推出了一个叫做"另类春假"的计划，内容是招募大学生到深受卡特里娜飓风重创的密西西比州汉考克郡，从事小区志愿者服务工作。这次的计划总共招募到80名来自全美35所大学院校的学生（他们也可能是德勤未来的员工），和该公司的员工并肩合作，一起为当地的灾民服务。该公司常务董事詹姆斯·杰格（James Jaeger）表示，借助这个难得的机会，这些学生"可以更深刻

地认识我们公司、我们的员工,而我们也得以和许多潜在员工,进行一对一的接触。"

不过,换个角度看,企业难道必须要满足这群特别希望受到重视的年轻人吗?根据美国劳工统计局的估计,在目前的美国人力资源市场上,网络一代占了约四分之一。乍看之下,这个比例好像不高,但各位要知道,每天,大约一万名婴儿潮世代的人年满60岁,因此可以想见,网络一代在总劳动力中所占的比例,在未来几年内将会迅速攀升。问题是,当婴儿潮世代逐渐从职场上退休以后,X世代并不能充分填补这些人退休后所留下的空缺——所谓X世代,指的是出生于1965到1976年之间的人,美国这个世代的人数,只有450万而已。无论各位相不相信这些数字预告了未来的劳动力短缺,有一件事铁定不会错,那就是网络一代在总劳动力中所占的比例将越来越高。因此,跟过去的世代相比,未来将有不少网络一代在更年轻、更没有经验的时候,就坐上管理者的位置。换句话讲,现在的企业一定要准备好一些新招,以确定今天雇用的这些年轻人,能在不久的将来肩负起管理与领导的重大责任。

为了让网络一代能够接棒,现在企业改革所推行的公司文化和管理风格,尽管看似是对他们的一种溺爱,但这些其实都将成为新职场文化的基础。这些职场方面的革新,其实是很有竞争力的工具,能帮助企业兴盛繁荣或渡过难关,因为这些革新能够吸引、留住并激励这批日益众多的就业大军。网络一代创业家很懂这一点,他们不需要在企业里推动正式的计划来吸引同龄人,只要努力创建自己理想中的企业,并且从基层做起就行。因此,他们能吸引到同龄人里最优秀也最聪明的人才,那些人,虽然看重金钱报酬,但同样重视企业所提供的训练、升迁机会、弹性的工作,以及能兼顾娱乐与工作意义的公司文化。

新的公司文化带动高效率

如果你想到曼哈顿的Undercurrent公司工作,该公司的三位创始人斯皮尔(Josh Spear)、迪南(Aaron Dignan)和舒翰(Rob Schuham)很可能会在面试的时候问你:你会流"粉红色的血"吗?如果你的回答是"不会",这三位老板可能会请你另谋高就。现年29岁的迪南说:"粉红色是我们公司的颜色。流粉红色的血,是代表你不论何时都处在做好了准备的状态,而且愿意跟一群志同道合的朋友去成就你们的天赋使命。"讲得更明确一点,这句话的意思是你愿意为大企业策划数字营销活动;用三位合伙人的话来讲,则是"你愿意努力让网络世界变得更加美好。"

但要做到这一点,该公司必须先提供一个很好的工作环境,尽管这样的环境,不见得让每个人都高兴。迪南说:"我们正在改编人力资源守则。这里的工作环境,结构松散,每个人的工作进度,都由自己决定。但员工之间的关系还是非常紧密,与其说这是一家公司,不如说是一家俱乐部。"在这一点上,Undercurrent公司和我研究过的许多网络一代老板经营的企业非常类似。目前,Undercurrent有15名员工,而且人数还在增加。但要进入这个私密的俱乐部,可不是件容易的事。总体而言,每25个求职者中,只有一个能获得三位合伙人的青睐。但各位可千万别以为这只是家不起眼的小公司,Undercurrent目前的客户有雅虎、美联社、福特汽车、百事可乐、山露汽水等,每年的营业额在200万美元左右,而且"非常赚钱"。所以,它不仅是个俱乐部,更是家地地道道的公司。

Undercurrent的员工,大多只有20来岁,而迪南坦言,他们好像真的特别需要鼓励与回馈。于是,该公司去年推出了一项以季为单位的奖励制度,当公司和现有客户做成三次、六次和九次的重复生意,员工就可以享有三种不同的福利。由于公司很强调团队合作,员工不会相互拆台,而会彼此合作,以实现目标。若做成三次的重复生意,每个员工就可以在某星期五的下午看电影;若做成六次的重复生意,每个员工则可以享受一次免费的全身按摩;当做成九次的重复生意时,他们则可以到公司附近的全食超市里进行15分钟的疯狂采购。而且，为了保持新鲜感，第二级和第三级的奖励，每个季度都会有所变化。迪南说，所有的激励机制，"对公司文化都非常有益。大家的感情不仅变得更紧密，也从中获得了许多乐趣。"由于这套制度奖励的是重复成交，因此可以激励大家努力思考，如何发掘客户的需求，和客户建立更深厚的关系，进而提高公司的收益。这样的目标，从收益的角度看是非常有道理的，因为，和现有的客户重复做生意，成本当然远低于吸引新客户。

另外，跟上述做法的精神类似，该公司每四个月会在外面举办一次为期两天的会议，让员工针对公司的经营策略、服务、客户问题，以及自己在过去四个月内学到的经验，拿出来和大家一起分享讨论。迪南说："一开始，我们可能坐在公园的树荫底下，接着再前往咖啡厅或某个合伙人的家，最后则移师到饭店的会议室里。"毕竟，要是老在同一个地方进行这样的交流，就和待在办公室没什么两样了。况且，迪南说，"那样的话，我们反而无法专注。"这两天的会议，每天晚上都会以庆功宴画上句号。此外，公司也会举行不署名的问卷调查，问问员工对人力资源流程、同事或合伙人满不满意。迪南指出："通过这项调查，我们总是能得到许多意想不到的有创意的见解。"比如，有一次的调查结果显示，不少员工觉得很难将自己的工作任务和公司的长远目标联系在一起。于是公司便制作了一份文件，将公司的愿景明明白白地解释给大家听。迪南说："我们希望企业在考虑使用数字营销时，头一个想到的就是我们。"不过要进入这家公司工作，你可得先"流粉红色的血"才行。

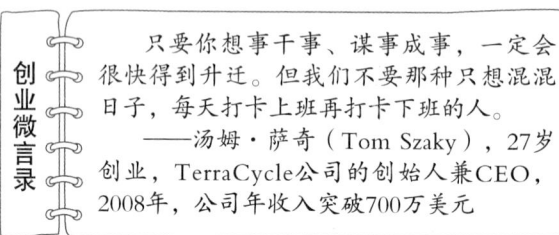

创业微言录

只要你想事干事、谋事成事，一定会很快得到升迁。但我们不要那种只想混混日子，每天打卡上班再打卡下班的人。
——汤姆·萨奇（Tom Szaky），27岁创业，TerraCycle公司的创始人兼CEO，2008年，公司年收入突破700万美元

打造竞争向上的职场氛围

网络一代企业家并不十分看重资历，而是看重能力。尽管他们可能会竭尽全力地去营造能兼顾娱乐与公平的公司文化，但这不代表他们不会严格要求员工。这一点，在TerraCycle公司的CEO萨奇身上尤为明显（TerraCycle公司专门制造有机园艺堆肥和各种通过废物"升级再造"的产品，见第6章和第8章）。要是你的表现达到了萨奇的标准，你可能很快就会被委以重任；但要是你让他失望，他可能会请你走人。想了解这家公司采取的是什么样的绩效制度吗？和艾厄尔布·赛克斯聊聊就知道了。

2006年9月，21岁的赛克斯来到TerraCycle公司接受面试，应聘公关部门的一个小职员职位。他回忆说："当天，我穿着西装，打着领带，在公司的会议室里等待，由于会议室里没有空调，热得我汗流浃背。后来，老板萨奇穿着短裤和T恤走进来，见面就抛给我一个问题：'假如你要进军一个新的市场，但手上只有负1万美元的预算，你怎么做到收支平衡？'"这个问题，是萨奇在面试求职者时必问的，为的是考考他们的批判性思考能力。当时赛克斯回答得支支吾吾，因此，在离开会议室的时候，他觉得自己一定搞砸了。然而他没有轻言放弃，还把自己后来想出来的一些答案用电子邮件寄给了萨奇。结果，他就这样被录用了。

赛克斯说："**后来萨奇告诉我，他录用我，是因为欣赏我有这种坚持到底的精神。虽然我给他的几个答案都很烂，但有答案总胜过没有。**"但萨奇录用他，有个先决条件：由于赛克斯没有任何公关方面的经验，因此，必须先在公司当实习生，以便公司评估他的表现。上班头一天，公关部的主管就被萨奇炒了鱿鱼，原因是公司派这名主管训练赛克斯，但该主管却对他不闻不问。后来，公司雇用了一个有过一年公关工作经验的年轻女孩来和他共事，但三个月后也被开除了，赛克斯回忆道："原因是绩效不佳。"

在TerraCycle公司，公关工作并没有外包出去，还在公司里占据很重要的地位，因为萨奇不相信传统的广告手法，而是完全依赖新闻来宣传该公司的环保理念、资源回收制度、市民雇用计划,以及它和几个知名消费品牌及大型零售商之间越来越双赢的合作关系。但新闻发布的不见得都是好消息。上班后半年,赛克斯就接到了几项重要任务,包括负责两项重要产品的上市,及针对斯科特奇迹公司控告该公司包装侵权和广告不实一事应付媒体。这是个小虾米对抗大鲸鱼的经典故事,但赛克斯发挥了自己的特长,让这则新闻成为媒体瞩目的焦点。赛克斯说:"为了让与公司有关的新闻登上《纽约时报》《华尔街日报》和《商业周刊》等媒体,我费了一些工夫,比如打电话给一些大人物。而在往常,一个22岁的年轻人,是不可能联系得上这样的人物的。"2007年夏天,赛克斯升任公关部主任,一年后又被萨奇任命为媒体公关副总裁。

不过,这家公司难以找到温馨的气氛。赛克斯说:"在这儿工作,每天都面临新的挑战。萨奇希望我们随时都处在紧张的状态。比如,我要是进到他办公室告诉他说,这一期的《财富小企业》杂志,有我们公司的报道,他可能会

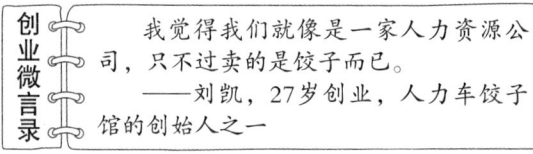

创业微言录
我觉得我们就像是一家人力资源公司,只不过卖的是饺子而已。
——刘凯,27岁创业,人力车饺子馆的创始人之一

问:"上了封面吗?"尽管赛克斯和他的46位同事面临如此严格的工作要求,但他们的努力没有白费,因为他们都拿到了公司派发的股评选择权,而萨奇也承诺他们:"只要你想事干事、谋事成事,一定会很快得到升迁。但我们不要那种只想混混日子,每天打卡上班再打卡下班的人。"

培养员工的工作热情

如果你公司聘请的员工,大部分是那种打卡上下班的计时员工,该怎么办?**计时员工一向是管理上的一大挑战**,这一点,餐厅老板应该比其他人更清楚。人力车饺子馆是一家风格休闲、上菜迅速的亚洲风味餐厅,在曼哈顿地区设有两家分店(见第5章)。该公司创始人之一刘凯就感慨地说:"我觉得我们就像是一家人力资源公司,只不过卖的是饺子而已。"

他公司里的60名员工,大多数都要轮流负责推餐车、上菜、管理收款机。而刘凯很清楚,这些领计时工资的员工,可能就是这家餐厅成败的关键所在。还好,他掌握了一个秘诀,知道要如何留住这些员工,并提高他们的工作热情。

他说:"我们花很多时间训练员工,而且从为客人服务到背熟菜单,什么都得学。我希望教会这些员工一些东西,让他们能够在客人面前表现得从容自在,有能力应付各种突发状况。"刘凯告诉员工,客人的信赖非常重要:"只要客人发现你有不懂的地方,就再也不会相信你说的每一句话了。"在刘凯的餐馆工作,要学的东西很多,除了要熟悉每一种饺子的馅料,甚至要能够回答客人随便提出的问题,比如:"你们这家餐厅是谁设计的?"(知名室内设计师Hiromi Tsuruta),又或者:"这些桌台真漂亮,是用什么材料做的?"(是一种类似可丽耐(Corian)的固体表面材料,叫做艾弗耐(Avonite)。如此扎实的训练,能帮助员工和客人进行更深入的互动,当然也使员工的工作表现更加出色。

应聘者在被录用后,公司会向他们说明人力车饺子馆的历史及品牌定位。之后,他们先跟在资深的前辈身边学习,然后学习认识菜单和各道菜的材料及成分,接着考试(试卷共6-8页),考试合格后才能正式上班。要是回答不出菜单上哪些菜最辣、无法向吃素的客人提出合适的建议,或者无法完整介绍"上海式巧克力汤饺"是道什么样的菜,就会被老板炒掉。通过考试的员工,公司会发给他们吸汗带。吸汗带有白、灰、黑三种颜色,分别代表不同的等级,每升一级,除了会获得加薪,还要肩负起带新人的责任。

此外,为鼓励那些以西班牙语为母语的员工参加一个交互式的英语学习培训班,刘凯还推出了奖励机制。员工可以趁有空时听听教学录音带,每完成十课时就接受一次考试;每通过一次考试,就可以得到20美元的奖励。刘凯这么做,不但是在给员工提供福利,其实也是为了确保每位员工能够与客人进行有效的沟通,即使看起来没什么机会与客人直接互动的员工,也不例外。

网络一代的"企业大学"

不过,对EvedServices公司的CEO玛莎奇而言(见第1章和第3章),她之所以决定强化公司员工的培训,可以说是不得已的选择。这家迅猛发展的公司,服务对象是芝加哥地区的饭店或旅馆。当企业在饭店举办活动时,很多事情需要外面的服务公司来帮忙,而EvedServices的服务内容便是帮助那些饭店去雇请和管理这些服务公司。玛莎奇知道,**要持续稳定地为客户提供优质的服务,公司一定要有良好的配套措施**。结果,在翻遍了各种培训手册后,她忽然领悟到,要带领公司迈向成功,培训大概是最好的办法了。但随着与该公司签约的饭店越来越多,她知道光靠发一本标准作业流程手册给员工是不够的,还必须做更多努力。于是,她在去年正式推出了一个新的员工培训计划,叫做"EvedServices大学"(EvedServices University)。玛莎奇表示这项公司内部的持续进修计划,帮助该公司在2008年创下920万美元的业绩,较前一年提高了12%。此外,该计划也为该公司赢得了芝加哥地区商会2008年度的"优良职场奖"。

当然,**企业大学并不是什么新鲜事。迪斯尼、摩托罗拉、麦当劳、皮克斯动画工作室、苹果公司等许多大企业都设有自己的大学,其中有些还办得相当成功,能够将自己的课程推销给其他想借鉴的公司**。最近,有不少小企业也开始借鉴。例如,在安阿伯名声赫赫的小吃店金爵曼美食,就通过对员工的培训,将相关行业整合成一个群体。这其中的一家公司,金氏培训,专门教导别的公司如何"用金爵曼的方法"做生意。玛莎奇或许会借鉴金爵曼的做法,最后也将EvedServices大学给推销出去,但是现在,只要教自己的员工"用EvedServices的方法"工作,她就已经很满足了。在EvedServices公司,不仅新进员工必须上课,老员工同样也得继续进修。该公司目前有30名员工,四分之三的人都还不到30岁。

例如,一个新上任的客户经理,每年必须修满25个学分,但做到这一点,有好几种选择方式,比如,在EvedServices的培训课堂里修公司内部开设的运输、装修或销售方面的课程,参与网络培训,拜访供应商,参加研讨会,读一本工商管理方面的书然后写心得体会报告等,都会有学分。此外，讲授培训课程的讲师也能拿到学分。玛莎奇自己就开了一堂领导方面的课程，让有心想在公司从事管理职位的员工能培养相关能力。此外，跟正规的大学一样，EvedServices大学也有必修学分的规定。在上完一期的培训课程后，每一位员工每年都得修满15个学分，以提高现有的技能并锻炼新技能，从而带领公司迈向成功。玛莎奇打算在明年增设摄影课程，好让员工能拍出漂亮好看的照片，为公司的网站增色。

EvedServices大学对年轻的员工格外有吸引力，因为他们大多渴望具体明确的目标，而且"比老员工更习惯与他人开展大量的互动和牵手活动"。现年32岁的玛莎奇，育有4个年纪还不到11岁的子女，因此，她本人十分了解"牵手"这个动作背后的深刻意义。EvedServices公司的员工对EvedServices大学这项计划评价很高，他们不仅对公司愿意花钱培训他们心存感激，也意识到自己可以从中学到许多有用的技能。

这项培训计划听起来好像需要很多的投入。的确如此。该公司花在这方面的支出，每年至少在2.5万到5万美元之间，如果把员工因为参加培训而不能到岗上班，从而又会增加人手等成本也算进去，总成本可能会增加到30万美元左右。尽管如此，玛莎奇觉得，这上面所花的每一分钱，都是值得的，她甚至还对投资回报率进行了量化。她说："我们设计了一套衡量标准，能算出每一位员工所创造的平均利润、平均收益、客户服务的满意度，以及员工的留任率等。目前，我们公司员工的留任率是99%；我们提供的服务质量非常稳定，是许多同行再怎么努力都办不到的。"最近，该公司员工所创造的平均营业额提高了67%，平均利润更增加了300%。玛莎奇认为，这都得归功于EvedServices大学。

虚拟办公室

虚拟办公室特别适合网络一代企业。当经济不景气，逼得许多公司不得不想尽办法削减不变成本时，这样的工作方式往往成为明显的优势。在这类公司里头，员工尽管没有坐在同一间办公室里，但也一样能完成工作。Facebook、MySpace和Twitter等社交网络，就好比虚拟的饮水机，而手机短信和即时通，则相当于把头探进同事办公室里打招呼。

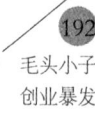

DormAid公司CEO科普克说:"我们公司是虚拟的,因为办公场所租金太贵。"这位24岁的CEO,手下只有3名全职员工,另外还有34位兼职员工,分布在各大学校园里,负责服务学生的营运工作。这听起来或许像是一场组织上的梦魇,但科普克说:"我们通过电子邮件、Skype、Gchat、Facebook、电子邮件照片、视频会议、手机短信、维基,及其他任何适当的工具来模拟在一起工作的感觉。"但是,难道科普克不担心,没有上司的监督,员工会偷懒吗?他当然担心。不过,他也说:"虚拟办公跟员工办公室来上班,其实没什么两样,因为,要是一个人没有真正投入到工作当中去,他还是会找到别的办法来偷懒和推卸责任的。"

其实,虚拟办公室不仅可以用在类似DormAid这种资金不太够的小型创业公司,对于已经有了一定规模的公司,也会很有帮助。八年前,《心灵牙线》的创始人哈蒂库朵与皮尔森成立了一家媒体公司,公司位于皮尔森的家乡,也就是阿拉巴马州的伯明翰。一年半后,哈蒂库朵心想,他想离亲朋好友更近一点,但有个问题:他的亲友大多数住在曼哈顿。怎么办?难道跟皮尔森分道扬镳?还是想点别的办法。

六年前,哈蒂库朵搬回到纽约布鲁克林,如今手下有3名员工,而皮尔森则继续留在阿拉巴马州伯明翰,负责管理4名员工。此外,负责营销、公关、客户服务与履约等业务的托比·马隆尼,则驻在克里夫兰,也管理着4名员工。另外,该公司的两名全职研究员兼事实核查员,则住在底特律近郊。皮尔森说:"我们寻找人才,不管他住在美国的哪个角落,加盟我们公司之后,他还是可以待在原来的地方。如此有弹性的政策,对我们来说既是优点,也是挑战。毕竟,面对面的相处

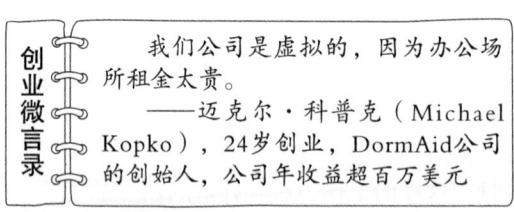

创业微言录

我们公司是虚拟的,因为办公场所租金太贵。
——迈克尔·科普克(Michael Kopko),24岁创业,DormAid公司的创始人,公司年收益超百万美元

是很难用别的方式取代的。"还好,这家公司的员工虽然很难全部聚在一起,但皮尔森和哈蒂库朵会经常到各据点巡查。皮尔森说:"各地的办公地点,就相当于公司独立部门了。"

"虚拟"扩张

总部设在盐湖城的TodaysMama公司，则因为虚拟公司的特质，得以迅速扩张，从而进军全国市场。该公司创始人，现年31岁的赫雪（Krantz Herrscher），是三个孩子的母亲。2004年，她与一位朋友推着双人娃娃车在逛大书店时，忽然想到创办一家公司的点子。赫雪说："当时我和朋友聊起不知道暑假带孩子到哪里去玩才好，结果我们发现，书店里没有任何这方面的图书，于是我们便想，干脆我们自己来写好了。"后来，她和友人彼得森（Stephanie Petersen）向小企业管理局（SBA）贷到了55000美元的贷款，再共同编写了《犹他州妈妈手册》，印刷了两万册。结果，该书出版后几个月便销售一空，两位合伙人不但还清了贷款，还惊喜地发现别的州也有许多母亲希望有类似的手册可供参考。

不过，TodaysMama公司当时硬件设施严重不足，因此，尽管市场上有需求，也没有办法进一步做大。赫雪和彼得森认为，她们最好的办法，是将该书的版权授权给那些跟她们一样有事业心、有天分，但宁愿在家工作的妈妈们。从那时候到现在，该公司的市场已经扩展到全美19个州，并且和当地的报社或杂志社建立策略联盟，通过其出版部门发行属于当地的"妈妈指南"。由此看来，赫雪也是个极具合作精神的创业家。此外，TodaysMama公司也设有网站，让会员可以上网查找一些育儿信息，参与一个微博论坛，或点击各地区的门户网站。如今，赫雪是这家公司的大股东，她在盐湖城有8名员工，在肯塔基州和蒙大拿州各有一老员工，还跟15位独立的承包商签约合作。这家公司的营运完全是虚拟的，连该公司在盐湖城的员工也都是在家工作。赫雪是如何办到的？

赫雪说："正因为我们是家虚拟公司，所以建立的组织结构需更严密。"赫雪用了一套名叫Basecamp的项目管理与协作软件，通过这套软件，让参与公司运营的42个人可以彼此联络、追踪项目进度和管理编辑内容。赫雪说："如果有真正的办公室，同事之间相互问候就很容易做到。

但我们做不到，所以只好利用这一软件。"这套软件让分散在各地的员工可以与被授权者进行互动，或用它来读取模板、美工资料和文字内容，再挂到各地区的网站里头。此外，该软件还有一个功能是专门供美术编辑和创意人员使用的。赫雪觉得是个"很不错的工具"。

"不管员工属于哪个层级，我都鼓励他们拿出自己当老板的'范儿'，这也是进度追踪和沟通对我们来说如此重要的原因。"赫雪说，**"意见和信息一定要先分享出去，才有办法加以执行。而要看到全貌，就必须追踪每个人的工作进度。"** 为了做到这一点，赫雪要求她的员工每季都要撰写商业计划书（通常在两页左右），一方面总结上季度的计划执行成果，一方面为接下来的几个月设定目标。赫雪会将这些计划书加以整合，再依据实际执行情况加以修改。

此外，为确保所有获得授权的经营者能达成共识，赫雪每年会在盐湖城举办一次会议，让经营者和公司员工有机会碰碰面、培养感情，并接受正式的培训。大会的主题涵盖了公关、书籍制作、营销与宣传等等，课程的讲师大多由赫雪的员工担任，但有时也会邀请其他地区的独立承包商来授课。

2008年，TodaysMama公司的年营业额只有5万美元，规模还相当小，但该公司采用的制度，给人的感觉像是个大公司。这是有原因的，**跟所有追求发展的小企业一样，在扩大规模之前一定要先打好基础**。2009年初，赫雪进军了十个新的网络市场，并打算2010年再进军另外十个。因此，把协作与沟通的体系建设起来，就显得非常重要，更何况她并不打算建立实体办公室。赫雪说："**我们的长远目标是始终坚持虚拟办公。因为我们这群妈妈，都希望在家里工作。**"

努力工作，尽情享受

公司的休息室里，摆有桌上足球的球桌，可以玩吉他英雄和Wii游戏；办公室里允许带宠物狗；每逢周末，公司会免费为员工提供比萨饼和啤酒享用；电冰箱里，则装了一罐又一罐的能量补给饮料。你想的没错，许多网络一代创办的公司，乍看之下好像是专门供一群患了多动症、无法保持专注力的年轻员工玩乐的游乐场一样。但如果仔细观察，各位会发现，事情的真相原来是：在这样的公司里，每时每刻工作与生活，全都是融合在一起的。毕竟，当整个大环境变得越来越全球化，竞争也日益激烈时，在传统的时间和空间结构里应对变化的环境，并不是件容易的事。不过，这对网络一代来说可不是问题。

弹性工作与生活专家，同时也是"健康工作与生活"（Work + Life Fit）公司的CEO凯莉·威廉斯·约斯特（Cali Williams Yost）说："对网络一代而言，工作与生活已经不再是截然相反的两回事了。我的经验告诉我，他们不是不愿意努力工作，而是他们对工作的态度，是非线性的、高度流动的。"以Kluster公司的CEO考夫曼为例（见第1章和第8章），他在佛蒙特州伯灵顿所成立的第一家公司Mophie，附近有家滑雪场。每当滑雪场的坡道上堆满了刚飘下的雪花时，公司里就有几名员工下午偷偷跑去滑雪了。但对考夫曼而言，只要公司没什么紧急的工作要赶，员工这么做，他也只当没看见。毕竟，这些员工也经常在晚上或周末加班，以助推公司的发展。网络一代人常常抱有这样的想法："只要我能够准时地、出色地完成工作，我爱什么时候做就什么时候做，你别管。"

很多老一辈员工刻意要把工作跟私生活切割开来，跟他们相反，网络一代不仅不介意将这两者加以结合，甚至还渴望这么做。他们希望跟同事和老板成为朋友，甚至，许多网络一代创业家还执意要这么做呢。位于弗吉尼亚州里士满郡的INN United，是一家网页设计及营销公司，现年26岁的公司CEO乔尔·厄尔布表示："很多人有种成见，认为一个人大学毕业后进入职场，就应该变成不同的人，但这样会制造内在的冲突。"因此，在面试新人时，厄尔布更看重员工的个性，技能只是其次，因为他希望公司招募进来的员工能符合大学气息浓厚的公司文化。厄尔布的想法是，技能这东西是可以学的，但个性则不然。因此，了解应聘者是不是那种愿意在午休时间跟同事到隔壁餐厅里打台球的人，相比之下就更为重要（每天，他们公司起码有12名员工到隔壁的餐厅里聚餐）。

厄尔布并不是只靠这类"民间聚会"来增强员工的凝聚力。每个月，该公司还会举办一次"家族聚餐"，每个人轮流做东。厄尔布说："小时候，我爸妈经常邀请亲朋好友来家里吃饭。这样做，可以帮他们缓解当天在工作上累积的压力。"每次，轮到自己做东时，厄尔布一定会全力以赴，精心准备美食供大家品尝。厄尔布说："因为我希望大家体会到我有多感谢他们，而且，为那些替你工作的人下厨做菜，会让你学会谦卑。"酒足饭饱后，有些人会跑去玩Wii，有些人则坐在一起看电影。

但是，如果公司规模变得很大，没办法举行此类聚会时，怎么办？厄尔布说，他一定会想出别的办法的，比方说在外头的餐厅里聚餐等。总之，他是不会终止这项传统的。"公司的制度只要是员工喜欢的，就应该维持下去，因为员工是你最大的投资。这项传统可以促进员工之间的感情，所以我不会改变，就好像你不会因为孩子太多就不再共享天伦之乐一样。"

打造休闲工作环境

当然，工作中的氛围也很重要。位于洛杉矶的七号媒体工作室（Studio 7 Media），是一家价值800万美元的科技、设计与营销公司。现年31岁的辛蒂·苏格拉（Cyndee sugra）是公司的CEO，她表示："我们公司的工作氛围，一向是有家的感觉，又有现代气息

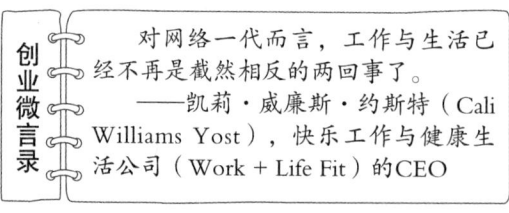

创业微言录　对网络一代而言，工作与生活已经不再是截然相反的两回事了。
——凯莉·威廉斯·约斯特（Cali Williams Yost），快乐工作与健康生活公司（Work + Life Fit）的CEO

的。但这种氛围是自然形成的，因为我们偶尔有很急的生意要赶出来，必须在公司熬夜加班，工作压力很大。"

当苏格拉于2001年成立这家公司时，她通过以前在BMG唱片和DirectTV卫星电视工作时认识的一些业内好友，以及她个人树立起来的口碑，很快拉到了几个知名度很高的客户，如前篮球明星迈克尔·乔丹和惠

普公司。为了控制成本,她用虚拟办公的方式经营公司,只在必要时才把工作外包出去,并允许这些承包商远程工作。不过她还是有一间小小的办公室,是仓库改建而成的,这里同时也是她生活起居的地方。苏格拉说:"这些承包商本身都是设计师或软件工程师,因此该有的工具或设备都已经有了。这样的制度让他们可以自由安排自己的工作进度,所以他们都很喜欢。"许多软件工程师特别喜欢在三更半夜工作,也喜欢睡在公司里。有些设计师则是会偶尔遇到创作瓶颈,需要在深夜无人打扰的时候,回公司重新修改作品。苏格拉说:"只要工作准时而且出色地完成,我倒很能接受他们这么做,也鼓励每个人好好利用在家工作的弹性与创造性。"但由于公司发展迅猛(其营业额在2007年就增长到了310万美元),苏格拉最后决定建立正式一些的办公场所。毕竟,有一些规模较大的客户要求与公司进行更多面对面的会议,再者,一直在同一个空间里工作与生活,也开始严重影响苏格拉的生活质量。她说:"我发现我周末必须躲到旅馆里去,才不会一天到晚都在工作"。

于是2008年时,苏格拉买下了一座大型商用仓库,再改建成办公室,供七名全职员工使用。另外,大约10-15名的承包商每周也会来这里一到两趟。在七号媒体工作室工作,你可以骑脚踏车或溜滑板。这里的办公桌,桌面都是玻璃制的,玻璃下方还有灯光往上打,所以有一种灯光美、气氛浓的感觉。公司的吉祥物,也就是苏格拉养的一只约73公斤重的土狗,可能会摇摇摆摆走到你身边要你拍拍它。工作时,公司里会播放轻松的背景音乐,而且每隔几天由员工轮流挑选曲目。工作累了,想休息一下,你可以去玩玩桌上足球、Play Station 3、或者去看看电影的片段。要是你想去海边戏水,然后再回来工作,你可以先到淋浴间冲个澡,还可以到公司屋顶的大阳台上工作,待上一整天。如果你是个音乐爱好者,甚至可以从挂在墙上的20多把吉他里挑一把你喜欢的,再钻进录音室里玩一玩;这家公司总共配置了两间隔音效果很好的录音室,里头摆满了各种乐器,还设有录音、混音及剪辑设备。这些特殊的设备,大多是苏格拉自己收藏的。她16岁时是个摇滚乐手,还跟唱片公司签了唱片合同,如今,她

则和她的丈夫,也是公司的技术总监马龙·梅尔共同组建了个乐队。据她说,她会独奏金属制品合唱团的曲子,而且还唱得蛮不错哦。

看到这里,读者也许会问,这家公司真的有人在工作吗?当然有。该公司最近研发出一套数字复制专利软件,还把它卖给了二十世纪福克斯电影公司。这套软件让使用者可以轻轻松松将电影复制到自己的个人电脑或移动设备上。玩具制造商费雪公司,则委托七号媒体工作室开发一套网络应用软件,让客户可以将买来的产品加以定制化。前不久,当CNN发现其数字视频管线与Vista系统不兼容时,也是找苏格拉的工作室帮忙解决的。这几桩生意让七号

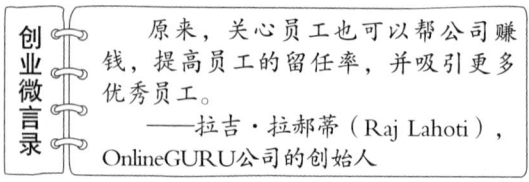

创业微言录 原来,关心员工也可以帮公司赚钱,提高员工的留任率,并吸引更多优秀员工。
——拉吉·拉郝蒂(Raj Lahoti),OnlineGURU公司的创始人

媒体工作室的年营业额在2008年突破了800万美元。2009年第一季度,苏格拉还成立了一个专门服务餐饮业者的新部门。因此,她的员工应该会比从前更加忙碌。她说:"我发现,大家通常只有在午休时间、工作压力很大需要喘口气的时候,才会去玩这些东西。知道办公室里有这些释放压力的渠道,他们的感觉很好,但大家并不会把时间全都耗在这些休闲设施上。"

员工福利是一种投资

企业在生意好的时候,往往在员工福利方面表现得慷慨大方,但碰到资金短缺时,却常常首先缩减员工的福利。然而,这样做,对员工士气的打击是最大的。一家公司不管处在顺境或逆境,都应该维持原有的福利制度,将员工的福利和公司的经营目标划上等号,并把它视为投资而非不必要的支出。

拉吉·拉郝蒂(Raj Lahoti)就支持上面这种观点。拉郝蒂的OnlineGURU公司,位于加利福尼亚州的圣地亚哥市,如果你想和他公司做生意,最好选在星期四到他公司开会,因为,这样你就有机会得到一次免

费的半身按摩。现年27岁的拉郝蒂，聘请了两位按摩师，每个星期四到公司帮他的20名员工缓解压力。这家毛收入近千万美元的公司，是一家网络出版公司，"非官方机动车管理局指南"这个网站（www.dmv.org），就是该公司所创建的。网站提供全美各地机动车管理局的相关信息，教民众如何用简单又有效的方式顺利地跟机动车管理局打交道——很多人在这方面似乎都有过不愉快的经验。的确，跟机动车管理局打交道或许很有压力，但经营公司也是如此。

拉郝蒂说："我老是坐在电脑前工作，所以会腰酸背痛，每个星期都会找按摩师来帮我做个全身按摩。后来我就想，那我的员工呢？就算他们现在没有这些问题，但迟早会遇到的。"然而，员工如果经常腰酸背痛，他们的工作产能难道不会大打折扣？拉郝蒂决定积极面对这个问题，于是请了两位按摩师每周四到他公司为员工进行半身按摩。这一天，公司里的每个员工，甚至是碰巧来洽谈业务的客户，都可以免费享受15分钟的按摩。至于成本，每一次大约20美元，也就是说，一年下来，该公司花在这上面的费用是平均每人1000美元。但各位可不要把它当成支出。拉郝蒂说："这其实是一项投资。每周四，我们办公室的气氛都变得非常轻松，这种感觉真棒。"

不只如此，拉郝蒂还做了另一项"投资"：每天中午，员工如果在公司隔壁的小吃店用餐，只要消费在10美元以下，就由公司负责买单。没错，拉郝蒂真是慷慨，但这项福利其实也考虑到了成本的因素。这家公司所在的办公大楼，

> 我们大家都很卖力工作，而我也一直觉得，工作和生活一定要巧妙地加以平衡，大家才不会觉得在这里是在工作。
> ——辛蒂·苏格拉（Cyndee sugra），现年31岁，七号媒体工作室（Studio 7 Media）的创始人兼CEO，公司市值800万美元

创业微言录

附近只有几家餐饮店，许多员工不得不开车到大老远的地方去用餐。但这样一来，员工离开办公室的时间会更久，还把很多不怎么健康的快餐吃下肚。自从该公司在2008年秋推出这项午餐福利后，拉郝蒂说："现在，员工平均只花40分钟吃午餐，而且可以边吃饭边聊公事，跟同事培养感

情。"这家小吃店的老板为感谢拉郝蒂的捧场,也推出了一项优惠活动:只要该公司在店内的消费金额达1800美元,就可以得到10%的现金回馈。由于该计划推出后非常成功,拉郝蒂最近又推出一项福利:如果在同一小吃店吃早餐,消费不到五美元,公司同样帮你买单。但有个附带条件:这项福利只在早上8点到8点45分之间才生效。他说:"这样做其实有个用意,就是希望员工早点进办公室,顺便联络感情。这是个低成本、高回报的投资。原来,关心员工也可以帮公司赚钱。"

"网络一代"创业家游戏规则七:
重新定义工作关系

1.打破传统的职场升迁格局

员工年龄、资历与忠诚度,尽管仍然值得重视,但工作绩效才是促进企业发展的主要动力,因此,在奖励和提拔员工时,绩效才是你最应该考虑的关键要素。在TerraCycle公司,CEO萨奇就很清楚地告诉员工,他期待的是工作成果:一个人只要能交出漂亮的成绩单,即便是年纪轻轻的新进员工,也可以迅速获得升迁。记住,关于升迁的种种传统观念,在年轻一代的眼中,通常没有意义。他们渴望的不见得是新的职务或加薪,而是有机会肩负起新的责任或看到自己的构想开花结果。

2.创造弹性化工作环境

如今的企业经营环境,一周七天、一天24个小时,都处在竞争激烈的状态下,要将自己的生活切割成不同的领域,越来越难。或者,我们甚至不应该这么做。对弹性工作与生活这个主题深有研究的专家约斯特曾告诫企业主,要小心"平衡"这个概念,她说:"工作与生活,已经不再是截然不同的两回事了,它们都是整体的一部分,我们可以用许多不同的方式来加以面对。"这并不是说,你一定要准许你的员工工作到一半,就跑去滑雪或到海边戏水,而是说,对于员工工作的方式和时间,应该从更有弹性的视角来看待。约斯特说:"过度僵化与过于直线性的思考,会阻碍创新和创意,况且,放眼今天的商界,谁不希望自己的工作环境更有弹性?"

3.培训和持续学习不可省

即便公司只有几名员工,也不论这些员工是计时工还是全职员工,都应当为他们规划一套正式的培训制度。正规的培训可以让员工们感受到,你愿意在他们身上投资,而你自己和员工也可以通过这套培训制度来预测,将来,公司规模不断扩大时,怎样用一致的方法来培训员工。甚至,你可以跟EvedServices的CEO玛莎奇一样,考虑创办企业大学,让所有员工可以清楚看到,他们需要什么技能才能做好自己现在的工作,又需要什么技能才能获得升迁。记住,年轻一代的员工尤其希望雇主能持续教给他们一些实用的新技能。

4.时不时进行沟通反馈

连那些身为网络一代的CEO都坦言,年轻员工似乎比老一辈员工需要更多更频繁的回馈。无论你把这一点归咎于父母的教育方式或电动玩具文化,你都不该忽略这个需求。每一两个月就检查一下员工的目标和进度,可以让员工维持在正确的轨道上,长期而言也省时省力;或者不妨设定短期目标,并提出奖励办法,以鼓励员工努力实现。Undercurrent公司就是通过这个方式,鼓励员工和现有的客户达成重复交易。每个季度,奖励的内容还会有所改变,以保持员工的新鲜感。

5.采用虚拟化的经营方式

大多数虚拟公司之所以会成为虚拟公司,似乎都是必然因素与偶然因素共同促成的,比如某位重要的员工搬了家、员工想在家工作、公司的结盟对象或新进人员住在别的地方,等等。虚拟办公室,能显著降低固定成本,更能够大大减少公司所制造的碳足迹[①]。但要注意一点,能够成功

---

① 碳足迹(carbon footprint):指的是一项活动或产品在整个生命周期中直接与间接产生的二氧化碳排放量。

地用虚拟方式营运的公司，往往都先配备有高科技工具，让远程工作的员工能顺利地彼此沟通、相互合作，仿佛真的同处在一间办公室似的。TodaysMama的CEO赫雪，就用了一套协作软件来管理公司的人事。该公司的员工还会使用视频会议、iChat、Facebook和Twitter等工具来保持联络。但或许最重要的是，赫雪每年都把大家召集在一起开会，讨论经营策略，接受教育培训等等，毕竟，实际的相处和互动仍然非常宝贵。

6.创新工作环境

工作环境的设计对员工的身心健康影响很大，进而影响工作产能。虽然开放式的工作环境不见得适合每一家公司，但那种一格一格的办公隔间，对员工的影响绝对是负面的。良好的工作空间设计应当有利于员工进行充分的互动，但是要注意，保有私密的空间还是很重要的。工作环境的设计，反映了一家公司的公司文化和品牌定位——从家具、挂画、音乐、灯光到休闲设施，都是在传递信息给员工和到访的客户。七号媒体工作室的CEO苏格拉，在自己公司里打造了一间有隔音设备的音乐房，里头摆满了许多她搜集的乐器和录音设备。对她自己和员工而言，这都是个既能缓解压力又能激发创造力的绝佳方式。而且，这样的环境也可以让客户感受到（如微软就是他们的客户），这是家又酷又有创意的公司。

第8章
成长转型，适应创业的华丽转身

俗话说，创业容易守业难。一个人在年纪轻轻、经验相对不足时创立公司，本身不是太难，而带领公司迈向成功、适应不断变化的大环境，就不是那么容易了。毕竟，市场会改变、现金可能周转不灵、合伙人之间也许意见不合，等到公司规模扩大、员工人数变多、组织也变得更复杂时，原本在企业初创时期很重要的能力，也可能变得不那么重要了。毕竟，经营公司要是真有那么简单，那大家早就都去当老板发大财了。

事实上，企业经营并非易事，这一点从美国小企业经营的相关数据中可以得到证明：有66%的小企业，创立不到两年就倒闭了；有44%可以撑过四年；但能够撑到第七年的，就只有31%了。此外，在所有的公司当中，年营业额能超过100万的，只有5%。带领企业迈向成功，一直都比创业更困难。这样的现实，对网络一代年轻人而言，其意义难道不同于其对前几代人的意义吗？我想是的。

在经济衰退时要维持企业的生存，甚至带领它不断发展壮大，确实是一大挑战，但从很多不同的角度看，网络一代创业家都很有本钱接受这个挑战。他们大部分人并没有一般成年人面临的经济压力，有些甚至还可以得到父母的庇护：当资金短缺时，儿时的房间或家里的地下室，可以用来当做公司办公室。在最艰难的时刻，最起码他们并不反对靠吃泡面或粉条度日一阵子。他们不会被目前变化迅速的企业经营环境给吓倒，反而还能够对市场的变化迅速做出反应。由于精通各种先进科技，年轻一代的创业家能够用较低的成本来经营公司，而乐于合作的精神则能让他们轻易取得丰富的资源。他们知道要如何让自己的公司鹤立鸡群，也懂得要如何激励年轻的员工全心投入工作。简单来说，我在前几章探讨过的许多特征，都有助于网络一代创业家带领自己的公司不断向前发展。

不过，在发展的过程中，他们往往也会经历一些阵痛。例如，College Prowler的创始人史库尔曼发现，和自己一同创业的伙伴，不见得适合和自己一道带领公司向前发展。十分钟媒体的创始人西耶科则领会到，要扩大公司的规模，必须伸展经营触角；Catalyst Search人力资源咨询公司的创始人蕾切尔·海宁（Rachel Henning）认为，要使公司避免破产的命运，一定要变得更加专业；Smartphone Experts的阿道夫森和Kluster公司的考夫曼，为了避免大众化，都调整了经营模式；TerraCycle公司的CEO萨奇，他拓展品牌定位的方式只能用天才二字来形容；Etsy的创始人凯林则想通了，要通过企业经营来实现其远大抱负，办法只有一个，就是找到财力雄厚的人来投资；汽水瓶盖游戏公司的几位创始人发现，将领导者的角色让贤给专业人士，反而最有利于企业成长；卡莱布·西玛（Caleb Sima）就是这么做的，他将自己创办的网络安全公司SPI Dynamics卖给了惠普。可是上述这些人都成功了吗？这得看你自己怎么认为了。

找到一起成长的创业伙伴

创业是一件令人十分兴奋的事。你和你最要好的朋友、室友，或公司里同样对老板不满的某个同事，因为有着共同的理想，于是决定合伙创业，决心共同闯出一片天地。一开始，你们有很多事情要做，一个星期七天、一天24个小时，你们都在不眠不休地努力打拼，哪有时间进行什么反思？不过，没关系，因为你假设每个人要的东西都跟你一样，为了这个共同的目标，你跟你的合伙人正在齐心协力。但事情真的是如此吗？各位应该还记得，在第1章，Goden Rule Technology的CEO凯西·戈登谈到了他在合伙关系上梦魇一般的遭遇。虽然大多数事业伙伴在争执时并不会拿咖啡杯互砸，但事情还是有可能演变到很难堪的地步。

College Prowler的史库尔曼（见第1章）就有过这种痛苦的经历。创业初期，他和合伙人的关系可以说是亲密无间，但这种关系却在公司逐渐成熟后开始变质。2000年创办College Prowler时，史库尔曼是卡耐基梅隆大学的大二学生。一开始，这家公司专门出版由学生执笔撰写的大学指南，后来则逐渐发展成为提供数字内容给付费会员的网站。2002年，史库尔曼另外找了两个朋友加入合伙行列，并完成了营利事业登记。于是，公司的主要持股人便有了三位（其中史库尔曼是最大的股东），此外还有两位从前的员工和一位顾问持有少数的股份。

然而，就在那一年的年底，状况开始急转直下。其中有位合伙人决定到纽约去攻读艺术硕士，并通过远程方式继续为公司工作。但由于事情没有安排妥当，引发了不少怨言，大家认为这位合伙人没有恪尽职守。2003年，该合伙人决定分道扬镳。2006年，就在史库尔曼募集到一笔55万美元的资金之后没多久，原本那两位持有股份的员工竟也决定退出。不过，这一次的冲突跟上一次不太一样。

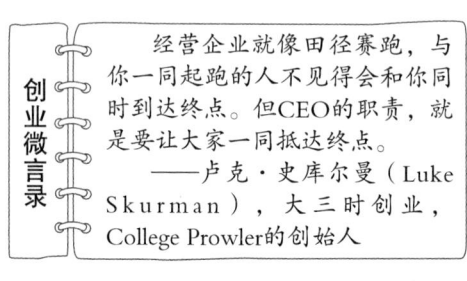

创业微言录

经营企业就像田径赛跑，与你一同起跑的人不见得会和你同时到达终点。但CEO的职责，就是要让大家一同抵达终点。
——卢克·史库尔曼（Luke Skurman），大三时创业，College Prowler的创始人

在此之前，公司的预算一向很紧，尽管薪水不高，同事之间相处却非常融洽。白天，史库尔曼和团队一起努力工作，下班后大家也经常聚在一起，比如到公司附近的餐厅吃吃饭、喝喝酒。没人觉得史库尔曼会刻意摆出老板的架子。不过到后来，史库尔曼开始觉得有责任树立更专业的领导形象，因为他希望大家用不同的眼光看他。于是他开始和员工保持距离。上班时，他虽然会尽力保持团队默契，但下班之后的社交活动，他总是能推就推。史库尔曼说："但大家不了解

这一点，于是我们的关系也开始恶化。"到最后，原本的几个合伙人只剩下史库尔曼一人还留在这家公司。每次有人出走，股权的结构就变动一次。尽管史库尔曼不愿意和盘托出所有的细节，但他告诉我，**他学到了关于股权分配很重要的一课，他说："要是我有机会再开一家公司，我一定要求所有想持股的人，必须在公司里工作至少四年时间。"**

尽管如此，史库尔曼表示，他现在的团队"是他有史以来最强的"。这个团队没有感情上的包袱，而史库尔曼的CEO角色定位也非常明确。他说："以前我念书时，有位教授告诉我，经营企业就像田径赛跑，与你一同起跑的人不见得会和你同时到达终点。但CEO的职责，就是要让大家一同抵达终点。"

站稳脚跟

但企业经营面临的这个终点，有时候就像移动的标靶。外部环境可能日新月异，而你脚底下的"根基"，也可能毫无预警地发生变动。比如，你的竞争对手可能用迂回的方式偷袭你，你从事的产业也许一夜之间垮掉，你提供的产品或服务也有可能变成大路货。以前，我们或许能预见重大改变的发生，但如今，这已经办不到了。因为，**我们现在所处的时代是网络时代，在你等待网页下载的那段时间，市场或许就已经发生变化，无法立刻应对你就死定了。**

但网络一代创业家就喜欢变化。对他们来说，创业之所以叫人兴奋，部分的原因就在于它的变动性。**成功创业，关键往往不在于事先的规划，而在于能不能聪明地随机应变。** 网络一代年轻人本来就习惯从多个不同的来源接受和处理信息，也习惯于沟通是一件迅速便捷的事情。他们创业的速度通常很快，而且不会要求十全十美。相反地，他们能够随客户的需求调整自己的产品和流程。这个世代的确特别适合在迅速变动的大环境下经营企业。

以Smartphone Experts的CEO阿道夫森为例（该公司目前总价值约

1470万美元，见第2章），他在2002年创业时，先是为黑莓机等智能手机品牌创建在线论坛，后来在网络上卖手机和手机配件，赚了一些钱。阿道夫森回忆说："由于我们在市场上抢得先机，头几年的确有利可图，但市场很快就变了，我们的产品马上就成了'大路货'。"的确，美国的电信业者也开始在自己的网站上卖手机，并拓展他们在零售店的销售率。在此同时，阿道夫森则面临库存产品成本升高、利润降低、退货率越来越高的窘境。2004年，他放弃了在网络论坛卖手机的业务，转而到中国大陆和南美洲寻找厂商代工生产手机配件，进而大大提高利润。

然而，到了2005年，整个市场大环境再一次发生变化。由于博客和社区网站的数量急速飙升，阿道夫森发现自己面临着激烈的竞争，有些新成立的智能手机网站，在搜索引擎的排名中越来越高。结果，阿道夫森却用一种令人意想不到的方式来应对这种激烈竞争：他不是成立新网站来和这些网站竞争，而是决定和其中一些成功的网站结盟，为他们提供可以定制化的电子商店。不仅如此，阿道夫森还为这些电子商店提供存货管理、履约、客服，以及所有的后台支持服务；而电子商店只要把产品挂上自己的牌子、卖出去，就可以从阿道夫森的公司得到优厚的佣金。阿道夫森说："有些店家，每个月可以从我们这里赚进三五万美元的提成，还不用付出任何开销"。如今，Smartphone Experts公司拥有25位这样的合作伙伴，如果你通过Google搜寻Treo手机袋，不管你通过搜寻结果点进了什么网站，你最后订到的产品很可能都来自Smartphone Experts。要是阿道夫森当初采取传统的竞争手段，决定和这些高人气的社区网站硬碰硬，而不是想办法与他们合作，如今的他，恐怕也不会取得如此丰硕的经营成果。

由于黑莓手机和iPhone引领了时代潮流，智能手机的市场还在不断扩大，而阿道夫森则一直在密切观察市场脉动，"以抢占新的制高点，顺势发展。"为了这一点，他花很多时间浏览网页，公司还有22名员工负责观察相关群体博客和论坛的动向。阿道夫森说："只要有机会到学校演讲，我都会问学生，现在最流行什么。"

多样化发展

说到流行,大概没有比布兰登·西耶科的主要客户更热门的了。西耶科创办的十分钟媒体,是一家网页设计与营销公司(见第2章),该公司所服务的产业,正是许多年轻创业家都十分艳羡的音乐产业。西耶科曾经帮米克·贾格尔、凯蒂·佩里、蓝尼·克罗维兹以及其他许多乐手设计网页,在业界有"天才儿童"之称。不过,西耶科并不想将公司的前途局限在音乐产业这个市场。

西耶科说:"我和音乐界做的很多笔生意,对我来说,都有助于我带领公司更上一层楼。"西耶科知道音乐产业目前正面临困境,因此,尽管做这类生意非常有趣,但是,要创建一个能持续发展的公司,他必须跨产业经营,多样化发展,以降低风险。于是他决定与家乡的企业建立更密切的关系。西耶科的家乡在马萨诸塞州西部,和十分钟媒体所在地离得很近。虽然,帮一般企业设计网页或许不像帮摇滚歌手设计网页一般引人关注,但西耶科觉得,与音乐产业相比,他的创作才华在企业界或许更容易得到赏识。因此他认为在家乡发光发热的时候到了。

不久,西耶科加入了"西马萨诸塞州广告俱乐部",并做了一次简要的发布会,向俱乐部的其他会员展示他为几家大唱片公司设计的网站。西耶科说:"那次发布会是在一家夜总会里举行的,结果反响热烈。一个月后,我登上了《西马萨诸塞州企业杂志》(Business West)的封面。"此外,他还把他设计过的五个网站,拿去报名参加广告业的一项地区性比赛,结果在报名的每个类别中都赢得了艾迪奖(该奖是广告界的最高荣誉),还赢得了最佳参展奖。对一个曾经与米克·贾格尔合作过的人而言,这或许没什么了不起,但因为得奖,让他有机会接手好几笔生意,也让他更加相信:在自己的家乡做生意,对公司日后的持续发展和扩大规模都很有帮助。后来,西耶科果然接到了几个企业客户的业务,如今，这些客户所带来的收益，占了该公司总收益的四分之一。

此外，西耶科发现，帮一般企业做网站设计，所带来的满足感，跟他帮音乐界做网站设计时所感受到的压力，是迥然不同的。西耶科说："很多与我初次合作的企业型客户会告诉我，他们实在厌倦了那些传统又老气的东西，希望我能够为他们的网站或网页注入一些更有创意、更新鲜的风格。对我而言，被赋予这样的责任，实在令人兴奋。因为，能够帮企业设计出有创意的东西，即使创意的成分只有一点点，对他们来说都跨出了一大步。"

除了想在自己家乡留下自己的足迹，帮助家乡振兴经济外，西耶科去年还在荷约克买下了一栋15000平方英尺的建筑，打算将它改造成多种用途的创作场所。比如，他希望在这里开办一个小企业孵化中心，原因是"我一直到高中毕业后才遇到事业上的导师，前辈的指导对于新公司的发展举足轻重，在荷约克这个经济萧条的城市更是如此"。

不过，尽管已经把发展的重点转移到了企业市场，西耶科知道，自己还是应该谨慎一点，毕竟音乐产业和一般企业，是截然不同的两类客户，要求也千差万别。因此，西耶科打算另外再成立一个品牌来服务企业型客户，毕竟摇滚歌手的前卫形象和商务人士的整洁形象，两者差异太大，如果处理不当，他可能会把两边的客人都给吓跑。因此他目前面临的一大挑战，是如何让这两类客户都感到满意，又能维持十分钟媒体的品牌形象，并建立起一套同样真诚的工作方法为企业服务。

分众市场的优势

现年29岁的蕾切尔·海宁，采用与西耶科不同的方式来重新定义市场。她没有像西耶科那样跨市场发展，而是选择缩小客户范围。这个策略挽救了她位于丹佛的Catalyst Search人力资源咨询公司，一家信息科技人才招聘与咨询公司。海宁认为，美国9·11恐怖袭击事件是她事业的重要分水岭。跟乔尔·厄尔布的营销公司一样（见第7章），在恐怖事件发生后,她的公司差一点倒闭。

Catalyst Search人力资源咨询公司是海宁在1999年创立的,在此之前,她曾经在一家老式的、用指挥与控制方式进行管理的人力资源公司工作,所以对这个产业有一点了解。海宁回忆说:"那是我见过最不友好且最恐怖的工作环境。进公司大概9个月后的一天,我忽然醒悟过来,公司的客户和新员工大部分都是我带进来的,为什么我不自己开公司呢?反正我领的是纯佣金,没什么好损失的。"尽管海宁才19岁,她的公司却快速发展,全盛时期共有15名员工和一群稳定的客户。但9·11恐怖袭击事件改变了一切。

海宁说:"当时,整个产业都陷入谷底。公司流失了很多客户,当时的状况真的可以用'所有的鸡蛋都放在一个篮子里,结果篮子重重地掉地上了'来形容。"那段时期,公司的年营业额只有60万美元,而海宁负债达30万美元。没办法,她只好大量裁员,搞得最后只剩一名员工。"为了还清负债,我只好把所有的支出都压缩到最低程度。"大约有半年的时间,她的公司没有做成任何一笔生意,当时23岁的海宁,还经常"在地板上寻找零钱",为的是去快餐店买份晚餐。幸好,就在公司濒临倒闭时,她抓到了一根救命稻草。

2003年春,海宁谈成了一笔生意,客户是一家全国性的大型保险公司。在这个客户的帮助下,海宁的公司迎来了重大转机。她走进了医疗产业的大门医疗产业,使用的是非常专业的技术系统,海宁便决定要锁定这个市场来重振事业,因为,这个市场在当时看起来潜力无穷:美国人口老龄化日益严重,医疗保险改革的呼声再起,该产业所使用的信息技术又极端落伍。海宁打算好好利用她跟前一位客户的合作经验,以进军这个市场。她通过自我进修,掌握了复杂的理赔制度和医疗信息系统操作程序,并招聘曾在医疗险承保商或理赔机构工作过的人到公司担任客户顾问。

一方面因为环境所逼,一方面也因为海宁毅力惊人,Catalyst Search人力资源咨询公司终于改头换面,取得了丰硕的成果。目前,该公司年收入已逼近800万,旗下有20名全职员工和80名顾问,服务的客户有60家,而且全都属于医疗产业。该公司还在新泽西州和加利福尼亚州设立了分公司。海宁表示，2009年初，"公司的业绩是有史以来最漂亮的一次"。此外，由于奥巴马总统推出了振兴经济方案，并承诺拨款赞助医疗产业并将信息科技系统进行升级，因此海宁预计，这样的好景应该可以从年初维持到年底。海宁说："很多一般的人力资源公司都想进军这个市场，但他们并没有我们所具备的数据库或产业知识。放眼全国，如今只有两三家公司从事和我们一样的业务。"

转变商业模式

你的客户非常非常喜欢你公司的产品，媒体也竞相报道你的公司，前途看起来一片光明。但接下来发生了某件坏事，或者没有发生某件好事，让你的公司陷入业绩不再增长的怪圈，你找不到更多客户来听你解释和描述，甚至被竞争对手给逼得陷入财务困境。要想在如此强大的竞争压力下生存下去，关键在于，**你要深入了解你的公司究竟怎么做才能与众不同，并且将这个差异化优势最大限度地加以利用。有时候，这意味着你必须改变商业模式。**

类似的情形，Kluster公司的CEO考夫曼可以说再熟悉不过（见第1章）。他在佛蒙特州伯灵顿成立的第一家公司Mophie，专门设计iPod的配件，由于懂得利用消费者群体的力量来帮助设计新产品，他成功地设计、制造出了差异化产品。极具原创性的品牌故事，让Mophie公司创下了单月25万美元的营业额纪录，但利润和现金流却还是上不去。考夫曼的投资人，也是Village风险投资公司执行

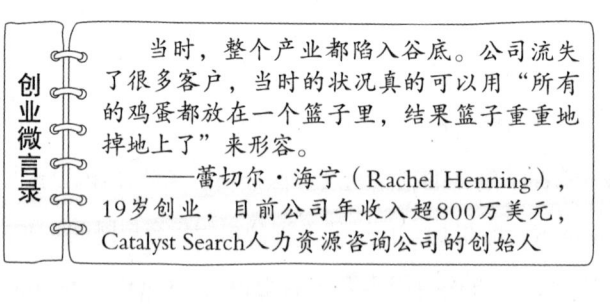

当时，整个产业都陷入谷底。公司流失了很多客户，当时的状况真的可以用"所有的鸡蛋都放在一个篮子里，结果篮子重重地掉地上了"来形容。
——蕾切尔·海宁（Rachel Henning），19岁创业，目前公司年收入超800万美元，Catalyst Search人力资源咨询公司的创始人

董事波·皮博迪表示："原本我们以为这家公司应该可以变成赫赫有名的品牌，但我们错了，它就是一家业绩平平、产品没有特色的公司。我们虽然看到了写在墙上的数字，我们也的确有办法在一个月内创下100万美元的业绩，但对风投公司而言，这仍不是一桩好生意。"

于是，2007年秋，考夫曼卖掉了Mophie，但他认为自己从中学到的宝贵经验：就是如何通过协同合作来从事集体创作、概念推广和产品开发。考夫曼根据这个流程开发了一个技术平台，将公司重新命名为Kluster，再将公司的营运整个搬到曼哈顿，以便

> 我喜欢看到自己构思的概念，到别人手里变成实际的产品。因此，我想要用一种很流动的方式，将Mophie和Kluster的概念结合起来。
> ——本·考夫曼（Ben Kaufman），不到20岁便开始创业，24岁不到就成为了创业领域里程碑式的人物，创立了3家公司

创业微言录

更接近潜在客户。如今，该公司已经将这套有助于员工之间进行意见交流的软件授权给七家广告代理商使用，而且每个月可从每家公司收取一万至两万美元不等的权利金。此外，他也用这套技术做了一些他自己想做的事，比如，他成立了一个叫做"大家来命名"的网站，客户只要出99美元，该网站的在线群体就会帮他们的新公司或新方案想出有创意的名字。如今，Kluster的年收入虽然刚刚将近100万美元，但考夫曼预估，到了2009年，公司应该能实现收支平衡。

一刻也闲不下来、永远对现状感到不满足的考夫曼，最近还开始利用Kluster平台来开发新产品。他说："我喜欢看到自己构思的概念，到别人手里变成实际的产品，因此，我想要用一种很流动的方式，将Mophie和Kluster的概念结合起来。"于是他开发了一个新事业，叫做妙点子（Quirky），鼓励Kluster社区成员发挥创意，推出新产品的概念，再由社区成员来投票表决。考夫曼说，从这些竞赛中脱颖而出的创意，还会不断加以发展，直到准备好送入生产线为止，到时候，他也会将这些产品拿到网上去卖。一旦订单的数量多到足以让产品实现收支平衡，该公司就会正

第8章

式加以制造生产。至于创意的发明人，也就是帮忙发展构想的群体成员，当然可以和Kluster公司一起分享收益。目前，考夫曼计划一个星期要推出两种新产品。各位或许认为这个目标是根本不切实际。但年仅22岁的考夫曼，已经通过这套经营模式创造出不少成功的产品，因此他认为，挖到金矿是迟早的事。但要是他再一次碰壁呢？没关系，他一定能够从失败中汲取教训，留下有价值的，摒弃没有价值的，然后再接再厉。

创新收益来源

跟考夫曼一样，College Prowler的创始人史库尔曼也多次调整商业模式，而且他最近又开始这么做了。2007年3月，史库尔曼将该公司出版的大学指南总共5万页的内容加以数字化，再通过网络提供给付费会员，但订阅这些内容，每年得缴纳39.95美元的会费。史库尔曼假设，如果除了销售书籍，还能通过网络创造额外的收入来源，应该能大大提升业绩。但事情的发展并不像他所预期的一样。史库尔曼说："收入这东西，有时候好，有时候不见得好。我们更改过我们的网页，也尝试过改变价位，但这些努力都让我们得到了一个结论：目前的市场上，尽管有少部分人愿意花钱购买数字内容，但大多数人都还不肯这么做。"更何况，有些大学网站设计得比该公司的网站更精美，还有些强硬的网络竞争对手也同样推出由学生所撰写的大学信息（见第3章介绍过的Unigo），这对他来说更是雪上加霜。

2009年初，史库尔曼终于意识到，他一定要想办法将他宝贵的数字内容免费提供给会员使用。问题是，这样他怎么赚钱？广告赞助和战略联盟显然都是不错的方法，事实上，他在这两方面都已经做过尝试了。已被富国银行收购的美联银行，就曾和该公司签订过一份金额高达六位数字的合同。那次的合作，是在全美高等教育入学辅导协会举办的贸易展上达成合作协议的，想到这儿，史库尔曼又有了新主意。

在那次贸易展上，史库尔曼注意到，很多参展公司都向各大学院校介绍生源信息，以此作为主要收入来源。史库尔曼说："这似乎是这次展览上最大的收入来源。几乎每一家公司都向营利性的大学介绍生源信息。毕竟，对这些学校而言，多一个学生提出入学申请，他们就多一份收入，因此，他们也很乐意花这笔钱。"史库尔曼开始思考，这或许是很好的赢利机会，说不定背后隐藏着巨大的财富。要是他能将自己的数字内容免费提供给会员使用，并得到会员的许可，将他们的联系信息转卖给各大专院校，或许可以成为公司很重要的一个收入来源。

目前，史库尔曼已经和五所大专院校商讨合作的可能。不过，他的这群潜在客户，通常是大学委员会（购买生源信息）。而大学委员会，是史库尔曼所在的这一行里规模最大的组织，它们一般将参加过学术能力测验的学生的资料卖给学校，价格是每名学生30美分。史库尔曼认为，要提高学校的合作意愿，他一开始也许不得不提供一些免费的生源信息。尽管如此，他也愿意做这笔投资。在他介绍的生源的转换方面，也就是说，他介绍的这些学生真正向大学提出入学申请方面，他有信心能够战胜大学委员会。

史库尔曼说："现在经济环境这么差，每个人都希望得到非常确定的结果，因此我相信，只要我们的网站能准确描绘出各大学的真实面貌，我们的业务一定会越做越好。"史库尔曼头一次将College Prowler的出版内容数字化时，公司的收益并没有像他预期的那样出现增长，假如这次他的预见是正确的，他的愿望应该能够实现。

带领公司振翅高飞

假如你创建了一家公司，经营得有声有色；收入稳定，现金周转顺畅，在市场上颇受尊敬，还培养了一群忠实的客户；公司内部建立有完善的系统和流程，也找对了人组成工作团队……一切的一切，感觉上都是那么顺心如意。这样的处境，对某些人来说的确是期待已久的，但对大多数的创业家而言，还不够。销售手工艺品的Etsy在线市集CEO凯林说："我不希望自己很容易满足。要是我发现自己对一切都感到满意，一定会赶紧跑路,转而去创办别的公司。"其实,不只凯林一个人如此,**许多创业家都把自己的公司视为半成品,如果说,容易感到乏味无聊是创业家的典型特征,那么,这一点在网络一代创业家身上就更明显了**。无论你把这一点归咎于年轻人缺乏耐心,还是认为他们从小就习惯了节奏紧凑的生活,总之,这一代的创业家,确实比前辈们更急于把自己的公司提升到新的境界。

就拿TerraCycle公司来说吧:专门用蚯蚓的粪便制造园艺有机肥料、使用回收的塑料罐来进行包装的TerraCycle公司(见第6章),如果持续经营下去,本该拥有可观的前景,但是该公司CEO萨奇有着更远大的抱负。他认为目前的产品只代表公司价值的一部分,他预测公司在产品包装上所使用的"升级再造"概念,不仅拥有强大的市场潜力,甚至可以在全世界掀起一场绿色革命。他在想,自己能不能用原本要废弃的材料,来制造崭新的品牌产品,在绿色环保方面大展宏图呢?

接下来,萨奇拿出一贯就有的魄力,找上美国几个规模最大的消费者品牌帮他收集包装盒。这个做法,跟他以前为了寻找堆肥包装罐所采取的"塑料罐回收队"的做法很像,也就是说,把包装盒的收集工作外包给学校或非营利组织,并以每个包装盒几分钱的价格回收。回收的果汁盒、饼干盒、包装纸、包装袋等等,将会被制造成很酷的产品,比如手提袋、雨伞、淋浴帘、铅笔盖等。这不仅能大幅提高品牌的知名度,也能告诉消费者:我们公司是非常关心环保的。

2008年,TerraCycle公司开始和纳贝斯克、卡夫食品以及家乐氏公司合作。目前,已经有两万多个组织接受了这些公司的赞助,成立资源回收队。收集到这些公司可回收的垃圾后,TerraCycle公司会把它们送到位于墨西哥的工厂,再制造成新产品。在这些资源回收队当中,表现最出色的是负责回收可沛利果汁包装盒的回收队。萨奇说:"到目前为止,我们已经将3亿5000万个该品牌的果汁包装盒,制造成50万个成品。"这些成品包括背包、手提袋、铅笔盖和活页夹。它们是通过哪些渠道销售出去的呢?这些产品的零售商,跟TerraCycle公司合作的几家升级再造伙伴一样鼎鼎有名，比如塔吉特、沃尔玛、全食超市、麦克斯办公用品连锁店、CVS药妆店和沃尔格林连锁药店，等等。毕竟，销售TerraCycle公司的产品，也可以帮这些零售商树立重视环保的形象。值得一提的是，TerraCycle公司初次和塔吉特建立合作关系时，所采用的宣传手法只能用天才来形容。萨奇说服了这家零售业巨头，向《新闻周刊》买下它在2008年4月14日出刊的封面和封底广告。而且，这则广告还被设计成一个已经预付邮资的信封，读者只要把它给折起来、粘好，在里头放入他们在塔吉特商场购物时拿到的塑料袋，寄到TerraCycle公司，该公司就会把这些塑料袋升级再造成手提袋，再拿到塔吉特商场里销售。为了鼓励《新闻周刊》的读者们这么做，TerraCycle公司推出了一项奖励：只要把塔吉特的塑料袋装进该信封寄给该公司，就可以得到一张兑换券，免费兑换这款手提袋。结果，TerraCycle公司总共收到了47000封回信。更重要的是，该公司还因此登上了《新闻周刊》，没有花一分钱。

以上这些，都是萨奇在2002年创办这家公司时根本想都没有想过的。但话说回来，萨奇的确是个雄心勃勃的创业家。他希望TerraCycle公司的业绩可以"尽快"突破10亿美元，但光靠卖植物堆肥，可能做不到这一点。于是，他干脆着手创建一个新的产业，也就是"升级再造产业"。萨奇相信，再过十年，这个产业一定会像当初的资源回收业一样辉煌。但萨奇怎样才能实现这个目标呢？他独辟蹊径，去找大多数环保人士和绿色创业家都避之不及的企业合作。尽管你觉得他这些做法有点不太合常规，但你很难否决他。TerraCycle公司的媒体营销副总赛克斯说："萨奇知道，要改变美国人的消费习惯，一定要把这些东西卖给塔吉特或沃尔玛。毕竟，把这些东西卖给信用合作社，是很难发挥影响力的。"

2008年，TerraCycle公司用"垃圾"制造出了大约300万个升级再造产品，而帮助收集这些"垃圾"的非营利机构，也因此赚到了10万美元的捐款。2008年，TerraCycle公司的年营业额为700万美元，而萨奇预估，到第二年，这个数字应该会激增至1700万美元。好大的口气！不过，既然该公司合作的对象是全球规模最大的几家零售商和消费者品牌，这样的预期并非不切实际。卡夫食品公司目前赞助的饮料包装回收队已超过6000个，该公司资深的持续发展主管杰夫·沙赫里表示："这种合作，对我们来说是战略上的双赢。"因为，这种做法不仅减少了该公司送进掩埋场的包装袋数目，"也能引发许多母亲的共鸣，因为她们的孩子所喜爱的这些品牌，在环保上也尽了一份心力"。此外，当个别投资机构或投资人在评估该公司是否关心环境可持续发展时，这项合作方案也成了说服投资人的强大"武器"。显然，这种合作，对参与其中的每一方都是有利的，完全是一种"多赢"的合作，对TerraCycle公司而言尤其如此。

为下一步发展筹资

伟大的构想往往要有庞大的资金支持才能实现，不过，Etsy的创始人凯林却不这么认为。他在纽约市立大学主修古典学时（之前他已经念过五所大学了），有人找他帮忙重新设计一个叫做手工艺之家的网站。Etsy的构想，就是在这时候浮现在他的脑海中的（见第5章），他觉得，自己可以创立一个专供手工艺者展示和销售自己作品的地方。后来，有一位天使投资人向他投资了5万美元，他还得到了三位朋友的帮忙，才最终在2004年6月将Etsy推行上市。

没过多久，凯林需要更多的现金和援助，于是写了一封信寄给两位事业蒸蒸日上、他本人也非常崇拜的网络创业家，表达了自己的仰慕之情。那两位网络创业家就是Flickr网站的创始人卡特丽娜·菲克和斯图尔特·巴特菲尔德。凯林回忆道："我在信上告诉他们，'两位创办的网站棒极了，但我也创办了一个网站。'没想到，他们很快就回信给我，还邀我去旧金山。"2006年春，凯林接受邀请到旧金山，跟Flickr的两位创始人相处了一个月，并在他们的引荐下认识了多位风投资本家。原本，凯林可以通过这些人脉关系筹集到数以百万计的资金，但他一开始就表明，他不想为了筹措大笔资金而放弃公司两成的股份，除非他不得不这样做。

2007年，凯林在接受财经网站Wallstrip采访时就说："保持在饥渴的状态非常重要。"最后，他总算得到了他需要也想要的，那就是：菲克和巴特菲尔德、Delicious网站的创始人约书亚·沙科特，及联合广场风投的佛雷德·威尔森，总共拿出了65万美元给他当种子资金。

两年后，Etsy异军突起，几乎达到收支平衡。但网站流量和在线商家的增加，意味着公司必须在未来两年内耗资500万美元来研发软件和提供虚拟主机服务。更何况，凯林雄心勃勃地企图将网站全球化经营，所以，网站就必须能够用其他的语言和币种来进行交易。此外，他希望建立一套站内付款系统，让买家在和不同的卖家购物时不必分别结账，而且他还希望提供销售数据给每个店家。但要做到这些，他必须雇用更多员工，并提供优厚的薪水和全部福利。最重要的是，凯林这时候才意识到，尽管他好像实现了伟大的抱负，为独立手工艺者开设了一家又一家可持续发展的企业，但如果公司没有钱，迟早会崩盘。这下子他总算了解到，2006年时那几位投资家愿意提供的资金，确实是他所需要的。

不过凯林很幸运，在2008年初筹到了他需要的资金，除了两位最初的投资人外，阿克瑟尔风投的吉姆·布莱尔也提供了资金，金额总计2700万美元。对凯林来说，这是个很大的转变：过去，他筹资的金额不大，为的只是让公司能撑过接下来的半年。但现在，他却在认真考虑要不要发行股票、公开上市，也开始寻找专业人才来领导管理团队。2008年春，他邀请到一位经验丰富、曾在亚马逊书店和国家公共广播电台网站工作过的经理人玛丽亚·托马斯，担任公司首席运营官，同年7月又任命她为CEO。为了把这位CEO介绍给员工和客户，他还找人制作了一段视频，让托马斯在片中畅谈自己的生活经历，和她对Etsy群体的热爱，还表演了一段鼓技。凯林将这段视频放在Etsy的博客页面上，好让网站上的买家和卖家们能够清楚地知道，公司CEO的职位会交给谁来接替：原来，未来的CEO居然是一位笑容可掬、平易近人却又稳重可靠的女性；尽管她的专业资历相当深厚，但却没有半点官架子，而且，她看起来除了热爱打鼓，大概也喜欢打毛线。

读者心里或许有个疑问，凯林卸下CEO的职位，会不会是因为投资人的逼迫？但凯林予以否认。他认为设计流程和推行制度并不是他的强项，而他现在所担任的首席创意官一职，则比较符合他的个性。此外，凯林还打算成立一个名叫降落伞网站的非营利组织，目的是教手工艺者如何通过创作作品来维持生计。如今，他既然已经筹集到了风投资金，也找到了两位实力雄厚的投资人来担任公司董事，看来，他日后最重要的任务，应该就是他一向很珍惜的那个"角色"吧。凯林说："我一向喜欢带给别人冲击，就像矿坑里的金丝雀，经常提醒大家，别让这个地方变得太过慵懒。"

创业家自身的成长

跟凯林和许多创业家一样，网络一代在事业发展到一定阶段时，都会面临一种处境：迫切需要专业经理人的支持和帮助。**其实，创业家在创业时冲劲十足，面对公司日常营运时，有时却变得不知所措，这早已不是什么秘密。**许多创业家经常忙于为公司的未来规划蓝图而疏于管理，有的却慢慢厌倦管理公司的运营。一直以来，太多创业家就是因为忙于创业，而来不及找个能干的首席运营官帮忙，或甚至把CEO的职位让贤出去，结果让自己陷入了绝境。到最后，公司是发展了，创业者本身却没有提升能力。类似的处境，我看到过无数次了，而且往往结局很惨。但网络一代创业家似乎有一种本能，知道何时该寻求外援，这或许是因为他们天生就喜欢合作，也或许是因为他们乐于向别人学习。总之，这一辈的企业家，似乎特别清楚自己的局限所在。

例如，Unigo的CEO戈德曼（见第3章），就时常向他的财务总监，现年45岁的保罗·迪亚兹讨教。戈德曼说："一有机会，我就会请他谈谈他的意见，比如，我可能会去告诉他：我不知道要如何拟定今后三年的计划。麻烦给我一些文档或电子表格让我参考，告诉我怎么做才对。"Pinnacle Services公司的CEO汤姆立（见第6章），在2007年聘请了吉尔·齐赫拉来担任首席运营官，当时该公司正因为发展迅猛而面临挑战。汤姆立说："就规模而言，公司当时也许还不是非常成熟。但是吉尔来了以后，公司的运营就变得顺畅得多。我有不足之处，吉尔恰好可以与我互补。"但有时候最好的办法，却是自己让贤，换别人来当CEO。汽水瓶盖游戏公司的创始人，就是这么做的。

  汽水瓶盖游戏公司是一家价值4300万美元的休闲式电子游戏开发商，总部设在西雅图。该公司创始人之一，现年30岁的约翰·维奇（John Vechey）表示："直到去年，我们才恍然大悟，我们开的是一家货真价实的公司。"当然，维奇这么说，的确有一点夸张。早在9年前，当他和现年31岁的布莱恩·费特（Brian Fiete）及37岁的杰森·卡帕尔卡（Jason Kapalka）一道创办汽水瓶盖时，它就已经是家"货真价实的公司"了。成立至今，该公司设计出多款大受欢迎且容易学会的游戏，如宝石迷阵、毛毛球和幻幻球（Peggle）等，还在业界赢得过多项大奖，而且这些游戏被下载的次数已超过10亿次。该公司研发出的第一款游戏，也就是宝石迷阵，至今已卖出超过2500万套。原本，这些游戏只能到该公司的网站上才能玩，或者通过该公司的合作伙伴，比如MSN、AOL和Shockwave，才能玩。可现在，这些游戏已经在沃尔玛之类的大型连锁商场销售。汽水瓶盖游戏公司甚至还研发出能载入到移动设备或Xbox Live等电玩系统上使用的版本。由于利润稳定，公司的收入一直以年均50%的速度持续增长，多年来一直是许多并购者垂涎的对象，但维奇、费特和卡帕尔卡始终没有答应。据维奇说，微软公司曾于2002年明确表示，愿意以400万美元的价格予以收购，却被他们拒绝了。

  不过，带领公司不断发展，迈向成功，对三位合伙人来说并非易事。维奇回忆道："我当时是公司的CEO，也是唯一负责企业研发的人，但我却越来越觉得没有希望。因为我缺乏充分的知识系统，而且又不明白自己的局限。"日子一久，三位合伙人的关系越发紧张。在2003到2005年间，维奇甚至数度放弃CEO的职位，尽管他最后都还是回到这个岗位上。公司的经营工作始终让他放心不下，把维奇拉得离他热爱的电玩研发工作越来越远。不同的责任或义务之间的矛盾冲突，让他和许多年轻的CEO一样，觉得压力重重。

2005年，又有人提出了要收购该公司的意愿，而且开价7000万美元。如此巨额的价格，很难不叫人心动（但三位合伙人不愿透露这次是谁想要收购）。然而，维奇认为汽水瓶盖这个品牌，本身就值"好几亿美元"，他说："这个提议的确很诱人，但我们觉得公司在市场上应该还有很多优势。"尽管该公司老早就脱离了"光晕"或"疯狂橄榄球"等游戏的世界，但这个品牌，在许多在线游戏迷心中，仍然很有分量（尤其受女性朋友欢迎）。因此，该公司在业界一直是许多投资人觊觎的对象。前面提到的那笔收购提议，对三位合伙人来说就像晴天霹雳。维奇说："要是我们拒绝了这次收购提议，就表明我们必须用更严肃的态度来面对公司的经营。但我们真的很需要别人来扶我们一把。"**于是，他和另外两位合伙人做了个重大决定，他们知道这个决定将对公司产生巨大影响。那就是：他们聘请一位经验丰富的前辈来担任CEO，带领公司逐步发展、走向辉煌**。等到公司打算公开上市或再一次有人想收购时，公司的价值就不会被低估了。

现年47岁的戴夫·罗伯茨（Dave Roberts），就是在这个节骨眼上进入该公司担任CEO。当时他刚卖掉一家摄影数据库公司，正四处寻找新的工作机会；原来在他公司工作过的一些老员工，已经在汽水瓶盖公司谋得一份工作，便介绍他过来看看，结果，罗伯茨和汽水瓶盖"一见钟情"。"这家公司经营的事业不但有趣，公司文化也很吸引人；这里的工作气氛轻松，而且大家都会努力地把工作任务尽心尽力地完成。"三位创始人也向罗伯茨表示，有意愿请他来公司担任CEO，试用期6个月。但自2005年4月上任以后，罗伯茨从来就没有离开过这个岗位。罗伯茨说："如何拓展规模，是我上任后的最大挑战。很多人都担心公司会变成那种恐怖的大企业。"

尽管如此，公司的规模依然扩大了。罗伯茨聘请了一位全职律师、一位人力资源部主管，和一位"穿西装打领带、头发梳得整整齐齐"的资深前辈来担任业务开发主管。此外，他也安排了几次重要的并购，包括并购一家位于爱尔兰首都都柏林的公司。罗伯茨还坚持公司每个月一定要开董事会，甚至说服了三位创始人同意他聘请一个外人来担任董事长。不过，罗伯茨虽然使汽水瓶盖公司的制度走向系统化和专业化，却保持了公司文化的原貌。例如，公司里还是有一间摆满了食物和饮料的厨房，而且，在一间宽大的游戏间里，摆放着桌上足球球桌、电动玩具，午餐时间，公司里还经常有快递员在这里大玩"机器人大战"的游戏。罗伯茨养的腊肠狗，则不时在办公室里闲逛，还留下一地被它咬烂了的狗玩具；此外，公司里有一块开放空间，天花板上吊了一个降落伞，降落伞下经常有员工一起工作的身影。人力资源部主管艾伦·马瑞特（Ellen Marett）则负责举办派对、筹划志愿者活动、买一大堆吃的东西放到厨房里，并且努力让这家公司始终保持活跃轻松的氛围。

如今，罗伯茨也持有这家公司的股份。他说："我想我们大家都很幸运。"关于这一点，三位创始人想必也非常认同。菲特说，自从有了罗伯茨来主持公司的管理工作，他只要专心当好他的技术总监就好了。现在的他，"只要花四分之三的心力在运营上，另外四分之一则可以拿去研发游戏。而且，我大可以去做爱做的事，其他的事情交给其他人去做就好了"。至于维奇，他花了一年的时间负责管理个人电脑在线事业部，只可惜成绩不如预期的好。但维奇没有怪罪别人，他认为自己必须为此负责。

> 直到去年，我们才恍然大悟，我们开的是一家货真价实的公司。
> ——约翰·维奇（John Vechey），21岁创业，汽水瓶盖游戏公司的创始人之一，公司价值4300万美元
>
> 创业微言录

他说："如果我的管理可以再铁腕一点，管理绩效也许更好，但我做不到，因为那不是我的天性。"于是，几个月前，维奇又回到了游戏研发部门工作，负责管理一个8人的团队。现在的他，还得受一个上司领导，"虽然这有点奇怪，因为我是上司的上司的上司。"如今，维奇所扮演的角色，和他在公司初创时所扮演的角色相当接近，看来，他仿佛回到了原点。维奇说："要是没有罗伯茨和他聘用的几名主管，我可没法像现在这样轻松自在。可以在自己的公司里尽情创业，真的是一件很酷的事。"

公司成长的丰厚回报

创业竞赛,终极的目标也许各不相同。某些创业家的终极目标,是创造出一家能持续发展的企业,让自己能轻松地养家糊口,而不是替别人卖命。有些人则喜欢生命不休,创业不止,创办一家又一家新公司。有些人则怀抱雄心壮志,希望能够把公司的规模拓展到全国、全世界,或通过企业经营来让世界变得更美好。当然,还有些人创业是为了发大财,比如让公司公开上市或被其他企业收购。而后者,正是卡莱布·西玛(Caleb Sima)的目标,而且,这也是个非常有利可图的目标。

西玛的公司总部位于乔治亚州的阿法乐塔(Alpharetta)。2009年1月,他到加利福尼亚州的圣荷西,在一家大型企业的几位高管面前大显神通了一番。现年29岁但看起来还像19岁的西玛,打开手上的笔记本电脑,将该公司的名称输到网页浏览器里,然后就在一群高管(包括一名首席信息官和他手下几名重要的主管)面前,随意地表演了一下如何入侵该公司的行政系统,甚至,如果他想做的话,还可以偷看该公司的私人邮件、存取数据库、浏览注册表格,或者嵌入恶意软件。西玛的这场表演,让几位高管看傻了眼,他们没想到公司的系统居然如此不堪一击,漏洞百出。但西玛自己一点儿都不惊讶。

事实上,西玛经常在客户面前做这样的表演,而且,每次他这么做时,他一定会在开会前先花个几分钟试图入侵该公司的网站。要是运气不好,入侵不成,没关系,他会在客户面前改做另一项表演,就是入侵惠普公司的网站,直捣其报账系统,再以该公司某高管的名义进行核准。可是,他不担心这样做会触犯法律吗?不会,因为惠普公司允许他这么做。2007年8月,惠普以超过1亿美元的价格买下了西玛的公司SPI Dynamics,现在,西玛算是惠普的员工。

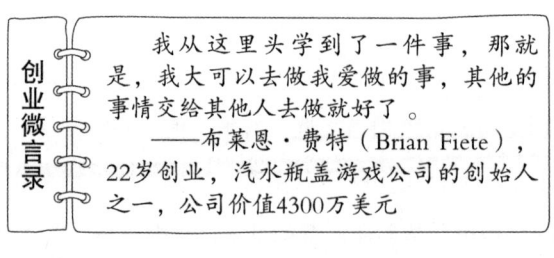

创业微言录

我从这里头学到了一件事,那就是,我大可以去做我爱做的事,其他的事情交给其他人去做就好了。
——布莱恩·费特(Brian Fiete),22岁创业,汽水瓶盖游戏公司的创始人之一,公司价值4300万美元小时候的西玛，绝对想不到自己会有如此风光的一天。青少年时，西玛是爸妈眼中的麻烦小子，他曾经被学校退学一年，还经常离家出走。但是，如果只说他有早熟的科技天赋，也许还太低估他了。从前，西玛最喜欢的消遣活动是"电话入侵"，就是凭借操纵音频信号的频率来入侵电话系统。如果你知道这怎么做，就能躲在麦当劳外的草丛里，擅自更改别人的订单、戏弄卖场里的保安，或者打断情侣之间的甜言蜜语，比如插一句："宝贝，你现在在跟谁讲电话啊？"或者，更搞笑的是制造放屁的声音。这些事儿，西玛全都干过。

还好，成年后的西玛，决定将自己的科技天赋和黑客入侵能力用在好的方面，而不是拿来做坏事。尽管在高中就辍学，但他17岁就拿到了同等学历，之后还陆续在好几家公司从事过网络安全工作。其中的一家公司给他的任务，是对客户的网站进行黑客入侵，再针对这些网站的漏洞进行修补。西玛回忆道，"那时候我牛得很。因为几乎每家公司的网站我都有办法入侵，而且几乎不费吹灰之力。"后来，他向老板提议：为什么不干脆将整个流程自动化，好让客户能自己寻找漏洞并加以修补呢？但西玛的老板并没有听从他的建议，于是西玛决定自己创业。2000年，他开始为企业提供网络安全咨询服务。只可惜，那时候并不是创业的好时机。西玛说："刚踏入社会，我的年薪就高达13万美元了。但没过多久，网络公司的泡沫开始破裂，我的薪水掉到了只剩15000美元。结果，我欠下了一大堆信用卡债务，卖掉了车子，还得靠吃泡面度日。"

有段时间，西玛费尽心机寻找风投公司的资金帮助，没想到四处碰壁，他灰心不已，不明白为何投资界对网络安全的重要性如此不上心。他说："最后，我总算找到了一家风投公司愿意看我在他们面前表演黑客入侵。当时，我入侵了一家大型在线零售商的网站，然后就在他们面前表演如何操作账户或中止交易。"在另一家公司，西玛在事先得到许可的情况下，入侵了该公司的网站，"接下来，我在许多主管面前阅读律师寄来的电子邮件。这下子，他们总算知道网络安全有多重要了。于是，我提出的解决方案对他们来说也就极具意义。我最擅长的是宣传网络安全的重要性，也就是让客户清楚地看到，他们公司所使用的防毒软件和防火墙，根本保护不了他们的网站。"由于这样的表演方式极具说服力，2003年，西玛便筹集了200万美元，而SPI Dynamics也成了一家"真正的公司"。之后，西玛还筹集到了三笔资金，加起来总共1000万美元。

2004年年底，西玛第一次听说有人要收购他的公司，但他拒绝了。之后，陆续又有几家公司也表示想收购，而且收购价还以每年翻一番的速度迅速攀升，但西玛一一拒绝了。西玛告诉他们："不要再低估我们公司的价值，我们才有商讨的余地。"最后，轮到惠普出马了，惠普表示他们希望跟西玛签两年的约，并将该公司整合到它的软件事业部里。对西玛来说，这次的机会"有点像是创业"，至少，跟惠普那种以硬件为企业运营核心的母公司相比，确实如此。但在完成这笔交易时，西玛还是有点心惊胆跳，他说："包括员工的心理适应能力、公司文化的冲击、员工作业流程的改变，都让我相当担心。后来，我们公司果然发生了剧烈的变化，员工也经历了相当大的煎熬。"

首先，惠普希望西玛把SPI Dynamics的总部从亚特兰大搬到阿法乐塔，因为惠普在那里盖有办公大楼。西玛回忆道："但是，惠普的办公大楼，到处都是那种一格一格的办公隔间，太恐怖了。我们的员工看了直摇头。我们要的是懒人沙发、豆袋椅和扑克牌桌，但惠普的人说'不行'。不过我知道，要是照惠普的意思去做，我们公司一定会有人辞职不干，而这些人为公司创造的价值，也会跟着消失不见。"于是，西玛拿出了坚决的态度，要惠普向他提供为SPI Dynamics准备的办公场所设计图。结果，惠普公司的人同意了。拿到设计草图后，西玛和员工们开始修改，最后，在没有超出原来预算、并使用较少材料的情况下，将原本封闭的办公场所打通改造。西玛回忆，"惠普不断向我们施压，但我们也坚决地表示，'除非你们允许我们这么做，要不然我们绝对不搬。'"

难道这一切都只为了让办公场所的氛围显得更轻松？表面上看，这好像只是一场无谓的争斗，但这其实是西玛的第一场重大战役，因为他知道，他手下的140名员工都在一旁看着，他们的顶头上司究竟肯尽多大的努力去争取员工的福利呢？最后惠普妥协了，西玛连扑克牌桌都争取到了。SPI Dynamics搬进新家后，双方最初出现了一阵子的拉锯战。有天晚上，惠普大楼管理部的人趁夜撕下了SPI Dynamics员工贴在墙上的巴布·马利的海报，但第二天早上，员工们又把它贴了上去，从此以后，双方的战火总算平息下来。西玛说：**"细想之下，这些好像都是小事，对我们来说却是大事，因为这些东西可以让员工保持士气，留住人才。"** 而且，从长远的眼光看，这其实是一件好事，西玛在惠普软件事业部的上司乔纳森·仁德表示："对公司管理大楼的员工而言，接受SPI Dynamics的员工这么做并非易事，但他们后来看到了曙光，还进去拍了些照片。他们希望，以后公司在并购其他小企业时，也能够采取这样的办公场所设计。"

当然，**企业在进行兼并时，要整合的绝不只是办公场所而已**。SPI Dynamics被收购后一年半，"几个绩效最优秀的员工"跳槽离去，但整体而言，留在公司的员工还是很多的。"如果是初创的企业，你想做什么就做什么，但是现在，我们连更改网页都得大费周章：要先向法律部门提出申请，经过营销部门批准后，再将新网页的内容交给技术部门上传到服务器。对我们来说，这是个非常辛苦的学习过程。头一年，为了争取许多东西，我们还因此损失了许多效益。"但西玛不后悔，他说："新成立的公司，营销时必须从下往上。但是现在，我可以直接到《财富》前50大企业的首席运营官或CEO面前推销。因为惠普，我看到了一个全然不同的前景。"

> **创业微言录**
>
> 现在，我可以直接到《财富》前50大企业的首席运营官或CEO面前推销。因为惠普，我看到了一个全然不同的视野。
>
> ——卡莱布·西玛（Caleb Sima），23岁创业，SPI Dynamics公司的创始人。2007年，公司被惠普以一亿美金收购

2009年8月,西玛签下的这个合同就要到期了,但他并不急着离开惠普或另外成立公司。他说:"我想慢慢来,享受我在这里学到的东西,并从中获得成长,而不只是为了创业而创业。一旦找到了我很热爱的东西,我就会再度创业。"说到这里,西玛停顿了一下又略带犹豫地说:"最近,我已经看到一些值得掌握的机会。"我想,顶多半年时间,西玛就会再度出击了。

"网络一代"创业家游戏规则八：
企业成长转型的对策

1.找对一起成长的伙伴

找对了适合的人，就可以帮助公司展翅高飞，但要是找错了人，却可能导致发展脚步停滞不前。有时候，你必须痛下决心，像College Prowler的史库尔曼一样，请那些当初帮你创业的人离开，并雇用新人来带领公司前进。Pinnacle Services公司的CEO汤姆立，在公司迅猛发展时找了一位首席运营官来管理日常的运营；Unigo的创始人戈德曼，则知道自己要靠公司的财务总监来监督公司的财务状况，并向后者学习理财知识。总之，**千万不要让业绩的增长速度，超出了经营团队的管理能力的范围**。

2.多样化发展

十分钟媒体的CEO西耶科，虽然很喜欢为摇滚巨星设计网页，但是音乐产业正处于动荡之际，他有必要寻求跨行业发展、多样化经营。于是，他拿出他当初为摇滚巨星设计网页时所拥有的创新能量，替普通的企业创新公司网页。现在的他，虽然还是经常帮唱片歌手做网页设计，但企业客户则带给了他稳定与弹性的新局面。

3.判断"新"的发展价值

一家公司的价值何在，有时候并不十分显而易见。考夫曼原本是通

过社群贡献的创意来制造iPod配件,但是他后来意识到,用来管理这个事业所使用的流程和软件,比这些产品还更有价值。TerraCycle公司的萨奇也有过类似的体会,他发现他用来包装有机肥料的二手塑料罐,可以引领他开创一个全新的产业,就是将糖果包装纸或果汁盒之类的垃圾"升级再造"成新的产品。

4.洞悉未来

9·11恐怖袭击事件发生后,海宁所经营的信息科技人力咨询公司差点一败涂地。幸好她注意到医疗产业的信息科技正在蓬勃发展,于是调整公司的定位,专门锁定这个市场。如今,她经营的Catalyst Search人力资源咨询公司,生意兴隆得很。当阿道夫森意识到,市面上有越来越多跟Smartphone Experts类似的网站,在搜索引擎中的排名还领先于他的公司时,他最后决定不要跟对手硬碰硬,反而化敌为友,帮他们创建电子商务网站。结果,只要是从这些网站上卖出去的产品,他都可以分得一杯羹。所以,这些竞争对手的网站流量越大,他就赚得越多。

5.牢记企业的初衷

公司会不断发展,也会发生变革,这是每个创业家都无法回避的事实。Etsy的创始人凯林,有好几年的时间一直对财力雄厚的投资人避之不及,但在最近,为了升级公司的基础设施并提升服务质量,他总算接受了投资人总共2700万美元的投资。类似的情形还有很多,卡莱布·西玛将自己创办的公司卖给了惠普,TerraCycle公司的萨奇甚至和大多数都敬而远之的大型零售业者及消费者品牌建立合作关系。尽管变革剧烈,但这些CEO们,都小心翼翼地不让公司原本的价值、使命或公司文化遭到破坏。

6.该放权时就放权

CEO的责任和义务,并不是每个人都能扛得起,甚至也不是每个人都想扛的。**专注于你最擅长的事,就是你能为公司做的最大贡献。不论这件**

事是开发软件、开发业务或从事产品创新,你都尽管放手去做吧。汽水瓶盖公司的创始人菲特就很清楚这一点,他说:"我可以放心地去做自己爱做的事,其他的事情就交给别人去打理。"可是,要把管理公司的重大责任托付给谁呢?可以是公司内部的人,也可以从外头聘请。关键在于,聘请这个人的决定,也许是你自创立公司以来最重要的决定。总之, 在经营管理上交棒时,不要让你的公司文化因而变质,并采取适当的方式让员工、供货商和客户安心。

结语:"网络一代"创业家的未来

在本书付梓之际,美国正处于奥巴马总统所说的"自经济大萧条以来最严重的财务危机"之中。但老实说,在我撰写本书的这段时间,仅用"发生了剧烈转变"来形容美国的经济,恐怕还太保守了。2009年初,消费者捂紧荷包,银行紧缩银根,股市遭受重创,失业率攀上了14年以来的新高。受到这重重打击,许多小企业主对美国政府提出的7870亿美元的振兴经济方案,仍然没有太大的信心。那么,网络一代创业家的创业前景是否已经没有希望了呢?为了找出答案,我决定直探源头。

我在前言中说过,我这次对创业家的研究,有一部分是依赖Facebook,我在Facebook上创建了一个私人网页,以便通过讨论版和群组信息,更顺利地与向我提供信息的人进行沟通(也有利于他们彼此交流)。一年多来,我问了他们很多问题,而他们给我的回答,也写到了本书之中。最后我问他们:你对眼下的经济形势有什么看法呢?最近的经济衰退,又会对你的公司、以及他们同一辈的创业意愿造成什么影响?从他们的回答看起来,他们相当乐观,至于为什么乐观,听听他们自己怎么说。

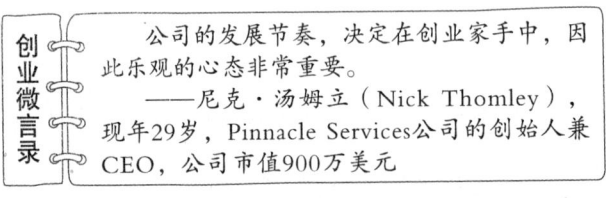

创业微言录

公司的发展节奏,决定在创业家手中,因此乐观的心态非常重要。
——尼克·汤姆立(Nick Thomley),现年29岁,Pinnacle Services公司的创始人兼CEO,公司市值900万美元

Pinnacle Services公司CEO尼克·汤姆立说:"创业家,尤其是我们这

一辈的创业家，未来将扮演重要的角色，带领这个国家走出经济萧条。面对眼下经济的不景气，我打算帮我的企业塑身，通过多样化经营进军不同市场，并积极创新。我非常乐观地认为，我们公司会变得越来越强大。一家公司的发展节奏，决定在创业家手中，因此乐观的心态非常重要。"

我也是乐观的，而且我有充分的理由这么想。根据美国小企业管理局（SBA）搜集到的数据，在前两次经济衰退期间，也就是1990年到1992年、2001年到2003年期间，在经济开始走下坡路之后的头一年，新创办的小企业都显著增加，小企业的倒闭数目则有所减少。失业率高的时候，

> **创业微言录**
> 对年轻的创业家而言，经济衰退也许是一件礼物。
> ——塔莉雅·玛莎奇（Talia Mashiach），现年32岁，EvedServices公司的创始人兼CEO，当前公司市值900万美元

会逼迫更多人走上创业的道路。这容易想见。经济不景气虽然可能让人们丢掉饭碗，却也有助于酝酿创意和创新，并逼迫你养成节俭、严谨和坚毅的精神。而这些，正好是创业成功的重要特征。

事实上，目前某些规模最大、知名度最高、经营业绩最突出的品牌，如惠普、微软、乔氏超市、电子数据库公司Lexis-Nexis、联邦快递、MTV、CNN、克利夫能量棒、半导体技术商RF Micro Devices和维基百科，等等，都是在经济衰退时创立的。全球创业观察（Global Entrepreneurship Monitor）研究部主管尼尔斯·巴斯玛表示："经济不景气，或许是创业的好时机，因为此时各种资源往往变得更廉价、更容易获得，也更容易向银行贷款。许多创新的产品或制度，比如超级市场等，就是在经济衰退时崛起的。相反，许多大型竞争对手在此时反而会遭受重挫，只能专注于求生存。回顾历史你会发现，在这时候崛起的创业家，往往有能力扭转经济颓废的局势。"

EvedServices公司CEO塔莉雅·玛莎奇说："在年轻时遇上也许是有史以来最严重的经济衰退，可以从中获得很多学习机会，或者可以把握最佳的商机。只要你经得起考验，渡过了难关，以后就没什么事能够难得倒你

了。这样的大环境,有助于我们培养领导能力,提高抗风险容忍度,并影响我们未来管理企业的方式,甚至让我们学会如何建立更优质、更强大、也更能够持续长远发展的企业。与其等到没有本钱了再重新开始创业的时候遭遇经济衰退,倒不如在创业的初期就碰上经济衰退,这样的话,将来还有机会把自己从中学习到的东西加以应用。因此,对目前所有年轻的创业家而言,经济衰退也许是一件礼物。"

目前的经济衰退,终将逼迫众多小企业关门倒闭,这一点毋庸置疑。但我认为,目前的经济形势,也有可能造就一批伟大的企业。回顾过去,的确有许多创业家是在类似的环境下茁壮成长的。我甚至预计,与过去几次经济衰退相比,这一波经济衰退的浪潮,应当可以促使更多人投入到创业中,而且,其中许多人属于网络一代。全球创业观察开展的调查显示,2007年,18到24岁的人当中,有9.15%的人投入创业;25到34岁的人当中,则有12.12%的人这么做。将来,即使这个比例保持不变,但由于网络一代人数众多,可以预见,未来几年,应当还会有好几百万年轻人走上创业的道路,刷新历史纪录。

目前,由于失业率居高不下,企业纷纷倒闭,创业成本又相对低廉,网络一代的创业人数很可能会创下历史新高。再加上,由于宽带网络、低成本甚至免费的无线网络、智能手机、以及云计算等日益普及,现在

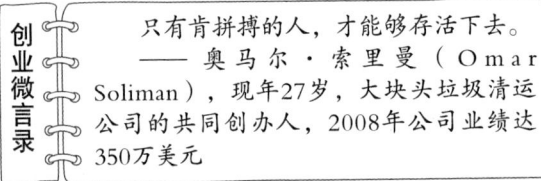

创业微言录

只有肯拼搏的人,才能够存活下去。
—— 奥马尔·索里曼(Omar Soliman),现年27岁,大块头垃圾清运公司的共同创办人,2008年公司业绩达350万美元

要创办一家公司,绝对比过去几次经济衰退时,成本还要低廉更多。只要你的数据处理系统和应用软件可以连上线,也能和你的台式电脑、笔记本电脑、移动设备及你的员工(不管他们当时身处公司另一个房间还是身处另一块不同的大陆)进行顺畅的沟通,就算你只能在自己宿舍房间或父母的地下室里做生意,也很轻松容易。也许你要反问,并不是只有网络一代可以这么做,其他人一样也可以啊?的确如此,但是对网络一代而言,他们几乎不

需要经过任何学习就能轻易上手，因为对他们而言，使用高科技产品，就像呼吸一样再自然不过了。

大块头垃圾清运公司共同创办人奥马尔·索里曼说："跟其他人一样，我们也充分感受到了经济衰退所带来的压力。这个时候，只有反应最敏捷的公司能挺得过去。现在，我们把一切都回归基本面，而这也是我们当初成功的因素。还记得公司刚成立时，全公司只有我和合伙人两名员工，还有就是一台垃圾车。我们当时有个座右铭：'爱拼才会赢'。现在，我们也鼓励我们所有的连锁店负责人这么做，要他们每天出门打拼。这个时候，正是"逆水行舟，不进则退"的时候。只有肯拼搏的人，才能够存活下去。"

一些刚刚带领公司走向辉煌的创业家，可以在本书所介绍的许多创业家身上找到学习典范。当然，在经济萧条时要存活下去，并不是件容易的事，更别说要大展宏图、实现可持续发展了。但我相信，网络一代创业家特别有本钱接受这项挑战，因为：

1. 网络一代懂得利用高科技降低成本

未来，网络一代企业家应当能够持续运用他们在先进科技和网络方面的特长，让企业运作更有效率。在我看来，这些企业在控制成本方面有两大优势：第一，他们通常反对传统的广告营销手法，比较喜欢通过SEO（搜索引擎优化）及社会化媒体网站来开展网络营销。第二，他们非常善于使用移动技术，所以能采取远程、虚拟的工作方法。办公场所减少了，固定成本自然能大大降低。

2. 网络一代拥有许多比金钱更宝贵的资源

网络一代的父母、教授、同行或前辈，通常很愿意提供意见或建议给他们，而这，往往比金钱还更有价值。他们愿意帮助别人，也愿意向别人求助；这种乐于合作的精神，应该能让他们在遭遇难关时挺过去。而且，他们还有广大的人际网络可以运用（用赛斯·高汀的话来讲则是"部落"），从中寻找各种资源，例如：员工（经济萧条时，往往可以在人力资源市场上找到很多优秀员工）、战略联盟，或有创意的资金来源。

3. 网络一代喜欢创新

网络一代有许多创新的概念，这源自于他们想要为同龄人服务，满足他们尚未被满足的需求。由于网络一代人数众多，经济能力也相当不错，他们的特殊需求，以及他们父母（也就是美国婴儿潮出生的那代人）的特殊需求，应当能在将来几十年内，深深影响市场上的产品和服务。一家公司如果能适应网络一代的需求、推出他们需要的产品或服务，自然具有很强的竞争优势，更何况，现在的经济这么不景气，许多手头不那么宽裕的消费者，在买东西时更是会精打细算。

4. 网络一代脑袋灵活、行动迅速

网络一代的创业家，大多数不会花太多时间去空想，而比较喜欢"说干就干"，之后再随着市场的变化来调整脚步。对他们来说，成功的途径不是一条直线，而是迂回曲折的；混沌与不确定，并不会令他们感到害怕。对于企业该如何经营，他们并没有抱太多的成见，反而能走出一条自己的路，建立起自己的商业模式。这样的精神，在网络一代的工作环境里也展露无疑。对他们而言，工作与生活，并不是截然不同的两回事，相反，他们还可以用有趣、流动与灵活的方式将两者结合起来。这样的工作氛围，很能吸引年轻一代的员工，并培养他们对公司的忠诚度。毕竟，当经济不景气，工作压力与工作要求都日益升高时，对一家公司来说，还有什么资产比员工更重要的呢？

十分钟媒体工作室的CEO布兰登·西耶科说："我十分欢迎当前的经济不景气，因为我相信，我可以从中学习到某些很宝贵的经验。当前的经济，好比"永不沉没"的泰坦尼克号，迫使我必须更有效率、更有创意、行动更加迅速。我们这一代，目睹了许多大银行和家喻户晓的大企业纷纷

倒闭，也见到很多拥有所谓稳定的工作的人，一夜之间失了业。其实，**"稳定"这个东西是根本不存在的。目睹这些事实，既让人感到害怕，又让人感到兴奋。因为，这会激励更多网络一代人考虑自行创业。"**

对那些愿意从经济萧条中积极学习，并利用眼下的经济形势来发展壮大公司的人来说，经济衰退反而是一种好运气。事实上，已经有不少创业家从中获益了。例如，First Global Xpress公司（见第3章）、GotVMail（见第1章）、EvedServices公司（见第3章），目前从事的业务是为其他公司提供语音留言、快递、活动规划等重要服务，并帮助这些客户以更经济且更有创意的方式营运。TerraCycle公司（见第6章）、幸福婴儿食品（见第5章）和OneHope红酒（见第6章），则生产与社会责任感明显相关联的产品，让消费者在购买他们的产品时会觉得，即使手头很紧，花这些钱仍然是值得的。还有些公司则打算利用政府针对替代能源、医疗保健和国民教育所提出的振兴经济方案，例如：博雷戈能源公司（见第6章）、塑身美国（见第2章）、Catalyst Search人力资源咨询公司（见第8章）和巴拉斯媒体（见第1章）。

不过，无论涉足什么产业，大多数网络一代创业家目前所面临的企业经营环境，都跟他们第一次创办公司时截然不同。尽管很多人对网络泡沫破灭时的黑暗日子仍记忆犹新，但这次的经济衰退，却比当时还要更严重、更长久，所造成的心理冲击也有本质上的区别。这一次，令美国经济重重摔落谷底的罪魁祸首，并不是那些好高骛远、价值被严重高估的高科技公司，而是那些原本深受全民信赖的大企业。原来我们以为这些企业规模如此之大，根本不可能倒闭，却陆续有好几家大企业倒闭给我们看。的确，这是个令人惴惴不安的时刻，却也是个充满各种可能的时刻。记得，当我刚开始动手撰写本书时，我认为网络一代很可能会成为有史以来最富创业精神的一代，甚至将改变全人类的企业经营全貌。如今，我对这一点更加深信不疑了。虽然，我们现在还不是很清楚目前的经济困境究竟是如何造成的，但至少有一点是不用怀疑的：跟以往一样，创业是有风险的，弄不好就会以悲剧收场，但网络一代似乎掌握了创业成功的秘诀。

如果要我形容一下对这个世代、目前的经济形势和未来的前途有什么感受，我会用两个现在较少有人使用的字眼来形容，那就是"感恩"与"兴奋"。

感恩，有几个方面的原因。虽然每个人都希望在经济更景气时开创和经营事业，但每个人都是自己命运的主人。我很感谢在我这么年轻的时候经历这样的经济困境。我还没结婚，没有小孩，所以不会在事业和家庭之间左右为难。

另一方面，我觉得既兴奋又乐观。我真的相信我们这一代的创业之道，理应成为未来企业经营的蓝本。跟我同龄的许多人，都看到了自己的父母如何为大企业卖命，拿到了股票期权，正准备退休时，世界却突然发生了剧变。因此，我们对风险的看法已经改变。当脑海里冒出有趣的创业点子时，我们不会说："我能冒这个险吗？"相反，我们很可能会说："如果不这么做，风险会不会更大？"这种心态上的转变，让我对未来感到无比兴奋与乐观。

——安德森·斯科恩罗克（Anderson Schoenrock），现年29岁，数字扫描（Scan Digital）的CEO

附录A 美国"网络一代"创业家问卷调查及结果

看到这里,您已经了解了63位优秀创业家的故事,但我要提醒您,本书的结构,是在我进行了150多次的访谈后才逐渐成形的。这150多位年轻的创业家,几乎遍布于美国各个地方,经营的产业也非常多样化。2009年春,我再次联络这其中的许多人,请他们完成了一份简短的问卷,以便整理出一份比较有现实意义的数据供读者参考。

我将这份问卷放在Zoomerang.com网站上进行调查,最后总共收集到66份有效问卷。参加调查的创业家平均年龄为27岁,但他们创办过的公司总数竟高达168家!相信您一定很好奇,想知道这次的问卷调查还得出了怎样有趣、甚至让人惊讶的结果。读下去就知道了。

1. 你的性别是?

男性(77%)

女性(23%)

2. 你创业时找人合伙吗?

有(64%)

没有(36%)

找他人合伙的创业家,男性的比例多过女性

3. 你的父母亲也是创业家吗?

我母亲是（17%）

我父亲是（48%）

父母都不是（43%）

注：由于问卷上要求受访者勾选所有符合的选项，因此百分比的总和超过百分之百。

4．你创办第一家公司的时候年龄多大？

不到18岁（40%）

18到22岁（32%）

23到27岁（28%）

注：有将近一半的男性受访者表示，他们还未满18岁就创办了第一家公司。但年纪这么小就创业的女性受访者，比例只有14%。64%的女性受访者是在23到27岁时第一次创业的。

5．与非创业者的同辈人相比，你花在工作上的时间比他们长还是短？

我跟他们差不多（17%）

比他们长（76%）

比他们短（8%）

6．你的最高学历是？

高中学历（9%）

大学肄业（23%）

大学毕业（两年制学位）（18%）

大学毕业（四年制学位）（50%）

注：尽管68%的受访者拥有四年制学士学位或更高学历，但受教育程度和企业的年营业额，似乎没什么关联。只有高中文凭或大学肄业者创办的公司，公司利润超过100万美元的，和学历更高者相比，似乎一样多。

7．你在读大学时是否修过创业方面的课程？

有（32%）

没有（68%）

注：只有32%的受访者表示曾经修过创业方面的课程，毕竟，有48%的人在第一次创业时根本还未满18岁。

8．你目前的公司成立几年了？

不到一年（5%）

一到四年（48%）

五到八年（30%）

超过八年（17%）

注：一般而言，成立的时间越久，公司就越赚钱：有29%的受访者表示，公司的年收入超过500万美元，其中95%，都已经成立超过五年。

9．公司赢利吗？

赢利（76%）

不赢利（24%）

注：尽管年营业额规模和利润程度不见得成正比，但在这群网络一代创业家身上，年营业额和利润似乎是正比例关系。有76%的受访者表示自己的公司赢利，在这些公司当中，又有62%的年收入超过100万美元。此外，在这些赢利的公司当中，女性创业家的比例（80%）又稍高于男性（73%）。

10．公司的资金来源是？

自己（66%）

亲朋好友（25%）

天使投资人（28%）

风投公司（17%）

注：向天使投资人或风投公司筹集资金者，大约一半的公司有利润；完全没有向外界寻求投资人，赢利的公司则将近80%。（由于问卷要求受访者勾选所有符合的选项，因此百分比的总和超过百分之百。）

11. 你认为公司肩负起了社会责任吗？

有（70%）

没有（30%）

注：价值不到百万和超过千万的公司，多半负起了社会责任。此外，女性的比例高过男性。

12. 目前美国经济的不景气，对公司造成了何种影响？

积极的影响（20%）

几乎没有影响（32%）

2009年的收益可能会低于原本的预期，但还算稳定（44%）

影响很大，我们正垂死挣扎（5%）

注：大约一半的受访者表示，这一波经济衰退对公司带来了积极的影响或没有影响：其中有62%的公司年收入在100万以下。至于认为公司状况还算稳定，但2009年的预期收益可能会降低者，有66%的年收入都超过100万。

13. 第一次创业失败，您会再次创业吗？

这是个喜欢连续创业者的世代，许多受访者都表示自己有可能再次创业，而男性（85%）又明显多过女性（53%）。总体而言，这些受访者平均已创业过两家公司。

附录B 创业明星们给"网络一代"创业家的建言

网络一代,是第一批见证各类创业明星的新生代。他们从比尔·盖茨、史蒂夫·乔布斯、理查德·布兰森等数十位创业巨星们身上看到,创业,不仅是一种谋生之道,更是一种改变世界的手段,而且能够以非常酷的方式改变世界。很多年轻人在创业道路上披荆斩棘的同时,也会从这些前辈身上寻求指引和启发。为了知道这些网络一代最崇拜哪些人,我在Facebook网站上发信给我私人论坛的成员,请他们想几个名字,接着再尽我所能地去联系他们心目中的典范,请他们与这些年轻人分享一些创业方面的箴言。

给网络一代的创业箴言

唐·泰普斯科特(Don Tapscott),《维基经济学》《数字化成长:网络世代改变世界》等书的作者。

1. 上大学

上大学比上高中有趣多了,而且,现在是知识经济的世界,光有高中文凭,很难功成名就。俗话说:"活到老,学到老。"学习这件事,的确是一辈子都要坚持做的事情。你可以通过读小说来丰富你的想象力,也应该好好锻炼自己的文笔。不要在学校里或工作上使用别人听不懂的网络用语或俚语,因为场合不对。

2. 在职场上要有耐心

当你看到前辈们使用落伍的科技，或处事方式很官僚时，要沉住气，别马上转身离去，再撑一会儿，为革新或改变努力。你是值得的。你知道团队合作的重要性，而这一点，正是这个世纪促进创新与成功的重要动力。

在美国出生于婴儿潮世代的长辈，或许可以成为你的最佳盟友。因为他们的子女年纪可能跟你差不多，或许能了解你和你对科技的爱好。还有，如果你认为工作与生活本来就可以两者兼顾，而不该相互矛盾，那么，你的看法是对的，可以坚持。

3. 考虑创业

大企业做得到的，小企业也通通做得到，而且，小企业还不用背负大企业可能有的包袱，比方说僵化的官僚文化、企业传统或传统科技。

4. 不要以为经验不重要

你也许在某个领域称得上专家，但绝不可能样样精通。进入一个成熟的组织里工作时，虽然你可以教别人很多东西，但也有很多地方需要向别人学习。丰富的经验可以让你成为更优秀的创业家、社会活动家、导师，或任何你想成为的角色。

5. 立志过有原则、有意义的生活

人生只有一次，切勿浪费光阴。你可以认为金钱并非万能，也可以拼命地去赚取财富。但人类的未来，还有更多需要你的地方。想想你希望给子女留下什么样的精神和物质财富，又可以做些什么事，让这个世界变得更美好。参与社区生活，参与政治生活，做对的事。

6. 不要轻言放弃

当大人批评你们这个世代时，不要太认真。你们这一代是有史以来最聪明的世代，也是第一个全球化的世代，真的是这样。更美好的世界就掌握在你们手中。请脚踏实地、坚定信念，努力地去创造吧。

创业四大法则

盖伊·川崎（Guy Kawasaki），Alltop网站创始人，《审视现实》一书的作者。

第一，要是有人告诉你"你做不到"，别听他的，不管这个人有多么成功或者多么有名。

第二，先做出个样子来，再去弄什么PowerPoint、Word或Excel之类的，因为创业讲求的是实践，不是规划。

第三，别指望客户会去做那些连你自己都不愿做的事。

第四，把重心放在业务上，而非战略结盟或事业开发上；业务做得好，一切就都搞定了。

选好合适的共同创始人

大卫·科恩（David Cohen），TechStars创始人。

找到合适的共同创始人，显然是成功的关键。企业的共同创始人，彼此相处的时间往往比夫妻还多，也经常要面临许多压力更大的状况。我在自己创业、给别人投资和经营TechStars的过程中，深深体会到一个道理，那就是：许多公司之所以没能挺过初创阶段，最常见的一个因素，就是创业团队成员没有团结合作，没有真正落实公司的战略。

创业伙伴之间，一定要能相互尊重和欣赏，但又要能随时彼此质疑，以激励互促成长、促使大家更迅速地采取行动。其中有一方士气低落时，另一方应该为他加油鼓劲。新成立的公司，即便拥有能够无缝合作的绝好团队，要生存下去，也已经不容易了。因此，寻找创业伙伴时，一定要非常谨慎，因为这或许就是企业成败的关键所在。

如何挑战传统

赛斯·高汀（Seth Godin），《部落：一呼百应的力量》一书的作者。

我认为，在决定挑战旧传统之前，应当针对下面四件事，仔细思量有可能付出的代价：

1. 注意它

当我们改变原有的处事方式时，一定会引起大家的注意。比如，当某个品牌收音机的音量控制钮的操作方式，跟市场上其他收音机全都不一样时，大家一定会注意到这种改变；又或者，当你的网站的浏览方式跟别人家的网站不一样时，也会引起大家的注意。问题是，这个改变究竟有没有创意？例如，如果你能制造出音质更好的音响，你还需要改变音量控制钮的操作方式吗？要知道，让消费者注意到操作按钮的改变，对于音响音质更好这一点，是起不了推销作用的。

2. 谈论它

新的事物一旦创造出来，通常会造成话题、引来争议。大家会开始针对你的产品或服务讨论、抱怨、辩论。让我再一次强调，除非你希望你创造的新事物能引起众人的讨论，否则，改变旧传统，就完全没有意义。

3. 利用它

这种新事物在市场上的成功，真的有带给你好处吗？没错，只要你高兴，你确实是可以创造新的结盟方式或新的定价结构。问题是，当这个新事物流行起来以后，你是否从中获益呢？这个新事物，是不是你商业模式的核心呢？如果是，你就得思考最后一个问题。

4. 保护它

一旦这个新的事物流行开来，它是否会巩固你在市场上的地位，并为你带来长远的好处呢？

把握时机

波·皮博迪①（Bo Peabody）Village风投执行董事。

最近，我发现自己经常告诉创业者两件事。第一，时机掌握得不对，与做错事情，往往很难区分清楚；第二，先进科技何时能流行起来，往往不是我们能预期的，有时候也许不到两年，有时候却要十多年。

这两段话，讲的其实是同一件事，那就是创业者有时候会太过好高骛远。要改变消费者的行为，不但要很长的时间，是一个日积月累的过程，还要耗费许多成本。要是你太过积极了，在时机不成熟的时候就着手改变消费者的行为，那么，还没等他们改变消费行为，你的资金就已经消耗殆尽了。但要是你太不主动，错过了正确的时机，你大概也创造不出什么有趣的东西来吸引消费者。愿景与资本效率（capital efficiency），两者通常无法兼顾，但资本效率又往往等同于无聊乏味。**如何在愿景和现实之间找出最佳的平衡点，是创业者面临的最大挑战。**

从失败中汲取教训

安迪·史坦茨勒（Andy Stenzler），Cosi和Kidville②等五家企业的创始人。

创业家必须懂得如何面对失败，甚至从失败中茁壮成长。成功的创业家，往往是那些遭遇过许多失败，但最后总算找出让自己立于不败之地的秘诀的人。

要是你失败过，却依然坚持了下来，甚至能告诉别人你当初是怎么失败的，那么到头来，你终究是个赢家。

---

① 波·皮博迪（Bo Peabody）：企业家，风投家，互联网高管，1992年曾与人合办了最早的未来公司之一Tripod.com。著有《发现你的创业天才》（Lucky or Smart）一书。

② Kidville 曾被《New York Magazine》评为"同类中最佳"并且在《The Lila Guide: New Parent Survival Guide》中获得客户五星级"杰出"评级。该公司致力于经营大型高档设施，以满足幼儿及其家人的需要。

追求愿景而不是金钱

谢家华（Tony Hsieh），Zappos网站的CEO。

经常有创业者或正在考虑创业的人问我：在什么产业投资可以发大财？或目前市场上有什么好的商机？

面对这类问题，我的回答总是千篇一律：不要把目标放在金钱上，而应该好好想想，做什么事才会让你激情百倍，即使不能靠它赚钱、发大财，你还是可以心甘情愿、快快乐乐地做个10年，这才是你真正应该做的事。换句话讲，你应该追求愿景，而不是金钱，然而很有意思的是，一旦你真正投入其中，财富往往会随之而来，因为你工作时所散发的巨大的激情，会替你招来许多员工、客户和事业伙伴，财富也就不愁了。

工作就是娱乐

大卫·凯利（David Kelley），IDEO公司创始人兼总裁；汤姆·凯利（Tom Kelley），IDEO公司总经理

如果你运气好，进入到一个全新的公司工作，那就试着去营造一个工作与生活紧密结合的环境。毕竟，工作在人们生活中占了很大的一部分。无论这是好消息还是坏消息，将来，网络一代在职场上拼搏的岁月，可能比过去的任何一个世代都还要久。但要是你能够从工作中找出内在的价值、从事你觉得有意义的事业，并真的乐在其中，那么，即使这份工作很费时间，你也不会在乎的。

30多年前，我们在创办IDEO时就秉持一条原则：我们希望同事之间的相处，就像朋友一样融洽和亲密。基于这个原则，一路走来，我们做了许多决定。从短期看，这些决定似乎是把公司文化的价值摆在金钱之上，也就是更看重感情而不是金钱。但长期下来，我们却发现一个有趣的现象：要是你能成功抹去工作与玩乐之间的界线，员工对工作反而

会更有激情，能从工作中获得更多乐趣，也会展现出更多的天赋、创意与活力。而充满热情与活力的工作团队，往往有更好的工作绩效，这个道理我想各位已经知道了，而这些，正好有助于创造长久的竞争优势。

理念重塑生活

心能量系列图书

心能量系列丛书是在当今社会发展日新月异、社会竞争激烈、生活压力逐渐加大的背景下,策划的心理抚慰、心理修炼的图书。它提供给读者的生活方式是积极、健康的、可持续性的;给读者生活和工作提供切实可行的解决方法。

《理性生活指南》
阿尔伯特·埃利斯

心理学领域的国际经典著作。
《理性生活指南》最新修正的第三版！
该书于1965年于美国初版后一直受追捧
分别于1975年和1999年进行修订和重版
累计销量已经达150多万册。

《不生气的活法》
阿鲁博姆来 · 苏曼那沙拉

愤怒是一剂有剧毒的猛药
心灵一旦被愤怒所污染，人就会停止成长
克服愤怒，是通向幸福的阶梯
是自我成长的必经之路

需要我们一步一步向前迈进

《宝瓶同谋》
玛丽琳·弗格森 著　廖世德 译

《宝瓶同谋》是由台湾著名身心灵图书翻译廖世德毕生的心血之作。

翻译版本权威到位，该书是重量级趋势研究著作。
当时它被趋势大师约翰·奈思比喻为"我们的时代最不凡的一本书"

十九年后，这份被赋予的殊荣看起来仍不为过。
著名身心灵作家胡茵梦两次为这本书著序予以推荐。
胡茵梦称它为"所有的身心灵读物在它面前都相形见绌。"

《敢爱》

[英]亨弗雷·亨特 著 张壮壮 译

面对爱情,请勇敢、勇敢、再勇敢!

英伦爱情教父 结合亲身经历&百起案例

全方位揭秘男人,阐释爱的真谛

珍爱网创办人@李松作序倾情推荐

若女孩们都能静下心来细细品味《敢·爱》
收获理想爱情便是自然而然的事了
带来华语世界首部励志型恋爱宝典

《莫忘爱的初衷》
吴若权 作品

台湾"情感教父"
都市女性最贴心的爱的顾问吴若权
带你发现相爱、真爱
感情世界里的吸引力法则

《让心茁壮如金刚》
雨扬居士

不同的经典解读

全书以两大部分引领读者进入《金刚经》的智慧
雨扬老师从《金刚经》说人生故事
《金刚经》全文白话注解
唯一结合命理体悟
自在领略《金刚经》的八大重点